일터 교회 영역 주권

The Workplace Community Sphere Sovereignty

Workplace Church Sphere Sovereignty

Workplace Church, Workplace Mission and Workplace Ministry of New expressions and Workplace Theology with God's Sphere Sovereignty.

Korean version: First edition copyright
⍰ 2026 by Kim, Dong-Yoen Th.D., D.C.C.

Requests for information should be addressed to:
Author Contact: Kim, Dong-Yoen 010-8893-4432
E-mail: ceokdy123@naver.com

The contents of this book, the author's permission, Unauthorized reproduction and unauthorized copying are prohibited.

일터 교회 영역 주권

지은이 | 김동연
초판 발행 | 2026년 2월 11일
발행처 | 국민일보
등록 | 제1995-000005
주소 | 서울시 영등포구 여의공원로 101
전화 | 02-781-9870
홈페이지 | www.kmib.co.kr

값 20,000원

ISBN 978-89-7154-377-1

일터 교회 영역 주권

김동연 지음

Workplace Church Sphere Sovereignty

아브라함 카이퍼의 하나님 영역 주권은

일터 신학의 **일터 교회, 일터 선교, 일터 사역**의

새로운 표현을 함축한다

국민일보

| 목 차 |

제2부 for What 일터현장의 기업, 기관들

제 3부 for Whom
일터공동체가 필요한 사람들

제4부 일터사역의 카페교회, 미국기독교기업, 이주민 사역현장

표〈Table〉 모음 목록표

그림〈Table〉 모음 목록표

일터 교회 영역 주권 현장 메시지

9.1 본서의 제목은 **일터 교회 영역 주권**–Workplace Church Sphere Sovereignty이며, 부제는 〈아브라함 카이퍼의 하나님 영역 주권은 일터 신학의 **일터 교회, 일터 선교, 일터 사역**의 새로운 표현〉이다.

9.2 본서의 구성은 **전 4부–Part**(1부, 2부, 3부, 4부)로 나누었으며, 416면으로, **총 17장–Chapters**로 꾸몄으며, 내용은 '일터 교회 하나님의 영역 주권'의 책이다. 각 과를 시작할 때, 각 장의 연구주제와 각 장의 번호를 달았다.

9.3 **일터 교회 영역 주권**은 저자 김동연 박사가 평소 일터 사역현장에서 **하나님의 영역 주권의 의식**과 믿음의 철학대로 기업을 운영하면서 **그 안에 〈솔로몬일터교회〉를 세우고 일터 안에서 17년째 일터 예배**를 드리면서 하나님의 임재와 더불어 거룩한 공간으로 조성해 가고 있다.

9.4 일터 현장에서 복음의 열매를 풍성하게 맺어 가면서 더불어 하나님의 왕국의 공동체가 **기업과 함께 성장하고 확대되어 가도록** 기도하고 있다.

9.5 본서를 구독한 독자가 본문 내용을 쉽고 넓게 이해하도록 도표 32개 이상, 그림 8개를 편집하여 구성해 놓았다. 또 이미지화로 편집한 것은 본서의 리딩을 돕고 연구하는 데 유용한 자료가 되기 위해 꾸몄다.

9.6 본서는 일터 신학적 관점에서 일터 교회 영역 주권을 연구하고 그에 따른 진리를 추출하는 데 필요하도록 **성경적, 복음적, 신학적, 교회사적, 실천신학적 관점**을 고려하여 작성했다.

9.7 본서를 **일터 교회 영역 주권**으로 달아놓은 것은, 큰 주제, 일터신학을 중심으로 일터선교, 일터사역, 일터교회에 대해 **새롭고 다양한 각도에서 하나님 백성의 그리스도인의 진실된 삶**을 이뤄가게 하는 위함이다.

9.8 지상의 교회공동체가 되는 우리는 **세속사회 문화권에서 복음 문화로 삶을 이어가는 이질감을 극복하고 적응하도록 영적현장**과 일터에 대한 성서 문화적인 삶을 지향하게 해주는 영성적 훈련 자료집임을 밝힌다.

9.9 본서는 **지상의 교회공동체로서 하나님 백성의 사명을 감당하는 주체**가 되어 **하나님 왕국**을 지상에서 확장하는 일을 수행해 가게 하는 책이다.

이 책의 서문
Preface to this book

이 책은 전통적인 교회 설립이 한계에 다다르고 있을 뿐만 아니라 종교 지형이 크게 변화하고 있는 오늘날의 상황에서 바른 기독교 복음이 전해지기 위해 매우 혁신적이며 새로운 패러다임을 제시하고자 한다. 이러한 자료를 문서화하고 기존에 세워진 삶의 현장 전 영역 일터에서 신앙인들이 비즈니스를 영위하며, 그곳에 일터 교회들 위한 공간을 만들고 하나님께 예배를 드릴 수 있는지에 대해서 매우 자세히 설명하고 있다. 우리는 그것을 '일터 교회 영역 주권'(Workplace Church Sphere Sovereignty, WCSS)이라고 부른다. 이 책은 국민일보와 솔로몬일터교회 김동연 담임목사가 1998년 ㈜잡뉴스솔로몬서치 회사를 설립하여 실제 적용하며 실천한 내용을 담았다. 일터에서 예배드리는 일터 교회를 설립하여 적용하며 실천한 실제적 체험을 통한 살아 있는 일터 교회를 소개한다. 이 일터 교회란 개념은 저자 김동연 목사가 '일터 교회 사역 유형별 영성 성숙도 연구(일터 신학의 관점에서)'로 신학박사 학위논문으로 발표했을 때부터 본격화되기 시작하였다. 통상적으로 해오던 '일-노동'이라는 영역이 우리의 삶과 일터 속에 어떻게 융합

될 수 있는가를 성경적, 신학적, 그리고 실천적 관점에서 연구하게 되었다. 많은 지역교회 성도들이 세상 밖 일터에서 그리스도인으로서의 빛과 소금의 역할과 청지기로서의 사명을 감당하고자 하는 이들에게 어떻게 하면 일터 교회를 설립하여 예배를 드리게 할 수 있을까? 개인을 살리고, 민족을 살리고, 국가를 살릴 수 있는 복음을 전하고 기도하기 위해 세워주신 대한민국 산업별 전체 약 130만 개 법인이 있다. 그 중 80만 개 법인 중 기독교인이 경영하는 20만 개 비즈니스 법인 내에 '2080 소명으로 일터 교회'를 세우길 바라는 마음이다. 이를 통한 '한국교회의 혁신과 세계선교의 새로운 대안으로 삼기를 바라는 뉴 패러다임'이다.

구원의 길은 오직 예수 그리스도뿐임을 그리스도인은 교회, 정치, 경제, 사회, 학문, 과학, 문화, 예술, 학교, 직장, 일터, 군대, 가정, 어디서나 증거해야 한다. 이렇게 복음을 전하고 최고 가이드이신 하나님을 따라가야만 한다. 이 민족을 살릴 다른 길은 없다. 오직 만유의 주이신 하나님뿐이다. 민족을 살리는 것은 복음을 들고 기도하는 그리스도인이다. 이 한반도에 복음이 다시 살아야 한다. 일터와 가정에 복음이 다시 살아야 한다. 7천만 민족에 복음이 전파되어야 한다. 7천만을 그리스도에게로 인도해야 한다. 복음이 살아야 민족이 산다. 복음이 살아야 일터가 산다.

삶의 현장 초일류기업이란 과연 어떠한 기업일까? 기업다운 기업, 기업 본연의 모습에 충실한 기업이라야 초일류기업이라고 할 수 있다. 기업은 본질적으로 경제 행위를 하는 집단으로서 국민경제에 기여하고 국가의 재정을 뒷받침하며 더 나아가서 인류사회에 공헌하는 사명이 있다. 이 사명을 다하기 위해서 중요한 것은 제품과 서비스를 가장 좋게, 가장 빠르게, 가장 싸게 공급하는 것이다. 우리의 모든 기업이 초일류기업이 되기 위해서는 감성적 인간성, 우월한 도덕성, 그리고 한국인다운 예의범절, 국제인의 에티켓을 갖추고 세계와 미래를 바라보며 크게 생각하는 자세를 지녀야 한다. 그래야만 고객과 사회와 인류에 진정으로 공헌하면서 세계를 무대로 최고의 제품을 만들어 낼 수 있다. 최고의 효율을 바탕으로 최고의 제품과 서비스를 빨리 값싸게 만들어 내면 국제적인 경쟁력도 생길 것이다. 그렇게 얻은 이익은 모두에게 골고루 돌아가 개인의 삶의 질이 윤택해지는 것은 물론이고 국가와 인류사회를 위해 더 좋은 일을 할 수 있다. 이것이 바로 초일류기업의 모습이다.

오늘날의 기업 경쟁력은 자원순환과 관련된 위험 요인은 폐기물 처리 비용 증가, 처리 시설 및 기술 한계, 소비자 인식 부족이 있다며 플라스틱 등 재활용을 통한 폐기물 감소와 재활용 기술 개발을 통한 새로운 시장 개척 등은 기회 요인으로 인식하고 있다. 삶의 현장 일터인 기업의 윤리경영에도 '선택과 집중'이 필요하고 윤리경영, CSR(Corporate Social Responsibility) 기업의 사회적 책임, 사회공헌 활동 등으로 영역이 확장되는 추세이다. 천지만물(天地萬物)과 인간까지 창조하신 하나님을 기업에 최고의 경영자로 모시고 글로벌 환경과 사회적 이슈와 기업의 경영 활동과의 연관성 등을 인식하여 선택과 집중을 통해 명확한 목표를 설정하는 전략적 마인드가 필요하다. 하나님께서 천지 만물과 인간을 창조하신 목적은 무엇인가? '태초에 하나님께서는 인간을 하나님의 형상을 따라 창조하신 다음, 그들이 거처하기 위한 장소로 동방의 에덴에 동산을 창설하시고, 그곳에서 행복하게 살아가도록 축복해 주셨다'(창세기2:8).

하나님께서는 구속사를 운영하시며 삼위(Trinity)되신 '성부 하나님'(The Father of God)과 '성자 예수님'(The Son of God), 그리고 '성령 하나님'(The Holy Spirit of God)의 역할을 감당하셨다. 성부 · 성자 · 성령은 각각 창조주 하나님, 인간의 몸을 입은 하나님, 그리고 믿는 자 안에 내주하는 하나님으로 말씀하고 있다. 137억 년 이상의 시간을 들여 대우주 만물을 창조하신 목적은 지구를 창조하기 위함이다. 또한, 45억 년 이상의 시간을 들여 지구를 창조하신 목적은 사람을 창조하기 위함이다. 또 수백만 년의 시간을 들여 '사람의 육신'을 창조하신 목적은 '마음, 정신, 생각과 혼과 영'을 창조하기 위함이다.

성도는 하나님의 말씀을 믿고 순종함으로 하나님과 하나 될 때(빌1:27-2:24). 삼위일체의 하나님께서 우리 인간을 천국에서 영원히 함께 살게 하기 위함이며, 이것이 '천지와 인간과 인간의 영'을 창조한 목적이다. 글로벌 외부의 환경, 사회, 경제, 기술 요인으로 불안정한 기업환경과 인간의 삶이 영원하기라도 하듯이 침착함, 유한성, 젊음, 재물, 권력, 건강, 명예 등 우리 인간의 창조의 영원하신 하나님의 뜻을 잘 깨닫고 우리의 약함을 잘 알고 계신 하나님께 맡기므로 순종하는 삶이다. 네덜란드 수상이며 목사였던 아브라함 카이퍼의 '영역주권사상'

은 모든 그리스도인들은 예수 그리스도의 십자가로 구원을 받았기 때문에 삶의 모든 영역에서 고유한 하나님으로부터 주어진 주권이 있으며, 성도의 삶 전체를 드려 하나님의 주권과 영광을 드러내야 한다. 성도는 일터에서 서로 협력하며 아름다운 일터가 되도록 노력하며, 공동체원 모두가 사랑공동체로 변화되고 각 부서와 부서 간의 협력이 잘되는 기업의 환경이 조성될 수 있도록 경영자는 반드시 제일 먼저 도입해야 할 덕목이 일터에서 '하나님의 복음을 들을 수 있는 예배의 환경을 조성'해야 한다. 그곳 일터가 영원한 천국의 일터가 된다. 바로 하나님의 주권이 미친다는 믿음이 중요하다. 이를 '일터 교회', '일터 선교', '일터 사역'의 새로운 표현들과 '일터 교회 신학'이라 부른다.

방배동 연구실에서 김동연

개혁주의생명신학이 지향하는 하나님 나라 운동

장종현 목사
백석학원 설립자, 대한예수교장로회 백석총회 대표총회장

급변하는 사회 환경으로 새로운 목회의 방향이 절실히 필요한 시대에 '일터 사역'의 생생한 증언을 담은 김동연 목사님의 저서 '일터 교회 영역 주권'을 출간할 수 있도록 인도하신 여호와 하나님께 감사와 영광을 돌린다. 또한 바쁘신 가운데서도 생명을 살리는 목회를 위해 헌신하시는 김동연 목사님께 귀한 저서를 출간하게 되신 것을 진심으로 축하드린다.

백석총회는 '개혁주의생명신학'을 신학적 정체성으로 삼고, 머리의 신학이 아닌 가슴의 신학, 무릎의 신학을 추구해 왔다. 이것은 신학이 단순히 이론적 지식에 머무르지 않고, 성경 말씀이 우리의 삶과 현장 속에서 살아 숨 쉬며 생명을 살리는 능력으로 나타나야 함을 의미한다. 김동연 목사님의 '일터 교회 영역 주권'은 바로 이러한 우리의 신학적 지향점을 삶의 현장에서 구현해 낸 귀한 결실이라 생각한다. 지금까지 펼쳐 온 김동연 목사님의 사역은 개혁주의생명신학이 지향하는 '하나님 나라 운동'의 일환으로 정치, 경제, 사회, 문화의 영역에서, 특별히 우리 삶의 자리인 일터에서 하나님의 주권이 살아 있음을 분명하게 보여주는 시도라고 생각한다.

우리는 흔히 교회를 주일에 모여 예배드리는 건물이나 장소로만 국한하여 생각하기 쉽다. 그러나 성경은 우리가 밟는 모든 땅이 거룩한 곳이며, 우리의 삶이 곧 예배가 되어야 함을 가르치고 있다. '일터 교회'를 단순히 직장이나 사업장으로만 이해한다면 이는 큰 오해이다. 여기서 '일터'란 우리가 서 있는 삶의 모든 자리를 의미한다. 주부에게는 가정이, 학생에게는 학교가, 직장인에게는 회사가, 그리고 우리 각자가 발을 딛고 서 있는 모든 곳이 바로 하나님께서 우리를 부르신 사역의 자리이다.

'땅끝까지 복음을 전하라'는 주님의 지상명령을 우리는 먼 곳, 이국 땅으로만 생각한다. 그러나 진정한 땅끝은 바로 우리가 매일 숨 쉬고 살아가는 가장 가까운 삶의 현장이다. 이웃집 아주머니가, 함께 일하는 동료가, 매일 마주치는 이웃이 바로 우리가 복음으로 품어야 할 '땅끝'이다. 김동연 목사님은 이러한 성경적 진리를 머리의 지식에 머무르지 않고 가슴으로 뜨겁게 받아들이고, 무릎으로 기도하며 지난 17년 동안 자신의 삶의 터전에서 치열하게 실천해 오셨다.

김 목사님은 탁월한 경영자이자 신실한 일터 목회자로서 '투톱(Two-Top)' 사역을 감당해 오셨다. 그러나 이는 경영학적 효율성의 문제가 아니다. 이것은 순전히 목회적 차원의 문제이다. 한 영혼 한 영혼을 귀하게 여기시는 하나님의 심장으로, 매일 함께 일하는 동역자들의 영혼을 돌보고, 그들이 서 있는 바로 그 자리에서 하나님을 만나게 하는 것이다. 2010년, "내가 주인이 아닌, 주님을 주인이자 경영자로 모시겠다"는 결단으로 사업장에서 예배를 드리기 시작하며 출범한 '솔로몬일터교회'의 예배는 실로 놀라운 영적 기적의 현장이 되었다. 세상의 성공을 좇던 한 기업인이 목회자가 되어, 직원들의 영혼을 돌보며 천국과 같은 일터를 만들어가는 여정은 그 자체로 한 편의 감동적인 드라마와 같다.

특히 주목할 만한 점은 복음의 능력이 실제적인 열매로 나타났다는 사실이다. 처음 일터 예배를 시작할 당시 70%에 달했던 비기독교인 비율이, 꾸준한 예배와 양육을 통해 현재는 80%가 기독교인으로 변화되는 역사가 일어났다. 이것이 바로 생명을 살리는 목회이다. 교회 건물 안에 갇혀 있던 복음이 삶의 현장으로 나아가 죽어가는 영혼들을 살리고, 물질주의와 세속화의 지배 아래 신음하던 그 자리를 하나님 나라로 변혁시킨 것이다. 이것은 단순한 기업의 성공 사례가 아니다. 영혼 구원의 역사이며, 하나님 나라의 확장을 보여주는 것이다.

김동연 목사님은 훌륭한 경영자이며 목회자이시다. 목사님께서 진정으로 담아낸 이 책의 가치는 단순히 학문적 연구에 있지 않다. 김 목사님은 매주 무릎 꿇고 기도하며, 가슴으로 직원들의 아픔과 기쁨을 함께 나누며, 성경 말씀을 삶의 현장에 적용해 왔다. 김 목사님이 품고 계신 130만 법인 중 '20만개 일터 교회'의 비전은 침체된 한국 교회의 새로운 돌파구가 될 것이며, 일주일 중 하루가 아닌 모든 날을 하나님과 동행하고자 하는 평신도들에게 강력한 도전을 줄 것이다. 우리가 서 있는 바로 그 자리, 그것이 가정이든 학교든 직장이든, 그곳이 바로 하나님께서 우리를 부르신 사역지이다. 가장 가까운 이웃에게 복음을 전하는 것, 이것이 바로 우리가 추구하는 생명을 살리는 목회이며, 현장을 살리는 신앙이다.

김동연 목사님의 귀한 사역과 이 책을 통해, 대한민국의 모든 일터가 하나님이 기뻐하시는 거룩한 성전으로 세워지기를 간절히 기도한다. 성경이 기준이 되고, 가슴으로 뜨겁게 사랑하며, 무릎으로 간절히 기도하는 일터 교회 운동이 이 땅에 예수 생명의 부흥을 가져오기를 소망하며, 기쁜 마음으로 이 책을 추천한다.

삶의 모든 영역에 그리스도의 왕권을 인정하는 삶

정성구 목사
ICSK (사)국제칼빈박물관(한국칼빈주의연구원) 원장

나는 이 책 '일터 교회 영역 주권'이라는 책을 단숨에 다 읽었다. 이 책의 저자인 김동연 박사는 '일터 교회', 곧 '일터 선교'를 통해, 갈 길을 잃은 한국교회에 새로운 대안을 제시하고 있다. 예수님은 공생애 초기에 "수고하고 무거운 짐 진 자들은 다 내게로 오라(Come)"고 했다. 하지만 부활 후의 예수님은 제자들에게 "유대와 사마리아와 땅끝까지 가라!(Go)"고 했다. 교회의 지상 과제는 복음의 세계 선교이다. 즉 Come structure에서 Go structure로의 전환하는 것이다. 흔히 사람들은 땅끝을 아프리카나, 남미쯤으로 생각하는 사람들이 있다. 하지만 김동연 목사님의 메시지는 땅끝은 바로 우리 삶의 현장인 '일터'로 잡았다.

그는 일터 선교 또는 일터 교회를, 칼빈주의 신학자이자 정치가, 설교가, 언론인으로 수상을 역임했던 천재적 인물인 아브라함 카이퍼의 영역 주권(souvereiniteit in Eiegen Kring) 사상을 기가 막히게 연결하고 있다. 즉 하나님의 주권은 교회당의 울타리에만 있는 것이 아니고, 삶의 모든 영역에 작동한다는 세계관 위에 논리를 전개했다. 우리 인간 삶의 모든 영역에서 만유의 주재이신 그리스도께서 "나의 것이다!"라고 외치지 않는 영역은 한 치도 없다.

오늘 한국교회는 대부분 목사, 평신도 할 것 없이 모두 이원론적(Dualism) 세계관을 가지고 있다. 하나님의 주권은 오직 교회당 안에만 작동하고 세상에서의 구체적 삶은 각자 알아서 할 일이라고 생각한다. 하지만 당시 카이퍼 박사의 논지는 '삶의 모든 영역에 그리스도의 왕권(Pro Rege)을 인정하는 삶이 있어야 한다'고 힘주어 말했을 뿐 아니라, 그것을 실행에 옮겼다.

일찍이 칼빈주의 신약신학의 거장 헬만 리델보스(Herman Ridderbos)도 '교회는 하나님 나라라는 큰 원 속에 있는 동심원이다'라고 생각했다. 김동연 목사는 다년간 '일터 선교' '일터 교회'를 몸으로 체득하고 논리를 세운 것이 바로 이 책이다. 물론 삶의 현장에서의 '선교'도 귀하지만, 여전히 주님이 세우신 몸된 교회가 중심이 됨을 잊어서는 안 될 것이다. 몸으로서 교회가 복음을 옳게 선포하고, 선교적 사명을 일깨워 성도들을 세상의 일터로 내보내, 거기서도 하나님의 영광과 주권을 높이고, 복음 전도자로서 사명을 감당해야 할 것이다. 김동연 박사의 '일터 선교', '일터 교회'를 적극 지지하면서 본서는 분명 중요한 이정표가 될 것이라 확신하며 기쁜 마음으로 이 책을 몇 자 적어 적극 추천하는 바이다.

내 아버지께서 일하시니 나도 일한다(요 5:17)

박종순 목사
한국기독공보 이사장, 충신교회 원로목사

창세기는 하나님의 창조사역으로 시작된다. 창조기사는 참으로 신비롭다. 있으라, 드러나라, 나뉘어라, 내라, 이루라고 말씀하셨고 6차례나 "그대로 되니라"가 반복된다. 그리고 "보시기에 좋았더라"가 거듭된다. 하나님은 창조하셨고, 다스리시고, 섭리하시고, 구원사역을 이루셨고, 장차 세상을 심판하시는 일을 행하실 것이다. 일하시는 하나님이시다. 예수님도 쉬지 않고 일하셨다. 마태는 예수님의 사역을 "온 갈릴리에 두루 다니사 그들의 회당에서 가르치시며 천국 복음을 전파하시며 백성 중의 모든 병과 모든 약한 것들을 고치시니"라고 요약했다.(마 4:23) 쉴 틈도 없으셨다. 바울은 일하기 싫어하거든 먹지도 말게 하라 했다.(살후 3:10)

성경은 철저하게 일할 것을 명령한다. 그리스도인의 일터는 삶의 현장이다. 그리스도인에게 무직(無職)은 없다. 날마다 맞닥뜨리는 삶의 현장 모두가 일터이다. 그래서 선교적 교회론도 공감대를 이루고 있는 것이다. 문제는 어떻게 일하느냐이다. 김동연 목사님은 오래전부터 이 문제 제기에 대한 답을 찾아 나선 분이고 길을 여신 분이다. 현대교회는 물론 미래교회는 일터교회의 영역을 넓게 멀리 펴나가야 한다.

김동연 목사님은 수많은 저서들과 논문 그리고 세미나를 통해 그리고 일터 교회 현장에서 중단 없는 활동을 펴 나왔다. 특별히 이번에 펴내는 '일터 교회 영역 주권'은 가이드북 차원을 넘어 성경적이고 신학적인 통찰과 실천을 통해 터득한 진수를 담고 있다. 우리가 직면하고 있는 세계는 단순한 세속사회가 아니다. 하나님이 허락하신 선교 현장이다. 이 저서는 왜 일터교회라야 하는가, 어떻게 해야 되는가를 밝히는 길라잡이여서 '일터 교회 영역 주권'의 출간을 쌍수로 환영한다. 이 저서가 일터 교회의 비전을 세우고 이 땅에 하나님의 나라가 이루어지기를 소망하는 모든 이들에게 필독서가 되기를 바라는 마음을 담아 기쁘게 추천한다.

일터 교회 영역 주권 메시지

정인찬 목사
새창조교회 담임목사. 국제독립교회연합회 총회장

한 문장의 글과 한 권의 책이 큰 변화를 가져오는 메시지(Message)와 책이 있다. 성경학자들은 로마서를 바울이 썼으나 많은 사람들이 이를 읽고 변화를 받은 '변화의 말씀'이라고 한다. 김동연 박사께서 쓴 "일터 교회 영역 주권 메시지(Message)"는 참으로 한국교회와 더 나아가서 세계교회와 지도자들의 목회와 교회 역할의 큰 변화를 가져오는 메시지(Message)가 될 것이라 믿어진다. 하나님의 주권은 교회 안에서만 머물지 않고 모든 영역에서 주도적 역할을 해야 한다. 아브라함 카이퍼 교수는 이 하나님의 주권을 강조했다.

이번에 김동연 박사의 메시지(Message)는 더 성경적, 신학적, 교리적 목회 원리를 점검하고 교훈한 가이드다. 모든 목회자와 교회 지도자들이 정하고 나아가야 할 목회와 사역의 방향 지침서가 되기를 소망한다. 기쁨의 마음으로 새 역사가 이 메시지(Message)를 통해 나타나기를 바라며 기꺼이 추천한다.

일터에서 드러나는 하나님의 나라

임현수 목사

캐나다 큰빛교회 원로목사, TMTC 글로벌연합선교훈련원 대표

오늘날 '솔로몬일터교회'와 같은 하나님의 나라와 의를 구하는 귀한 시도는 참으로 존귀하고 의미 있는 신앙의 여정이다. 교회와 세상, 신앙과 직업을 분리하지 않고, 삶의 가장 실제적인 현장에서 하나님의 주권을 고백하며 살아가고자 하는 이 비전은 이 시대 교회와 성도들에게 깊은 도전과 희망을 준다. 특히 일터를 하나님의 거룩한 영역으로 인식하고, 그곳에서 예배와 공동체, 선교가 살아 움직이도록 헌신해 온 여정은 많은 그리스도인들에게 본이 되고 격려가 된다. 본서 '일터 교회 영역 주권(Workplace Church Sphere Sovereignty)'은 아브라함 카이퍼의 '하나님 영역 주권' 사상을 일터 신학의 관점에서 새롭게 조명하며, 일터 교회 · 일터 선교 · 일터 사역을 통합적으로 풀어낸 귀

중한 연구서이다. 총 4부, 17장, 416면으로 구성된 이 책은 각 장마다 연구 주제와 장 번호를 명확히 제시하여 독자가 흐름을 따라 이해하도록 돕고 있으며, 이 책의 핵심 주제는 “일터 교회 안에서 드러나는 하나님의 영역 주권”이다.

제가 존경하는 저자 김동연 박사는 일터 사역의 현장에서 하나님의 영역 주권에 대한 믿음과 철학을 실제 기업 운영에 적용하며, 그 안에 ‘솔로몬일터교회’를 세우고 지난 17년간 일터 예배를 지속해 왔다. 이는 일터를 단순한 생계의 공간이 아니라, 하나님의 임재가 머무는 거룩한 공간으로 변화시켜 온 살아 있는 신앙의 증언이다. 그 과정 속에서 복음의 열매가 맺히고, 기업과 함께 하나님의 나라 공동체가 성장하고 확장되기를 기도하며 걸어온 발걸음이 이 책에 고스란히 담겨 있다.

본서는 독자들의 이해를 돕기 위해 약 30개 이상의 도표와 이미지 자료를 수록하여, 읽고 연구하는 데 실제적인 도움을 주도록 구성되었다. 성경적 · 복음적 · 신학적 · 교회사적 · 실천신학적 관점을 아우르며, 일터 신학의 깊이와 현장성을 함께 담아낸 것이 이 책의 큰 강점이다. 이는 일터 선교와 일터 교회에 대해 보다 새롭고 다양한 각도에서 접근하도록 돕고, 하나님의 백성으로서 그리스도인의 진실한 삶을 일터 한복판에서 살아내도록 이끌어 준다. 우리는 지상의 교회 공동체로서 세속 사회와 문화 속에서 살아가며, 복음의 문화로 삶을 이어가야 하는 부르심을 받았다.

이 책은 그 과정에서 느끼는 이질감과 긴장을 극복하고, 영적 현장과 일터를 성경적 문화로 재해석하며 살아가도록 돕는 영성 훈련 자료집이기도 하다. 결국 '일터 교회 영역 주권'은 하나님의 백성이 이 땅에서 하나님의 나라를 확장하는 사명을 감당하도록 격려하고 준비시키는 책이라 할 수 있다.

"그런즉 너희가 먹든지 마시든지 무엇을 하든지 다 하나님의 영광을 위하여 하라."(고린도전서 10:31)

"여호와께서 집을 세우지 아니하시면 세우는 자의 수고가 헛되며…"(시편 127:1)

일터에서의 모든 수고와 헌신이 하나님의 주권 아래 있음을 믿을 때, 우리의 일은 예배가 되고, 현장은 교회가 되며, 삶은 선교가 된다.

주님, 우리의 일터를 주님의 거룩한 영역으로 받아 주옵소서. 오늘도 일하는 손길과 삶의 자리마다 하나님의 나라가 드러나게 하시고, 모든 일을 통해 주님의 영광을 나타내는 충성된 일꾼이 되게 하옵소서. 아멘.

일터 사역의 교과서처럼, 매뉴얼처럼 사용해도 좋다

방선기 목사

(사)일터개발원 이사장, 전) 이랜드 사목

저자 김동연 박사는 오랫동안 일터에서 사역해 온 목회자로서 일터에서 일하면서 얻은 경험과 지식을 전통적인 목회 현장에 접목시키려고 애쓰는 귀한 사역자다. 이 책은 두 영역을 통합해 보려는 저자의 열정과 수고가 담겨 있는 사역의 열매이다.

이 책은 일터에 관한 기독교적인 저작물로서는 백과사전 같다는 느낌이 든다. 저자 김 목사는 일터에 관해서 성경이 가르치는 바를 소개했고, 크리스천들이 익숙하게 알고 있는 두 가지 신학 주제 '하나님의 나라와 영역 주권'을 일터와 연결시키면서 일터 신학을 정리했다. 이런 주장의 디테일한 부분에서는 완전히 동의하지 않는 사람들도 일터를 성경과 신학과 연결시킨 점에 대해서는 공감할 것이며 이 책에서 많은 도움을 얻으리라 생각한다.

크리스천의 신앙과 사역을 일터에 적용하면서 일터 교회, 일터 선교, 일터 사역으로 분류한 것도 새롭게 느껴진다. 각각의 사역에 대해서 관심이 있는 사람들이 좀 더 구체적으로 정리할 필요가 있기는 하지만 지금까지 오랫동안 일터사역에 헌신했던 사람으로서 이런 분류가 일터사역의 발전에 도움이 되리라 생각한다.

나는 일터 사역은 일터 현장에서 살아가는 크리스천들이 어떤 자세로 일하고 어떠한 삶을 살아야 할지를 알려주고, 구체적인 대안을 제시하는 것이라고 생각했었다. 그런 관점으로 이 책을 보니까 일터 사역에 관해서 다양한 자료들을 집대성한 것처럼 보인다. 이 책의 어떤 부분은 교과서처럼 사용해도 좋을 것 같고, 다른 부분은 아예 매뉴얼처럼 사용해도 좋을 것 같다.

일터 사역을 낯설게 생각하는 사람들에게 이해를 돕기 위해서 한국 내에 있는 다양한 기독교 단체와 기독교 기업을 소개해 준 것이 이 책이 주는 유익이라는 생각이 든다. 동시에 일터 사역을 전통적인 일터로 국한하지 않고 농어촌 목회자들의 목회와 카페교회나 더 나아가

이주민 사역의 현장으로 확대한 것도 이 책이 가진 장점이 아닌가 라는 생각이 들었다. 일터를 도시의 사무실이나 공장 같은 곳으로 제한해서 생각한 사람들의 시야를 넓혀준다는 의미에서 일터에 대해서 관심이 없었던 사역자들에게 도전이 되리라 생각한다.

이 책을 통해 목회자들은 자신들의 목회 현장을 돌아보고 목회철학에 대해서 다시 생각해 보고 목회의 현장을 지역교회를 넘어서 일터로 연장하게 되었으면 좋겠다. 일터 현장에서 수고하고 있는 많은 크리스천들은 이 책을 통해서 일터 현장이 일해서 돈을 버는 곳만이 아니라 하나님의 나라가 임하게 되는 곳으로 만들었으면 좋겠다.

겟세마네까지 갈 것인가, 골고다까지 갈 것인가?

김윤희 총장

Faith and Work Institute for All Nations(FWIA) 대표,
횃불트리니티신학대학원대학교 6대 총장

'일터 교회 영역 주권'은 혼돈과 전환의 시대를 살아가는 한국교회에 던지는 신학적 해답이다. 동시에 영적 소명을 일깨우는 선교적 선언이다. 단순한 일터 신학의 기술이나 현장 사역 보고를 넘어, 대한민국이라는 지정학적 공간과 역사 속에서 복음이 가진 영적 영향력의 파노라마를 정교하게 풀어낸다.

'일터 공동체'라는 용어는 책의 핵심적 기여 가운데 하나로, 교회가 더 이상 교회당의 울타리에 갇히지 않고, 사회 각계각층 속으로 들어가 하나님 나라(Kingdom of God)를 구현해 나가는 거룩한 도전을 담아낸다. 이는 아브라함 카이퍼가 지적한 바, 삶의 모든 영역 위에 "그리스도께서 '내 것'이라 선언하지 않는 구석은 없다"는 세계관과 맥락을 같이한다.

신학과 현장이 조우하고, 통계와 비전이 어우러지는 학문성과 실제성을 모두 만족시키는 저작이라 할 수 있다. 단순히 일터 사역을 제안하는 수준을 넘어, 전통교회와 일터 교회의 유기적 연합, '주말 교회'와 '주중 교회' 간의 사역적 통합을 구체적으로 탐색하며, 오늘날 한국교회가 직면한 제도적 한계와 시대적 요청에 실질적 대안을 제시한다. 곧 '선교적 교회(Missional Church)'로서의 정체성과 소명을 되찾는 일이기도 하다.

이 책은 우리로 하여금 '겟세마네까지 갈 것인가, 골고다까지 갈 것인가?'라는 신앙의 본질적 물음을 다시금 마주하게 만든다. 이 물음 앞에서, 그리스도인의 삶과 교회의 존재 이유를 되묻고, 복음의 불꽃을 일터와 가정과 나라 안에서 다시 타오르게 한다. 이 책은 단지 읽는 책이 아니라 기도하며 살아내야 할 책이다.

일터 사역을 하고 있는 추천자로서, '일터 교회 영역 주권'은 한국교회와 신학, 일터 사역을 연구하는 모든 이들, 특히 일터현장 속에서 고군분투하는 모든 분들에게 반드시 권하고 싶다. 책이 더 널리 읽히고, 더 깊이 연구되며, 더 실제적으로 구현되기를 소망한다.

모든 일터를 하나님이 기뻐하시는 거룩한 성전으로

임인기 목사
아름다운교회 담임목사, 한국세계선교협의회(KWMA) 법인이사

김동연 목사님의 신간 '일터 교회 영역 주권' 출간을 진심으로 축하드린다. 이 책은 아브라함 카이퍼의 하나님 영역 주권 개념을 바탕으로, 일터교회와 관련된 일터 선교의 비전을 새롭게 함축한 귀중한 저서이다. 급변하는 사회 환경 속에서 새로운 목회의 방향이 절실한 이 시대에, 김 목사님은 '일터 사역'의 생생한 증언을 통해 우리가 일상에서 어떻게 하나님 나라를 확장할 수 있는지를 명확히 제시하고 있다. 그리고 모든 가정이 일터 교회요 모든 직장이 일터 교회임을 성경이 증거하고 있다.

김동연 목사님은 현재 ㈜잡뉴스솔로몬서치 회사의 대표이사로서, 직장 내에서 솔로몬일터교회의 담임목사로 섬기며 실제적인 사역을 통해 복음을 전하고 있다. 그의 경험은 이 책의 깊이와 신뢰성을 더하며, 독자들에게 생명을 살리는 목회의 참된 의미를 알리는 데 큰 도움을 줄 것이다. 저자는 '일터'를 단순한 직장이나 사업장으로 국한하지 않고, 우리의 삶의 모든 자리에서 하나님께서 주신 사역의 공간으로 이해한다. 이 책은 우리가 매일 접하는 이웃, 동료들과의 관계 속에서 복음을 어떻게 품고 실천할 수 있는지를 깊이 있게 탐구한다. "땅끝까지 복음을 전하라"는 주님의 명령이 먼 이국 땅이 아니라, 우리 일상 속에서 실현될 수 있음을 강조한다.

특히 김동연 목사님은 일찍이 저와 함께 총회세계선교위원회에서 임원으로 오랜 기간 전 세계 선교사님을 온몸으로 섬겼으며, 또한 저와 함께 새서울노회 임원으로서 교회와 목사님들을 섬겼다. 그야말로 전도와 선교로 섬김 사역이 체질화된 귀한 하나님의 사역자이다. 김동연 목사님의 사역은 단순한 경영적 효율성을 넘어, 각 영혼을 귀히 여기는 하나님의 심장을 담고 있다. 그의 '투톱(Two-Top)' 사역은 경영자이자 목회자로서의 역할을 완벽히 조화시키며, 직원들의 영혼을 돌보고 그들이 서 있는 자리에서 하나님을 만나게 하는 데 중점을 두고 있다.

이 책은 복음의 능력이 어떻게 삶의 현장에서 실제적인 열매로 나타나는지를 보여주는 귀한 사례들을 담고 있다. 김 목사님이 이끌어 온 일터 예배는 비기독교인 비율을 70%에서 80%로 변화시키며, 하나님의 주권이 현장에서 살아 있음을 증명하고 있다. 이는 단순한 성공 사례가 아니라, 영혼 구원의 역사이며 하나님 나라의 확장을 보여주는 중요한 증거이다.

저자는 이 책을 통해 '20만 일터 교회'라는 비전을 품고, 침체된 한국 교회의 새로운 돌파구를 제시한다. 모든 날을 하나님과 동행하고자 하는 평신도들에게 강력한 도전이 될 것이다. 우리가 서 있는 그 자리에서 복음을 전하는 것이 바로 생명을 살리는 목회이며, 현장을 살리는 신앙이다. 김동연 목사님의 귀한 사역과 이 책이 대한민국의 모든 일터를 하나님이 기뻐하시는 거룩한 성전으로 세우는 데 큰 역할을 하기를 간절히 기도한다. 이 책을 기쁜 마음으로 추천하며, 많은 이들이 이 저서를 통해 복음의 힘을 경험하길 소망한다. "전도와 선교는 끊임없는 전진!"(마 28:20)이다.

성도는 하나님 나라를 살아내는 일터선교사이다

박노아 목사
경찰청 본청 교경중앙협의회 사무총장

바울은 데살로니가후서 3장 1~18절에서 '일하지 않는 자는 먹지도 말라'고 하였다. 이는 당시 재림 신앙을 핑계로 게으르게 살아가는 성도들을 향해 일하기를 권면하며, 노동의 신성함과 공동체에 대한 책임을 강조한 것이다. 즉 우리는 일상적인 노동이 하나님의 영광을 드러내는 거룩한 행위임을 깨닫고, 성실한 삶을 통해 세상에 선한 영향력을 끼치는 그리스도인이 되어야 한다는 것이다.

이러한 노동의 신성함을 깨우쳐 주는 '일터 교회 영역 주권'은 교회를 예배당 안에 가두어 두지 않고, 성도들의 삶의 자리인 일터로 확장시키는 귀한 통찰을 담고 있는 책이다. 교회는 예배당 안에만 머무는 곳이 아니라, 성도들이 일하는 '일터'에서 하나님의 주권을 드러내는 공동체이다. 저자 김동연 박사는 '지역 교회는 어디에 있는가'라는 근본적인 질문을 던지며, 성도 한 사람 한 사람이 삶의 현장 일터에서 하나님 나라의 증인으로 살아가도록 신학적 · 실천적 방향을 제시하고 있다.

이 책은 일터를 신앙과 분리된 세속의 공간이 아니라, 하나님의 주권이 온전히 미치는 거룩한 영역으로 재조명하고 있다. 보통 우리는 지역 교회는 주일 예배, 봉사, 전도하는 곳으로, 일터는 생계, 경쟁, 세상 일로 나누어 생각한다. 하지만 저자는 성도의 일터 자체가 교회의 중요한 사역 현장이며, 지역 교회의 성도는 주중 '일터 교회로 파송된 사람'이라는 것이다. 즉, 회사원, 자영업자, 공무원, 교사, 노동자 모두가 각자의 일터에서 하나님의 뜻을 살아내는 교회라는 것이다. 그러므로 지역 교회는 성도들을 '예배 참석자'로만 머물게 해서는 안 되고, '일터로 파송받은 일터 선교사의 사명자'로 세워야 한다는 것이다. 그래서 교회는 성도의 직업과 삶을 존중하고, 일터에서 겪는 고민을 신앙적으로 함께 나누며, 주중의 삶과 주일 예배가 연결되도록 도와야 한다는 것이다.

이 책은 네덜란드(화란) 신학자 아브라함 카이퍼의 사상에서 온 '영역 주권'이라는 개념을 통해, 경제 · 노동 · 직업의 현장 또한 하나님께서 다스리시는 사명의 자리임을 분명하게 선언한다는 점에서 오늘의 교회와 성도들에게 깊은 도전을 주고 있다. 쉽게 말해, 세상은 예배 영역, 가정, 경제, 정치, 문화, 교육, 일터 등 여러 영역으로 이루어져 있고, 모든 영역의 주권자는 하나님이시며, 어느 한 영역도 하나님과 무관하지 않다는 것이다. 그러므로 일터도 '세속적인 곳'이 아니라, 하나님이 다스리시는 거룩한 영역이라는 것이다.

'일터 교회 영역 주권'은 단순히 직장 선교를 강조하는 책이 아니다. 성도의 정직한 노동, 책임 있는 선택, 공동선을 향한 헌신이 곧 신앙의 표현임을 설득력 있게 풀어내며, 주일 예배와 주중의 삶이 하나로 연결된 신앙을 회복하도록 이끈다. 이를 통해 지역 교회가 성도들을 예배의 자리에서 삶의 현장 일터로 파송하는 공동체임을 다시금 깨닫게 한다.

이 책은 우리에게 이렇게 질문한다. 나는 일터를 신앙과 분리된 공간으로 살고 있지 않은가? 지역 교회는 성도의 삶 전체를 돌보고 있는가? 우리는 주일만이 아니라 월요일부터 토요일까지도 그리스도인답게 살고 있는가? 신앙과 삶의 분리를 고민하는 성도, 일터 사역의 방향을 찾는 교회, 그리고 한국 교회의 새로운 패러다임을 모색하는 모든 이들에게 '일터 교회 영역 주권'은 "모든 성도는 일터에서 하나님 나라를 살아내는 교회다"라는 사실을 깨닫게 하는 책으로 적극 추천하는 바이다.

일터 교회, 일터 선교, 일터 사역

윤영성 목사

(주)애터미 대표사업자 교육학박사, 세계기독교직장선교연합회 지도목사

지금의 시대를 초뷰카(VUCA) 시대라고 한다. 이것은 변동성(Volatility) 불확실성(Uncertainty) 복잡성(Complexity) 모호성(Ambiguity)이 극대화된, 마치 전쟁터와 같은 시대이다.

이 책은 교회와 일터를 분리해 왔던 오랜 신앙의 관성을 근본적으로 질문하며, 일터가 곧 하나님의 선교현장임을 성경적 · 신학적 · 실천적으로 제시하는 귀한 안내서이다. 김동연 박사는 이 책을 통해 '일터 교회'라는 개념을 단순한 이론이나 이상이 아닌, 오늘의 교회가 반드시 회복해야 할 복음의 본질적 적용으로 풀어낸다.

특히 이 책은 BAM(Business as Mission), BIM(Business is Mission) 관점에서 일터를 바라보는 새로운 패러다임을 제시한다. 일터는 더 이상 신앙을 잠시 내려놓는 공간이 아니라, 하나님의 나라가 실제로 확장되는 선교의 최전선이며, 성도 한 사람 한 사람이 '삶의 현장 일터에 파송된 선교사'로 살아가는 삶의 자리임을 분명히 선언한다. 이는 주일 중심, 건물 중심의 교회 이해를 넘어, 삶 전체가 예배가 되고 사명이 되는 성경적 교회론으로 우리를 이끈다.

이 책의 가장 큰 강점은 현실성이다. 추상적인 이상론이 아니라, 실제 일터에서 부딪히는 윤리적 갈등, 성과와 신앙의 긴장, 관계와 영향력의 문제를 복음적으로 해석하며, 신앙과 비즈니스, 교회와 사회를 통합하는 실제적 길을 제시한다. 목회자에게는 교회의 새로운 방향성을, 평신도(성도)에게는 자신의 직업과 사명을 재발견하게 하는 깊은 통찰을 제공한다.

한국 교회가 지금 절실히 필요로 하는 것은 더 많은 프로그램이 아니라, 흩어진 교회로서의 정체성 회복이다. 이 책은 바로 그 회복의 출발점에서, 교회와 성도, 그리고 일터를 다시 하나님의 선교 이야기 속으로 초내한다. 일터 사역자, 목회자, 비즈니스 리더, 그리고 신앙과 삶의 통합을 고민하는 모든 그리스도인에게 반드시 읽혀야 할 책으로 기꺼이 추천한다.

일, 노동을 타락의 산물이 아닌 창조적 소명

송동호 목사

나우미션 대표, 전) IBA 초대 사무총장

아브라함 카이퍼는 “우리 삶의 모든 영역에서 만유의 주재이신 그리스도께서 ‘내 것이다!’라고 외치지 않는 영역은 단 한 치도 없다”라고 선포했다. 김동연 박사의 저서 '일터 교회 영역 주권'은 이 위대한 신학적 선언을 현대 기업 경영의 맥락에서 재조명하며, 치열한 생존의 현장인 '일터'로 고스란히 옮겨 놓았다. 이 책은 단순히 일터 사역에 대한 방법론을 제시하는 데 그치지 않는다. 저자는 지난 17년간 현장에서 몸으로 써 내려간 실전적 기록을 바탕으로, '전통 교회'와 '일터 교회'가 어떻게 상보적(相補的)인 관계를 맺으며 하나님 나라를 확장해 나갈 수 있는지를 신학적으로 치밀하게 논증한다. 특히 노동을 타락의 산물이 아닌 창조적 소명으로 재해석하며, 일터가 생계의 수단을 넘어 하나님의 통치가 현현하는 거룩한 선교지임을 역설한다.

1998년부터 축적된 경영 현장의 경험과 목회자로서의 신학적 사유가 응축된 이 책은, 130만 법인이라는 방대한 지평을 '2080 소명으로 일터 교회'라는 구체적 비전으로 변혁하고자 한다. 일터를 선교적 성소로 탈바꿈시키려는 저자의 뜨거운 통찰은 읽는 이의 가슴을 뛰게 한다. 오늘날 한국 교회가 직면한 위기는 담장 안의 침체가 아니라 담장 밖 '일상의 상실'에 있다. 새로운 패러다임을 갈구하는 이 시대에, 이 책은 성과 속의 이분법을 깨고 '주중 신앙'의 야성을 회복케 하는 엄중한 이정표가 될 것이다. 특히 일터 사역의 '4중적 직무'를 통한 문화 변혁의 시도와 국내외 기독 기업들의 생생한 사례는 독자들에게 실질적인 도전과 용기를 준다. 겟세마네의 기도를 넘어 골고다의 헌신으로 나아가고자 하는 이들에게 이 책은 더할 나위 없는 길잡이다. 일터에서의 노동이 하나님께 드려지는 산 제사가 되길 소망하는 모든 목회자와 경영자, 그리고 일상의 선교사로 부름받은 성도들에게 이 책을 기쁜 마음으로 추천한다.

경찰이 복음화되면 국민이 행복하다

김병철 목사
서울경찰청 (사)경찰선교회 대표

오늘의 교회는 중요한 신학적 전환점 앞에 서 있다. '교회와 세상', '신앙과 직업', '예배와 일상'을 분리해 온 이원론적 신앙 구조는 더 이상 성경적 교회론을 지탱하지 못하고 있다. 이러한 시대적 요청 속에서 '일터 교회의 영역 주권'은 성경적 세계관 위에 교회와 일터의 관계를 재정립하는 매우 귀중한 신학적 제안이라 평가할 수 있다. 본서는 개혁 신학의 전통 속에서 논의되어 온 '영역 주권' 개념을 단순한 사상이나 철학의 차원이 아니라, '그리스도의 주 되심(Kyrios)'과 '하나님 나라 신학'이라는 복음의 핵심 위에 견고히 세워 제시한다. 이는 교회를 세상과 대립시키거나 동화시키는 양극단을 넘어, 세상 한가운데서 하나님의 통치를 증언하는 공동체로 회복시키는 신학적 작업이라 할 수 있다.

특별히 이 책이 강조하는 '일터 교회' 개념은 "성도는 교회에 다니는 사람이 아니라, 교회로 살아가는 존재"라는 신약성경의 교회론을 충실히 반영한다. "교회는 흩어질 때 교회이며, 성도는 자신의 일터에서 그리스도의 대리 통치자로 부름받았다"는 인식은 직업을 소명(Vocation)의 자리로 회복시킨다. 경찰선교의 현장에서 볼 때, 이 책은 더욱 절실하게 다가온다. 경찰의 삶의 현장 일터는 '공의와 질서', '생명과 폭력'이 교차하는 첨예한 현장이다. '일터 교회의 영역 주권'은 공권력의 현장 또한 하나님의 통치 아래 있음을 선포하며, 기독 경찰들이 직무 수행 자체를 통해 하나님의 '공의와 사랑'을 구현하도록 신학적 토대를 제공한다. 이는 윤리적 권면을 넘어, 하나님 나라 백성의 정체성에 대한 선언이다.

무엇보다 본서는 교회의 사명을 "사람을 교회로 데려오는 것"에 국한하지 않고, 성도를 세상으로 파송하여 하나님 나라의 질서를 드러내는 존재로 세우는 데 초점을 둔다. 이는 '지상명령(마 28:19)'을 일터의 언어로 충실히 해석한 결과이며, 선교적 교회(Missional Church)의 이해와도 깊이 맞닿아 있다. '일터 교회의 영역 주권'은 목회자에게는 교회론의 갱신을, 성도에게는 직업 소명의 회복을 제시한다. 교회가 다시 세상의 한가운데로 나아가기를 소망하는 모든 이들에게, 이 책은 신학적 나침반이자 실제적 지침서가 될 것이다. 한국교회가 잃어버린 일터 신학을 회복하는 데 있어 본서는 분명 중요한 이정표가 될 것이라 확신하며 기쁜 마음으로 이 책을 추천한다.

일터에서의 하나님 영역 주권

지춘경 목사
서울경찰청교회 담임목사, 서울경찰기독선교연합회 지도목사

일터 교회의 전문가이시고 일터 사역을 현장에서 실천하고 계시는 김동연 박사님의 두 번째 책을 접하게 되어 매우 기쁘게 생각한다. 저 또한 삶의 현장 일터 사역자로서 경찰선교에 관한 박사학위 논

문을 쓰면서 김 박사님의 논문을 참고했던 경험이 있다. 그런데 이번에 아브라함 카이퍼의 "하나님 영역 주권" 사상을 일터 신학의 관점에서 새롭게 적용하여 본서 '일터 교회 영역 주권(Workplace Church Sphere Sovereignty)'을 출판하게 되었는데 이는 일터 사역을 영성의 차원까지 한 단계 발전시켰다는 점에 특별한 의미가 있다고 본다.

일터 신학은 그리스도인이 직장과 일터에서 신앙을 어떻게 실천할 수 있는지를 다루는 신학적 접근이다. 그런데 김 박사님은 '일-노동'이라는 통상적 관점을 성경적, 신학적 그리고 실천적 관점에서 다루고 있다.

김 박사님은 이 책에서 "성도는 일터에서 서로 협력하여 아름다운 일터가 되도록 노력하며, 일터 공동체 모두가 사랑공동체로 변화되도록 힘써야 한다"고 강조한다. 또한 "경영자는 반드시 일터에서 하나님의 복음을 들을 수 있는 '예배의 환경을 조성'해야 한다"고 강조한다. 그럴 때 '그곳 일터가 영원한 천국의 일터'가 되며 '하나님의 주권'이 미친다는 것이다. 저자는 이를 '일터 교회', '일터 선교', '일터 사역', '일터 교회 신학'이라고 명명한다.

저자는 성도들의 선교적 사명을 일터에서 찾을 뿐만 아니라 일터를 하나님의 통치 현장의 관점에서 바라본다. 그럴 뿐만 아니라 아브라함 카이퍼의 '영역 주권 사상'과 연결하여 모든 그리스도인들은 하나님으로부터 고유하게 주어진 주권이 있으며, 성도의 삶 전체를 드려 하나님의 주권과 영광을 드러내야 한다고 주장한다.

사실, 치열한 영적 전투가 일어나는 일터 사역 현장은 생각처럼 만만치만은 않다. 그러함에도 불구하고 일터가 교회이며 선교지라는 생각으로 매주 10여 개의 제자훈련을 실시하고 있으며, 분기별 영성훈련과 직장 세미나 등을 개최하고 있다.

김동연 박사님의 본 저서가 일터 선교를 신학적으로 한 단계 발전시키고 나아가 선교공동체의 내연을 강화하고 외연을 확장하는 귀한 도구로 사용되기를 소망한다.

일터 교회, 한국교회를 살리는 불씨가 되길

유종성 목사
사랑의교회 목사, 아브라함 카이퍼 연구소 소장,
SaGA 일터선교 & 글로벌네트워크아카데미 부학장

한국교회를 '일터 교회' 운동으로 깨워 오신 김동연 박사님의 신간 '일터 교회 영역 주권' 출간을 축하드린다. 저는 사랑의교회 일터 사역으로 3년 동안 1,500명 가까운 가정 선교사와 일터 선교사를 양성하고, SaGA 일터선교 & 글로벌네트워크아카데미 개교후 5기에 걸쳐 400여 명의 일터 선교사를 배출하는 교육을 섬겨 왔다. 단순히 일터 선교 교육이 중요한 것이 아니라, 전인격적이고 전영역적인 통합적 신앙 교육이 필요한 시대이다. 교회 일꾼 양성을 중심으로 진행되어 온 설교, 소그룹, 훈련은 이제 그 지평을 넓혀 가정과 일터, 사회로 주님의 제자를 파송하고 자신이 부름받은 모든 영역에서 제자다운 제자의 삶을 살아내는 데 목표를 두어야 할 때이다.

김동연 박사님께서 아브라함 카이퍼의 영역 주권 개념을 펼쳐 일터 사역을 설명해 주셔서 감사합니다. 팀 켈러 목사님은 '일과 영성'에서 이원론의 해법으로 일반 은총의 이해를 제시했다. 저 역시 박사 논문을 '아브라함 카이퍼의 영역 주권'의 기초 위에 일터 선교 교육을 펼치는 것을 주제로 썼기 때문에 김 박사님의 역작에 깊이 공감한다. 한국 개신교 선교 150주년을 향해 가는 한국교회에 전 인격적, 전 영역적인 제자도가 꽃 피는 그날을 바라본다. 한국교회에 선교적 교회 운동과 일터 사역이 요원의 불길처럼 일어나길 기도한다. 김 박사님의 '일터 교회 영역 주권'이 한국교회를 살리는 꺼지지 않는 불씨가 되기를 바란다.

일터에서 꽃피우는 하나님 나라의 실제

김재홍 목사
고양일산 성광침례교회 담임목사

많은 그리스도인들이 월요일 아침마다 겪는 영적 단절감을 어떻게 극복할 수 있을까요? 주일의 은혜가 월요일 업무 현장에서 어떻게 연결될 수 있을까요? 자신의 영적 건강을 염려하며 "요즘 세상일에 바쁘다 보니 영적인 일에 너무 소홀한 것 같아"라고 말하는 이들이 적지 않습니다. 하지만 이것은 잘못된 진단이다. '일터 교회 영역 주권'은 바로 이 오해를 근본부터 바로잡아 주는 책이다.

우리가 느끼는 영적 단절감은 소위 말하는 '종교적 활동'을 적게 해서 생기는 것이 아니다. 문제의 본질은 "세상에서 하는 모든 일들을 영적인 일로 여기지 않는 실수"에 있다. 우리는 영적인 일과 세상적인 일을 너무 쉽게 구분해 왔다. 교회에 가고, 성경을 읽고, 기도하고, 전도하는 것만 영적인 일이라 여기고, 회사에 출근해서 일하고, 프로젝트 수행하고, 회의하고, 보고서 작성하는 것은 세상적인 일이라 치부해 버렸다. 이 책은 그 이분법적 사고를 무너뜨린다. 아브라함 카이퍼의 "하나님 영역 주권" 사상을 일터 신학으로 풀어내며, 일터야말로 하나님의 거룩한 삶이 예배의 장소임을 명확히 선포한다.

이 책의 가장 큰 강점은 이론과 실천의 완벽한 조화이다. 단순히 신학적 담론에 그치지 않고, 저자가 직접 기업 현장에서 17년 이상 일터 예배 공동체를 세우고 운영해 온 생생한 경험이 녹아 있다. 이는 책상 위의 이론이 아닌, 땀과 눈물로 검증된 살아 있는 신앙 모델이다. 특히 14개 장에 걸쳐 체계적으로 제시되는 일터 신학은 평신도 사역자들에게 구체적인 실천 로드맵을 제공한다. 세속 문화권 속에서 복음 문화로 살아가는 법, 일상의 업무를 하나님 백성의 진실한 삶으로 전환하는 법을 단계별로 안내한다.

또한 이 책은 일터 선교에 대한 새로운 패러다임을 제시한다. 일터는 더 이상 선교의 대상지가 아니라, 하나님 왕국이 확장되는 최전선 현장임을 보여준다. 기업과 함께 성장하고 확대되는 하나님 나라 공동체의 비전은 많은 직장인 그리스도인들에게 새로운 사명감을 불어넣을 것이다. 일과 신앙의 분리로 고민하는 모든 그리스도인, 일터 사역을 준비하는 목회자와 평신도 리더, 그리고 기독 경영을 꿈꾸는 기업인들에게 이 책을 강력히 추천한다. 당신의 일터가 하나님의 임재가 머무는 예배의 처소가 되는 놀라운 여정이 이 책과 함께 시작될 것이다.

일터 교회는 '직장 선교와 삶의 현장'

박홍일 장로
사)한국(세계)기독교직장선교연합회 설립/초대회장

우선 사랑하고 존경하는 일터(직장)선교 동역자인 김동연 박사의 새 저서 '일터 교회 영역 주권(Workplace Church Sphere Sover-eignty)'의 출판을 축하하며 전국의 일터 선교인 직장 선교 동역자들에게 일독을 권하고 싶다. 왜냐하면 일터는 최근 많이 사용되는 직장의 순우리말로서 일터 선교와 직장 선교는 형제자매이며 일터 교회와 일터 선교를 확장하는 것이 곧 직장 선교를 확장하는 길이라고 생각되기 때문이다. 아브라함 카이퍼의 하나님 영역 주권은 일터신학의 '일터 교회, 일터 선교, 일터 사역'의 새로운 표현을 함축하며 직상선교의 한 모델이라고 생각한다.

필자가 1981년 광화문 정부종합청사 과장 때 한국기독교직장선교연합회(설립자/초대회장 박홍일)를 창립하고 1993년 국장 재직 때 세계기독교직장선교연합회(설립자/초대회장 박홍일)를 설립한 후 수년간 집필하여 새 천년을 맞이하며 최초로 발행한 직장선교 텍스트북인 '직장 선교와 삶의 현장'이란 표제의 책자를 저술하였는데 이 책의 머리말로 쓴 '이 책을 쓰게 된 동기와 목적'중 다음 내용 일부를 이 책의 추천사로 대체하고 싶다.

첫째로 이 책이 모든 직장(일터)선교회와 신우회원 기독직장인들이 동일한 직장선교의 목표와 방향을 향해서 주안에서 하나 되어 '직장

(일터)선교 운동과 활동'을 활성화하는 데 큰 도움이 될 수 있기를 바란다. 둘째로 이 책 발간을 계기로 각급 주요 신학대학교에 "직장선교학" 교과과정이 설치되어 예비목회자인 선지학도들에게 강의되고 읽혀서 또 하나의 광대한 황금 어장이고, 특수선교의 장인 직장(일터)선교에 대한 비전과 선교마인드를 폭넓게 갖게 하는 것은 큰 의의가 있다고 생각된다. 셋째로 새 천년을 맞이하면서 국내외 한국교회의 교역자와 평신도들이 이 책을 한 번쯤 읽음으로써 직장(일터)선교에 대한 이해와 관심을 가지게 되어 적극적인 '대 직장사회와 지역사회 선교목회'가 될 수 있기를 간절히 바란다. 이제 21세기 선교와 목회는 직장선교의 4대 특성인 평신도(직장인)중심의 선교, 평일(6일) 중심의 선교, 직장(사회)중심의 선교, 말씀 기도 전도중심의 선교로, '흩어지는 교회'로서 교회 밖의 대 지역사회 선교봉사 활동이 강조되는 '직장(일터)선교 목회'에 중점을 두는데 이 책이 참고 활용되었으면 하는 마음 간절하다.

John Scott가 말한 것처럼 "첫 번째 종교개혁이 평신도의 손에 성경책을 쥐여준 것이라면, 제2의 종교개혁은 평신도의 손에 사역(Ministry)을 쥐여 주는 것이다." 직장(일터)이 살아야 나라가 살고 직장(일터)선교가 살아야 한국교회와 사회가 산다고 확신합니다.

끝으로 하나님께서 한국교회와 사회에 특별히 은사로 주신 '직장선교(일터 선교)'를 통하여 직장선교의 3대목표인 ①직장선교 활성화를 통한 민족복음화와 세계선교 ②복음생활화를 통한 기독교사회문화 창조 ③평신도 직장인선교 연합운동을 통한 교회연합과 일치 등 하나님의 크신 뜻과 섭리가 이 땅에 속히 이루어지기를 기원하며 한국교회와 성도들의 적극적인 기도와 협조를 부탁드린다!

"보라! 내가 새 일을 행하리니 이제 나타낼 것이라! 정녕히 내가 광야에 길과 사막에 강을 내리니…!" (사 43:19)

일터교회, 한국교회 살릴 혁신적 선교 대안

이지희 기자
기독일보, 선교신문

김동연 박사는 지난 20여 년간 일터교회와 일터 선교, 일터 사역 분야에서 독보적인 입지를 다져온 인물이다. 이번에 일터교회 연구의 실천편으로 '일터교회 영역 주권'을 출간한다는 소식을 듣고, 변함없는 열정과 끈기, 선한 푯대를 향한 지속적인 도전에 다시 한번 존경과 응원의 마음을 보내고 싶었다.

팬데믹 이후 한국교회가 새로운 돌파구를 갈망하는 이때, 기업 대표이자 목회자로서 긴 세월 일터교회를 직접 일구어 온 김 박사의 경험과 노하우는 매우 소중한 자산이다. 이 책은 그 현장에서의 체득을 성경적, 신학적, 실천적 관점에서 정립해 낸 귀한 결과물이다.

무엇보다 김 박사가 강조하는 아브라함 카이퍼의 영역 주권 사상에 기반한 일터교회는 단지 제도적 교회를 사업장으로 옮겨오는 수준이 아니라, 각 직업 영역에 심긴 하나님의 규례를 발견하고 그 영역 본연의 목적을 통해 하나님의 영광을 드러내야 함을 강조한다. 이로써 일터 자체가 하나님의 통치가 실현되는 거룩한 성소가 되고, 선교적 사명이 구체적으로 실현되어야 할 현장임을 역설한다.

선교적 삶, 선교적 교회에 대한 한국교회의 관심이 어느 때보다 높아진 시점에 본서가 제시하는 일터교회 모델은 또 다른 선교적 삶, 선교적 교회의 창의적이고 실질적인 대안이 된다고 생각한다. 물론 이것을 실제 이루어 가는 데에는 각자의 환경과 역량 등에 따라 도전과 과제에 대한 고민이 깊어질 수밖에 없을 것이다. 그럼에도 이 책에 소개된 사례들처럼 크든 작든 일단 도전하는 가운데, 하나님께서 이 시대를 위해 예비하신 창조적인 새 길과 방법을 반드시 열어주실 것이라 믿는다.

김 박사는 한국 내 건실한 80만개 법인 중 기독교인이 경영하는 20만개 법인 내에 '일터교회'를 세우는 비전을 수년 전부터 제시해 왔다. '경영자'와 함께 '사목'을 세워 투톱으로 협력하는 2080 소명을 내세워 왔다. 이를 통해 대한민국 목회자 30여만명 중 20만명의 사역지를 확보함과 동시에 일터에서 도덕적 회복을 이끌 수 있다고 보았다. 이 거룩한 비전이 한국교회에 새로운 활력을 불어넣고, 일터마다 하나님 나라가 임하게 하는 강력한 불씨가 되길 소망한다.

독자들은 이 책을 통해 '영역 주권'의 가치를 명확히 깨닫고, 일터를 생계 수단이 아닌 예배의 공간으로 바라보는 실제적 용기를 얻으시길 바란다. 특히 새로운 선교적 교회의 모델을 고민하는 목회자들, 일터를 하나님의 주권이 드러나는 거룩한 현장으로 세우고자 하는 기독 경영인들도 이 책이 소망과 전환의 계기가 되기를 기대한다.

부르신 일터에서 함께 누리는 삶

손윤탁 목사
남대문교회 제13대 위임 목사, 한국기독교직장선교목회자협의회 대표회장

일터로 오신 주님은 사랑하는 제자들을 일터에서 부르셨습니다. 어부들을 부르시고 세리를 부르신 현장도 일터였습니다. 이 시대를 사는 모든 사람은 일터에서 일하는 일꾼이 되어야 합니다. 일터가 아닌 곳은 없습니다.

"희어져 추수할 때가 되었다"(요 4:35)고 하시며 "추수할 일꾼이 적다"(눅 10:2)고 말씀하신 주님은 바로 그 일터로 일꾼들을 파송하십니다.

그때가 되었습니다. 끝날 시대에 사는 우리는 바른 '종말 신앙'으로 주신 사명을 감당해야 합니다. 우리의 땅끝이 일터임을 아시고 사도행전적인 삶을 사는 김동연 목사님의 삶을 우리는 이 책을 통하여 확인할 수 있습니다.

함께 갑시다. 그리고 함께 누립시다. 우리 모두 일터로 나아갑시다.

다시 한번 감사를 드립니다. 우리 주님의 더욱 크신 능력이 김 목사님과 늘 함께하시기를 기도합니다.

삶이 예배가 되어야

박한길 회장
애터미(주) 설립자, 공주원로원교회 장로

'주일성수'는 당연하지만 '매일성수'가 더 좋다고 생각한다. 장소와 시간을 정해서 기도하는 것이 좋지만 '항상 기도'하는 것이 더 좋다고 생각한다. '삶이 예배'가 되어야 한다. "무슨 일을 하든지 마음을 다하여 주께 하듯 하고 사람에게 하듯 하지 말라"(골3:23)고 하셨다. "서로 발을 씻기라"고 하셨다. 일터만큼 사람을 섬기기에 좋은 곳은 없다고 생각한다. 때를 얻든지 못 얻든지 전하라고 하셨다. 일터만큼 전도하기 좋은 곳이 없다고 생각한다.

성경 안에는 온갖 경영의 지혜가 가득하다. "피차 사랑의 빚 외에는 아무에게든지 아무 빚도 지지 말라"(롬13:8)는 말씀을 따라 무차입 경영을 하였더니 애터미가 '재무안정성지표' 대한민국 1위 유통기업이 되었다. "나누어 주기를 잊지 말라"(히13:16)는 말씀을 따라서 기부를 열심히 하였더니 대한민국 500대 기업 중 매출 대비 기부금 비율 2%가 넘는 유일한 기업이 되었다. 누적 기부액 1,400억 원. 매년 100~200억 원씩은 기부해왔다.

임직원과 사업자 회원 대상으로 국내외에서 100회 이상 복음사경회를 개최한다. 많은 사람이 모이는 일터는 더없이 좋은 선교의 터전이다. 애터미 복음사경회(Revival Meeting)는 언더우드 선교사의 'Bible Study'와 디엘 무디의 나이아가라 'Revival Meeting'을 모델로 한다. 이 복음사경회에 초청되는 사람은 한 번도 복음을 듣지 못한 사람들, 오랜 시간 교회를 다녔지만 하나님의 존재에 의문이 드는 사람들, 하나님이 계시는 건 알지만 죄사함으로 말미암은 구원의 확신이 없었던 사람들이다.

"나의 나 된 것은 하나님의 은혜로 된 것"은 사도 바울의 고백(고전 15:10)이다. 나의 고백이기도 하다. 애터미의 핵심가치관은 '사람을 수단이 아닌 하나님의 형상'으로 보는 것이다. 10년 전 천안에 드리미 중고등학교를 세웠다. 해외 100개의 기독교 대안학교를 설립할 목표로 교육선교가 진행되고 있다.

김동연 목사의 저서인 '일터 교회, 영역 주권'은 팬데믹을 거치면서 무너진 예배문화를 회복하자는 것이다. 나아가 '주일하루예배'가 아닌, '주중매일예배'가 되면 좋겠다는 제안이다. 일하는 모든 방법까지 성경적 지혜로 일하는 '일터 예배'가 되어야 한다는 것에 적극적으로 동의한다.

북유럽의 작은 나라, 네덜란드에 밀려오는 세속화의 물줄기를 바꾸고 생명의 신앙으로 나라와 교회를 살린 사람이 있었다. '아브라함 카이퍼' 박사이다. 그의 삶과 그의 대표적인 사상인 '영역주권'에 대해 오늘 우리가 처한 지역 전통교회와 사회 환경에서 과연 어떻게 다시 한번 교회의 부흥을 가질 수 있을까, 그에 따른 세상 밖 성도들의 삶의 현장 일터에서 취해야 할 태도를 찾아야 한다.

카이퍼는 사회의 모든 주권은 궁극적으로 창조주의 절대 의지에 기초한다고 확신하면서, 계몽주의의 합리주의적 사상이나 무신론적 인본주의 사상이 침투하는 것을 막으려고 노력했다. 그가 세운 기독교

대학을 자유대학이라고 명명한 이유는 국가와 교회의 간섭을 배제한 자유로운 대학을 추구했기 때문이다. 그리고 대학을 통해서 하나님의 창조를 탐구하고 발전시키며, 사회와 문화를 성경적 기초 위에 재구성하려고 노력했다.

카이퍼 박사의 주장과 맥락을 같이하는 이 저서가 기독교인 누구든지 '일터 교회', '일터 선교', '일터사역'을 실천하는 '일터 신학의 교과서'로 사용해도 좋겠다는 생각이 든다. 적극 추천한다.

The Workplace Community
Sphere Sovereignty

제 1 부

Step by 들어가기

Chapter_1
겟세마네까지 갈 것인가?
골고다까지 갈 것인가?

Chapter_2
하나님의 통치 현장
일터와 일하심 & 일에 대한 신학적 오해 해소

Chapter_3
일터공동체-일터교회 영역 주권

Chapter_4
일터사역 공동체와 하나님의 나라

Chapter_5
일터 현장의 이슈 & 주제
새 정체성이 갖는 소명의식 재정립

Chapter 1

겟세마네까지 갈 것인가? 골고다까지 갈 것인가?

To Gethsemane? or to Golgotha?

i.

Pastor Billy's sincerity
'겟세마네'까지만 갈 것인가, '골고다'까지 갈 것인가?

똑같은 땅, 한반도에 자리 잡은 한민족(韓民族)이지만, 남한(South Korea)은 풍족한 영역이 되었고, 북한(North Korea)은 핍절(乏絕)한 영역이 되었다. 그 원인을 영적(靈的)으로 제공하고 있으므로 비로소 깨달아지는 것은 남한에서 복음이 선포되고 교회와 그리스도인 공동체가 형성되면서 평화가 넘치고 확장이 지면을 차고 넘쳤다. 북에서는 결국, 공산주의 이념과 사상으로 물들면서 교회와 공동체를 폐쇄하고 극심한 가해와 핍박을 받았기 때문이다. 그 결과는 오늘날 어떻게 드러났는가? 남한이 경제적으로 성장하고 부유해질 때, 북한은 헐벗고 굶주리는 황무(荒蕪)한 땅이 되었다는 것은 지금 한반도의 우리 조국의 상황을 그대로 말하고 있다. 하나님의 자비와 은혜가 쏟아지는 자유로운 곳과 사탄의 간섭과 저주가 내리는 듯한 억압된 곳은 너무나도 상반된 결과를 초래하고 말았다. 누구든지 이런 상황 앞에서 우리 조국 대한민국을 향해서 뭐라고 해야 할까? 왜 어쩌다가 이런 지경에 이르렀는지 기도하면서 먹먹해진 가슴으로 되돌아본다.

이럴 때, 전 세계적으로 하나님께 긴급하게 위대하게 쓰임 받았던 목회자, 빌리 그래함(William Franklin Graham Jr.) 목사의 음성을 들어보자 그의 음성은 이천여 년 전으로 더 소급하여 세례 요한의 '들소리 영성'(The spirituality of the field)으로 오늘을 사는 우리 그리스도인의 가슴을 사정없이 후벼파고 있다.[1)]

"나는 캐나다에서 숲속의 새 소리에 잠을 깼습니다. 일본에 와서는 자동차 엔진 소리에 잠을 깼습니다. 한국에 와서는 새벽기도 소리에 잠을 깼습니다. 새벽에 기도하는 나라, 한국은 분명 미래 세계의 희망입니다." 기도하는 민족은 망하지 않고 크게 부흥함을 믿기 바랍니다. 기도하는 가정은 망하지 않고 부흥함을 믿기 바랍니다. 오늘 이 시대에 어떤 사람이 필요합니까? 엘리사와 같은 믿음과 기도의 사람이 필요합니다. 밀알과 같이 희생의 사람이 필요합니다. 남을 높이고 섬길 수 있는 사람이 필요합니다. 대립과 갈등이 아니라 화평의 사람이 필요합니다. 그리스도의 사랑을 나타낼 사람이 필요합니다. 마음의 쓰레기가 가득한 이 민족, 이 땅에

1) 빌리 그래함 목사: 그의 첫 한국 방문과 알버커키, 광야의 소리 2018년 3-4월호 (ilovenm.blogspot.com). https://ko.wikipedia.org/wiki/빌리 그래함. 빌리 그래함 목사는 일생동안 400번이 넘는 전도집회(Crusade)를 전세계 6개 대륙을 다니며 185개국이 넘는 나라에서 개최했다. 그중 미국 미시간주 그랜드레피즈(1947년)/영국 런던(1954년)/미국 뉴욕 매디슨 스퀘어 가든(1957년)/서울 여의도광장(1973년 5월30일-6월3일, 연 참가 320만명)에서 세계 최대의 집회가 열렸다.

담대히 복음을 전할 메신저가 필요합니다. 내가 어렵고 힘들어도 먼저 베풀 수 있는 선이 굵은 사람, 마음이 확 트인 사람(A person with a thick line & An open-minded person)이 필요합니다.

<Table-1> From Gethsemane to Golgotha
겟세마네 동산까지만 갈 수 있는 목사나 그리스도인이 아니라, 골고다까지 갈 수 있는 목회자나 그리스도인이 되어야 합니다

"아골골짝 빈들에도 복음 들고 가오리다. 소돔 같은 거리에도 사랑 안고 찾아가서 종의 몸에 지닌 것도 아낌없이 드리리다 종의 몸에 지닌 것도 아낌없이 드리리다" 같은 찬송가 323장의 고백, 삶을 살아야 합니다. 이런 목사, 이런 성도, 이런 일꾼이 있어야 합니다. 개인이나 가정이나 일터나 교회나 우리 대한민국의 최고 가이드는 하나님이십니다. 당신의 선민(選民), 이스라엘을 이집트에서 가나안까지 인도하신 하나님이십니다. 하나님은 우리 그리스도인을 지름길이 아니라 바른길로 인도하십니다.

이상과 같이 한국 땅(South Korea)에서 빌리 그래함의 진심을 만나 면서 그는 이렇게 물을 것으로 예상된다. '겟세마네'까지 만 갈 것인가? '골고다'까지 갈 것인가? 그 물음 앞에서 우리 그리스도인은 어떤 반응을 하고, 무엇을 추구할 것인가?

1. 'I hope so', "나도 골고다까지 가길 원한다!"

1) 2080의 캐치프레이즈의 소명으로 일터 교회를 원한다.

일터에서 그리스도인으로서의 빛과 소금의 역할과 청지기로서의 사명을 감당하고자 하는 이들에게 어떻게 하면 일터 교회를 설립하여 예배를 드리게 하는 기업 환경을 조성할 수 있을까? 개인을 살리고, 민족을 살리고, 국가를 살릴 수 있는 복음을 전하고 기도하기 위해 세워주신 대한민국에는 공식적으로 산업별 전체 약 130만 개 법인이 있다. 그중 80만 개가 순수 법인인데, 이중에 그리스도인이 오너가 되어 직접 경영하는 20만 개 비즈니스 법인이 있다. 저자는 희망하기를 속한 시일 내에 2080 캐치프레이즈를 소명으로 일터 교회를 세우길 바라는 마음이다. 이를 통한 일터 교회공동체가 한국교회의 혁신과 세계선교의 새로운 대안으로서 복음전략을 세우고 나아가기를 바라는 주제가 '뉴 패러다임'이다라고 저자(김동연 박사)로서 본서의 집필 목적을 피력하고 있다.

2) 이 민족을 살릴 다른 길은 과연 있기라도 한가?

구원의 길은 오직 예수 그리스도 뿐임을 그리스도인은 교회, 정치, 경제, 사회, 학문, 과학, 문화, 예술, 학교, 직장, 일터, 군대, 가정, 어디서나 증거해야 한다. 이렇게 복음을 전하고 최고 가이드이신 하나님을 따라가야만 한다.[2] 이 민족을 살릴 다른 길은 과연 있기라도 한

2) Kuyper, Abraham Uniformity: The Curse of Modern Life-first piece of systematic cultural criticism, in James D. Bratt (ed.), Abraham Kuyper-A Centennial Reader, (Eerdmans, 1869), 19-44.

가?! 오직 만유의 주이신 하나님뿐이다. 민족을 살리는 것도 복음이고, 복음을 들고 기도하는 것도 그리스도인이다. 이 한반도에 복음의 불꽃이 다시 타올라야 한다. 교회와 일터, 그리고 가정이 복음으로 다시 살아야 한다. 7천만 민족에 복음이 전파되어야 한다. 7천만을 그리스도에게로 인도해야 한다. 복음이 살아야 민족이 산다. 복음이 살아야 일터가 산다.

ii.

It's Identity
선교적 소명+일터 영역 주권

1. Normal Time ⇨ 하나님의 왕국, '일터 교회'

한국 교회의 거듭난 그리스도인들은 코로나19 사태 이후 다른 시기와 비교해 보면, 난리와 혼돈을 지나서 평범한 시간(normal time)을 보내고 있다. 그러나 남한과 북한이라는 두 체제를 부정할 수 없기에 말씀이 자유롭게 허락하는 우리 조국 남한을 향해서 큰 교훈을 얻어야 할 것이다. 그와 함께 '일-하나님'이라는 이슈를 망각하면 안 된다고 본다. 지형적으로 특수한 상황에 처한 우리 **'일터 공동체'**(The workplace community)[3]에게는 선교적 소명을 사려 깊게 깨달아야 하는 엄중한 때이다. 또 그와 함께 미래를 개척해 나가며 새로운 한국 교회로서 변화를 계속해 나가야 할 것이다. 일터 공동체에 하나님 임재하심의 속에 일터 현장을 조성하고, 일터의 주역이 등장하게 된다.

그런 상황은 일터 영역 주권으로 거룩한 하나님 왕국이 이뤄지고 하나님 백성으로 선교적 소명을 다해야 하지 않겠는가?

2. 주말 전통교회 ⇨ 〈주중 일터교회 + 선교적 교회〉로

한국에 1세기 이전부터 복음이 전파되었으나 유독 남한, 대한민국에만 지난 140년간 줄기차게 한국교회로서 최대로 부흥하고 성장했다. 삶의 현장에 소재한 전통교회(Traditional Church)는 교회 밖 주중 교회(週中, 한 주간 동안)의 그리스도인 삶의 현장인 '일터 사역'에 관심을 갖기 시작했다. 지역 '주말 전통적 교회'와 '주중 일터 교회'의 관계에 대해 깊이 고민하기 시작한 시기가 2000년 대 초반이라 볼 수 있다. 복음과 말씀의 근간(根幹)으로 세워진 한국 교회는 하나님이 창조하신 세계가 인간의 오만과 방탕한 죄로 망가지므로 그 세계를 구원하기 위해 독생자 예수 그리스도를 이 땅에 보내 수셔서 그리스도인이 왕 같은 제사장(a royal priesthood)[4]으로서의 '대위임령'(The Great Mandate)을 받은 일터공동체의 일터 교회의 생명의 복음을 전하는 선교적 소명을 다하려고 한다. 이제 '전통적 한국교회'는 일터 교회의 영역 가운데서 그 정체감으로 '선교적 교회'가 되어 가려고 한다.

3. 일터 교회의 터전, 하나님 영역 주권의 현장

예수 그리스도를 세상에 보내신 분은 '성부 하나님 아버지'(The

---

3) '일터 공동체'는 다음 3장 '일터 공동체로서 본질적 개념을 참고해 보면 이해를 가져다줄 것이다. 특히, 〈Table-10〉도표와 설명을 참고해야 한다. 4) 베드로전서 2:9.

Father of God)이시다. 예수 그리스도는 성자 하나님의 아들'(The Son of God) 독생자로서 이 지상(地上)에 보냄을 받았다. 목적은 세상을 심판하려 함이 아니다. 오히려 그로 말미암아 세상이 구원을 받게 하려고 의도적(intentional)으로 보내셨다.[5] 그러므로 교회의 정체성(Identity)에서 찾아볼 수 있는 요소는 한 사람의 영혼 구원의 차원을 넘어서 복음으로 온 세상을 구원하려는 목적에 초점을 맞추는 것이다. 이는 하나님의 선교적 소명을 품고 선교적 교회가 되려 하는 몸부림 같은 것이다. 그리고 그곳은 일터 교회의 터전이며 하나님 영역 주권으로 '성령 하나님'(The Holy Spirit)이 역동적으로 사역하시는 현장을 말하고 있다.

iii.

세상을 흔드는 일터 공동체, 일터 주역

하나님의 원천적 소명을 부여받은 '교회공동체'는 예수 그리스도께서 그의 피로 값주고 사신 특별한 공동체이다. 즉 교회는 그리스도 몸(body)이면서 창조세계 안의 교회를 충만하게 하는 예수 그리스도로 인해 충만함이 넘쳐흐르고 있다.[6] 그의 충만함의 능력과 영향력으로 교회는 하나님의 사랑과 은혜로 세상을 충만하게 하도록 사명을 부여받았다.

---

5) 요한복음 3:17. 6) 에베소서 1:23.

<Table-2> 세상을 흔드는 일터공동체

1_Spiritual influence	서구 교회의 영향력이 행사되었다. 그리스도의 '일-노동'으로 영적 영향력을 행사했다.
2_Recovery	지역 전통교회는 주중 삶의 변화로 회복한다. 공적 영역에 대한 영향력을 회복한다.
3_Listening	목회자는 경청해야 한다. 그리스도인이 일터에서 무슨 일을 하는가?
4_Participation	지역 전통적 교회가 참여하는 것이 중요하다. 지역 전통적 교회가 일터교회에 참여가 있는가?

삶의 현장 중심에서 세상을 움직여 나가는데 지역 전통교회가 선교적 사명을 다함으로 일터 현장의 주역으로 세상을 주도해 나가야 한다.

그러므로 일터 교회로서 매우 중요한 선교 대상으로 삼아야 하는 새로운 표현, '일터 사역지' 또는 '일터 선교지'라고 할 수 있나. 이를 통합한 개념으로 표현하면, '일터공동체'라는 표현 방법을 들 수 있다.

Spiritual Influence
–서구교회의 **영적 영향력**이 행사되었다

서구교회에서 종교개혁이 시작되어 중세 후기까지 세상의 중심에서 그리스도인의 일상적 삶과 '일-노동'에서 영적 영향력을 행사하면서 역사는 흘렀다. 종교개혁자 루터와 칼빈, 그리고 윌리엄 퍼킨스도 '노동 소명론'을 제창했다. 즉 서구 교회의 영적 영향력이 행사되었다는 말이다. 일터에 대한 영적 영향력은 분명히 서구 교회로부터 왔지만, 현장은 한국 교회의 노동(직업) 현장 그것이라서 여기 현장 중심에서 퍼져 나오는 영적 영향력을 고려하면서 글을 이어 갈 것이다.

1. 일터 공동체는 우리에게 어떤 의미로 다가 오는가?

오늘 우리의 믿음을 지켜가는 길에는 어느사이 일터에 대한 신학적 의미 일터 공동체에 대한 성경적 의미를 던져지고 있음이 현실적인 물음이다. 우리는 어떤 마음으로 일터를 섬기고 있는가? 우리에게는 두 가지 부르심이 있다. 첫째는 우리는 하나님으로부터 콜링을 받았다. 우리는 그리스도의 제자로 부르심을 받았다. 둘째는 하나님은 우리를 일터로 부르셨다. 일터는 하나님이 나를 부르신 소명의 장이다. 여기서 직업 소명론이란 개념이 나온다.[7] 물론, 이 직업(노동) 소명론에서 함께 붙어 나오는 개념, 그것이 '일터 공동체'가 있다.

2. 직업(노동) 소명론은 개혁주의 신학자 신학 개념이다.

존 칼빈도 윌리엄 퍼킨스도 직업 소명론을 말했다. 루터의 이중 소명론, 즉 영적 소명(vocatio spiritualis)과 외적 소명(vocatio extrema)으로 구분했다. 전자는 그리스도인이 되는 소명이고, 후자는 하나님과 사람을 섬기는 소명이다. 루터의 직업 소명론은 주의 자녀들이 일터에서 하나님의 일을 하며 하나님께 영광을 돌릴 수 있는 신학적원리로서의 가능성을 열어 놓았다.

칼빈의 직업(노동) 소명론이란 세속 직업은 하나님이 내게 주신 소명의 장이다. 직업 속에서 하나님의 영광을 드러낼 뿐 아니라 직업을 천국으로 만들어야 함을 강조했다. 이러한 금욕적 직업생활은 자본주의를 발전시켰다. 칼빈의 신학은 주의 자녀들이 모든 것을 할 때 목적을 하나님의 영광에 강조점을 두었다.[8)]

그리스도인이 삶의 현장 일터에서 하는 일은 하나님께 위임받아 세상 사람들의 필요한 것들을 공급해주는 거룩한 공급라인이 '일-노동'이라고 한다. 그러나 서구교회는 근대화 시대에 공적 영역에 대한 영향력을 상실하고 영혼과 초월의 영역만 담당하는 사적(私的) 종교로 위축되는 세속화를 겪었다. 아펜젤러와 언더우드 서구교회 선교사가 한국교회를 설립했지만, 영적 영향력이 후대에 연계되지 못했다면 결국, 한국교회도 기복주의, 번영신학, 세속화 길로 빠질 수밖에 없다는 것이다.

Recovery
-지역 전통교회는 주중 삶의 변화로 **회복**한다

하나님의 백성인 그리스도인은 지역에 소재한 전통적인 교회를 이끌어 갈 주역이다. 그러나 본질적인 사명을 잠시 상실했던 그리스도인의 한 주간(週間)의 주중 삶의 현장 일터는 공적 영역에 해당된다고 하겠다. 우리는 이에 대한 주중 삶의 패턴을 회복해야 할 때이다. 어쩌면 지역 전통적 교회가 성도의 주중 삶의 현장인 일터에 지대한 관심을 갖는 것이 절대적으로 필요한 시기를 맞이했다. 주말(주일)에 다

7) 본헤럴드(https://www.bonhd.net) 최원영 목사 직업 소명론 기사 중
8) 본헤럴드(https://www.bonhd.net) 최원영 목사 직업 소명론 기사 중

짐하고 각오했던 믿음의 고백은 한 주간의 믿음의 삶으로 확대되어 더 강해지는 것이 주중 믿음의 삶이어야 한다. 주중 일터 교회 현장에서 확대되는 믿음의 삶을 전통적인 교회의 그리스도인은 그 믿음의 삶을 확대하면서 스스로 변화해 가야 할 것이다.

일터공동체 된 그리스도인은 자신의 믿음의 삶은 전통적 교회가 신앙과 교리의 근간이며 초대교회로부터 이어 받아온 신앙과 교리를 말하고 있다. 따라서 전통적인 교회에 소속된 그리스도인은 믿음의 삶의 근거가 초대교회로부터 이어받은 신앙, 교리 등으로서 모두 하나님 말씀에 근거한 것이다. 이에 정통 신앙의 라인을 이어받은 교회의 그리스도인은 결코 이단사설에 근거한 믿음의 삶을 살 수 없다. 지역 전통교회는 주중 삶의 변화를 가져다 주는 일터 공동체로 회복되고 변화되는 계기를 맞아 가기 위해 역동적인 교회공동체를 만들어 가야 할 것이다.

Listening
–목회자는 **경청**해야 한다

목회자는 성도가 삶의 현장인 일터에서 무슨 일을 하고 있는지? 일터에서 신앙 윤리적으로 어떤 어려움을 겪고 있는지? 그들이 하는 일이 세상에 어떤 영향을 끼치고 있는지? 목회자의 사역을 통해서 그들의 상황을 경청해야 하고 때로는 권면하는 수단으로 이끌어야 한다.

목회자가 이들의 이야기를 듣는, 경청의 자세로 이끌어 가야 한다. 교회는 성도가 직장 생활하면서 얼마나 수많은 갈등과 번민, 고통 속에 노출되어 있으며 수많은 스트레스를 많이 받으며 일하고 있는지 그런 상황에 목회자가 대리경험 같은 수단을 동원해 성도를 알게 되고 기도해야 할 것이다. 더욱 중요한 수단은 일터 현장에 필요한 제반 이슈글일 것이다. 그러나 거기에 말씀에 경청하고 성령의 음성에 귀 기울이는 영성도 함께 작용되어야 한다.

Participation

–교회의 **참여** 의식이 중요하다

교회는 세상을 구원하는 데 '올–인'해야 한다. 비록 지역에서 사역하고 있지만, 하나님의 영혼 구원과 세계 선교에 동참해야 하는 절실함이 있어야 하기 때문이다. 지역 전통교회가 직접 일터에 뛰어들 수는 없지만, 어떤 수단, 방법을 동원해서라도 전통적인 교회에 머물러 있지 않고 교회에 모여있는 성도를 움직여 일터 교회에 직간접적으로 참여해야 할 시기이다. 이런 시기를 방관한다면, 교회공동체로서 그 공동체를 주도하는 일터 목회자로서 본연의 자세를 유기(遺棄) 할 수도 있다는 것을 명심해야 할 것이다.

이제는 지역 전통교회가 삶의 현장 가운데 발생한 일터 교회의 그리스도인들이 복음에 합당하게 살아가도록 양육하고, 일터 교회로 파송하는 선교 전략을 매우 구체적인 일터 현장을 마련할 때이다. 지역 전통교회는 그리스도인들을 통해 생명이 담긴 복음의 메시지를 일터 교회의 공동체로 형성되어있는 그리스도인에게 선포하게 하고 실천하여 보여줌으로써 선교 사명에 참여할 수 있다. 영적 영향력, 회복, 경청, 그리고 참여로 '일터 현장, 일터 주역–세상을 움직임'의 도표에서 요구하는 원리에서 요구하는 것처럼, 세상을 움직여가야 할 것이다. 독일의 젊은 신학자 디트리히 본회퍼가 말한 것을 본 지면에 깔아 본다.

> "교회는 하나님의 말씀의 권위 안에서 부정적인 한계선을 그으면서, 예수 그리스도에 대한 신앙을 명백하게 방해하는 경제적 사고와 형태가 잘못된 것이라고 천명해야 한다."

지역 전통교회가 성도들의 일터에 선한 영향을 끼치며 성도들이 하나님 나라의 백성으로 당당하게 일할 수 있도록 협력하며 도우려면 기존 '목회 철학과 목회 방법론'에 과감한 변화가 있어야 하며, 일터 교회에 대한 뚝심 있는 선교관이 필요하다. 절대 지역주의(Regionalism)에 매몰되거나 집착하면 안 될 것으로 사료 된다.

iv.

전통교회와 직장의 일터 내 신우회의 접목 시도

우리 그리스도인의 일터에 신우회를 세우는 이슈를 말하고자 한다. 지역 전통교회 그리스도인들을 동원하여 직장의 전도와 예배와 각종 믿음의 모임 활동으로는 일터를 근본적으로 변화시키기에는 늘 역부족인 현실의 벽 앞에 부딪치기 쉽다. 그러나 먼저 직장 그리스도인에 대한 가장 큰 영적 영향력은 지역 전통교회에 있으므로 먼저 그들, 일터 교회의 복음전파가 가장 근접한 지역 교회 그리스도인들에게 일터 선교에 대한 도전과 비전을 심는 말씀이 담긴 설교가 매우 중요하다고 할 수 있다.

그리스도인의 영적 생활에 대한 설교를 일터 교회라는 공적 영역으로 이끌어 들이기 위해 그와 관계된 말씀과 헌신을 요구하는 설교는 지역 전통교회 내 그리스도인들의 헌신적인 마음과 영혼을 움직일 수 있다. 즉 지역 전통교회의 그리스도인을 일터의 그리스도인의 현실을 이해하고 그들의 고민을 설교 등 목회사역에 담아내고 실제적인 전도 원리를 제시해 주어야 한다.

그리스도인들은 목회자의 설교에 집중하고 반응하므로 그에 맞는 헌신된 삶을 나타내게 된다. 지역 전통교회 목회자는 그리스도인들과 일터의 삶을 접목시켜 현재 일터에서 일어나고 있는 일들과 정보를 얻고 설교에 반영하면서 점차적으로 전통교회와 일터 그리스도인늘의 간격을 좁혀가는 선교적 전략을 세워갈 수가 있다. 바로 그런 점이 전통교회와 직장의 일터 내 신우회와의 접목을 시도하는 목회자의 선교적 실천을 요구하는 것이다.

1. 전통교회 목회자의 일터 교회에 대한 자세

세부적인 지역 전통교회 목회자의 일터 교회에 대한 자세는 더욱 뚜렷해졌다. 목회자의 선교적 자세 그 자체로 그리스도인에게 큰 위로와 힘을 준다. 일터에 대한 심방을 통해 목회자는 그리스도인의 일터 뒤에는 섬기는 지역 전통교회가 후원해 준다는 암시를 줄 필요가 있겠다. 더 나아가서 전통교회 목회자는 일터교회의 그리스도인들을 위한 양육 프로그램과 친교 등을 개발해서 적극적으로 가르치고 도와주고 격려하는 일터 사역도 펼쳐나가야 할 것이다. 청소년, MZ 세대가 졸업 후 일터에 대한 취업과 진로 등 지역 전통교회가 교육과 상담을 맡아서 개입하면 그것보다 더 바람직한 일터 사역이 어디 있겠는가?

2. 거룩한 부담감으로 지원한다

지역 전통교회는 자신의 교회공동체에 속한 그리스도인의 삶의 현장 일터라는 공적 영역에 적극적으로 뛰어들어서 보다 일터공동체의 그리스도인을 통한 하나님 나라의 선포와 빛과 소금의 역할, 청지기로 역할을 감당하도록 선교해야 한다는 거룩한 부담감으로 지원해야 한다. 다만 일터의 그리스도인을 사랑하는 마음으로 그들에게 필요한 것들을 파악해서 가능한 일부터 하나씩 차근차근 지원해 나가면서 일터교회 영역을 확장해 나간다면 그것은 주님께서도 기뻐하실 일이다. 더욱 하나님의 통치를 받게 되고 그런 가운데 삶의 현장 일터에 하나님이 임재하시면서 일터공동체 그리스도인을 앞세워 쉼 없이 일하실 것이다. 이제 일터공동체는 선교적 사명을 실천하면서 선교적 교회를 이뤄가는 것이다.

3. 선교적 관점으로 창의적 일터공동체를 세워 가라!

본서에선 앞으로 계속적으로 복음을 증거하기 위해 일터에서 선교적 관점을 적용하며, 창의적인 방법을 동원하는 일터 교회를 제시해 갈 것이다. 일터 교회는 직장이나 특정 사회적 환경 내에서 신앙 공동체를 형성하는 것을 의미하고 있다. 따라서 신앙과 삶이 분리되지 않기 위해 그리스도인의 삶에 관심을 가져야 할 뿐만 아니라 일터는 비기독교인을 자연스럽게 만날 수 있는 공간이라서 대단한 관심을 가지고 있어야 한다. 일터는 특정한 사람이나 어떤 특수한 계층만이 갖게 되는 것이 아니기 때문에 이런 직장 내에서 일터를 주시하고 깊은 관심으로 다각도의 공동체를 형성할 수 있도록 시도해야 할 것이다. 이것이 바로 전통교회와 직장 일터 교회의 접목을 시도하는 것이다. 이 순간, 일터 교회 중심으로 세상을 움직여 가야 하겠다는 다짐을 하게 된다.

Chapter 2

하나님의 통치 현장
일터와 일하심 & 일에 대한 신학적 오해 해소

The field of God's reign-Workplace, work & theological misunderstanding of work

i.

일-노동에 대한 신학적 오해 이슈를 해소

1. '일터와 하나님의 통치'-어떤 신학적 의미인가?

이 주제에 대한 이해를 돕기 위한 차원에서 하나님의 '일터'와 하나님의 '일하심' 그리고 하나님의 통치를 신학적 특징으로 본다면, 하나님과 이스라엘 민족 간의 언약(약속)을 일터를 삼고 그가 일하심을 통해 언약을 이루는 신학적 특징을 살펴볼 수 있다. 또 율법과 예언에서 율법을 일터라는 장(place)을 마련하고 그의 일하심을 통해 거룩한 계명에 대한 교훈을 제시하고 있다. 더불어 예언이라는 주제와 함께 하나님의 오묘한 섭리 중에 조성하신 '일터'를 삼고, 하나님께서 '일하심'으로 미래와 회복의 메시지를 전달하는 특징을 지니고 있다.

<Table-3> 하나님의 일터 조성과 그의 일하심

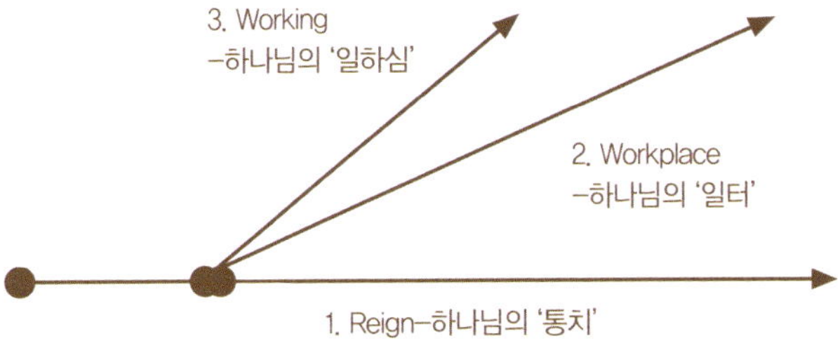

결국 하나님께서 구속을 진전(進展)시키는 수단으로서,

1_하나님 스스로 통치행위를 드러내신다.

2_하나님께서 일터를 임의적으로 마련하신다.

3_하나님께서 일하심의 역사로 개입하는 특징을 보여주고 있다는 것이 구약 성경의 '일-노동'의 일터신학적 특징이라고 할 수 있다. 그러나 다음 더욱 중요한 이슈가 있는데 그 문제를 그냥 지나칠 수 없다.

2. '일-노동'에 대한 신학적인 오해 이슈를 해소

구약 성경의 일터신학적 원리를 들자면, 그 부분은 마땅히 수정되고 성경에서 근거를 찾을 수 있는 '일-노동'에 대한 신학적인 오해를 해소(解消)시켜야 할 것 같다.

먼저 언급해 둘 것은, 노동은 인간이 타락으로 인해 발생된 형벌과 저주가 아니라는 것이다.

창세기 1장 28절에서 바라본 노동은 하나님께서 세상을 창조하실 때, 인간에게 부여하신 '세상을 다스림에 대한 명령'(The command to rule the world)은 하나님께서 하실 일을 인간에게 위임한 것이다. 또 다른 한편, 창세기 3장 17절의 노동은 인간의 타락으로 인한 형벌과 저주라는 소극적 의미를 지니고 있는 것이 우리 그리스도인이 하나님 형상으로 회복하는 것이며 일에 대한 소명과 정체성을 갖는다.

하나님은 영원 속에 존재하신 분이지만, 초월하여 일터를 앞(창조세계)에 두고 일하시는 하나님이다(God at work before work). 6일간의 노동은 창조주의 활동이며 이것을 반대하는 것은, 아리스토텔레스의 부동의 동자(the unmoved mover)의 신개념이다.[9] 이 개념의 신관(神觀)은 성경에 근거를 둔 하나님 고유 개념과는 완전히 다르다. 파르메니데스적이며, 플라톤적인 형이상학적에 근거한 존재론적 신관으로서 일반 개념에서도 철학적인 이론에 불과한 세계관이며 아리스토텔레스의 신관은 전혀 움직이지 않는, 일하지 않는 가상적인 신에 불과하다. 거기에 비해 일하시고 역동적으로 움직이시는 살아 계신 하나님에 대한 기독교 세계관과는 전혀 다른 배타적인 신학적 입장이라고 할 수 있다.

우리 그리스도인은 일하시는 하나님, 일터 교회의 하나님으로 믿고 받아들인다. 예수 그리스도와 노동에서 볼 때 '아버지도 일하시니 나도 일한다'(요5:17)라는 성육신 사역을 기억하라 '수고하고 무거운 짐 진 자들아 다 내게로 오라!'(마11:28)라고 말씀하신 이후에 '내 멍에는 쉽고 가벼운 것'(마11:30)이라고 하신다. 예수 그리스도는 노동의 착

취자가 아니라 일터 교회와 일하는 자의 쉼을 보장하시는 주님임을 보여주고 있다. 영육, 성속 이원론은 노동 협오적 신앙임을 조장한다. 노동 없는 안식일이 오히려 인간에게 더욱 비인간화를 만들어 낸다면 그것은 문제이다. 노동이란 그 행위를 통해 이웃에게 선을 제공하는 행위라야 한다.[10)]

ii.

하나님 통치 현장과 그의 일터와 일하심

다음은 신약성경과 그 안의 사복음서, 바울서신서, 비(非)바울서신서, 그밖의 서신서 및 예언서를 통해 역시 하나님께서 '일터'를 마련하시고 그의 '일하심'을 보여주므로 하나님의 통치(the rule of God)가 적나라하게 이뤄지고 있다. 그리고 거기에 하나님 왕국(The Kingdom of God)이 형성되고, 하나님 백성(The People of God)의 존재가 나타난다. 그 하나님의 백성들이 하나님의 일하심을 위임받아 일-노동과 일꾼의 주역으로 일하는 것이 신약의 일터신학의 특징이라고 할 수 있다.

---

9) 아리스토텔레스의 '부동의 동자'의 정의는, 다른 사물(물질)을 움직이게 하지만, 신이라는 존재는 변하지 않고 움직이지 않는 '순수한 형상'의 존재라고 가정한다. 아리스토텔레스의 신의 존재를 설명하는 대표적 철학적 개념으로, 신과의 관계에 있어서 이 존재가 곧 신이라고 보았으며, 신은 만물의 궁극적 목적(목적인)이자, 모든 변화의 원동력이라고 보는 것은 객관적 증명을 떠나서 맹목적 이론에 불과하다는 점이다. 더욱 황당한 것은 물질과 달리 질료(재료) 없이 오직 형상만으로 존재하며, 모든 존재의 변화와 운동을 설명하는 궁극적 원리라고 하지만 황당한 이론에 불과하다. 신에 대하여는 불가능한 존재인 것은 그 전제가 물리적이나 수학적으로 증명되지 않는 그야말로 목적 없는 운동이 성립된다는 점에서 비판 그 자체이다.

10) https://brunch.co.kr/@minnation/607

다음과 같이 하나님의 신약의 통치 현장에서 그의 일하심에 대한 이해를 함으로서 좀 더 우리 그리스도인이 일터 교회 영역 주권의 개념에 근접해 갈 수 있을 것이라 사료 된다.

<Table-4> 하나님 통치의 현장–일터, 그의 일하심에 대한 이해

- 마태복음의 산상보훈 현장과 일하심
- 마가복음의 치유 현장과 일하심
- 누가복음의 세례 현장과 일하심
- 요한복음의 포도주 제조 현장과 일하심
- 사도행전의 부활증거 현장과 일하심
- 13권 서신서(편지)의 세계선교 현장과 일하심,
- 9권, 비(非) 바울서신의 예언의 현장과 일하심

하나님 통치의 현장에 대한 진술

신약성경(사복음서, 바울서신, 비(非) 바울서신)에서 '일터'와' 일하심'

iii.

마태복음의 산상보훈 현장과 그의 일하심

1. 마태복음 현장

마태복음 현장은 예수 그리스도께서 자신이 메시야이심을 강조하고 있다. 본서에서는 예수 그리스도께서 메시야적 복음 일터를 마련하고 그가 일하심 그 자체로 하나님의 통치로 나타나고 있는 현장을 교훈하고 있다. 다음 마태복음의 핵심 메시지라고 할 수 있는 텍스트를 선정하여 소개해 본다.

예수 그리스도는 그리 높지 않은 산에 오르고 거기서 모여들고 있는 무리에게 복음을 증거하는 데 일터를 조성했다. 따라서 제자와 더불어 군중들이 예수 그리스도의 말씀(복음)을 들으려고 몰려들었다. 그때부터 예수 그리스도께서 일하심의 모습은 복음을 증거하는 메신저로서 볼 수 있다. 그리스도는 말씀을 가르치고 교훈하셨다. 하나님의 통치가 강력하게 드러나는 역사의 현장이었으며 하나님의 나라가 이뤄진 광경이었다.

① 심령이 가난하면 그 자체가 복이 되는 것이며, 천국이 그들의 것이라고 선언하셨다. ② 애통하는 자는 복이 되는 것으로서, 그들이 위로를 받는다고 하셨다. ③ 온유한 자는 복을 받을 것이며 그들이 땅을 기업으로 받는다고 하셨다. ④ 의에 주리고 목마른 자는 복을 받게 되는데 그들이 배가 부를 것이라고 하셨다. ⑤ 긍휼히 여기는 자는 복을 받는데 그들이 긍휼히 여김을 받게 된다고 하셨다. ⑥ 마음이 청결한 자는 복을 받는데 그들이 하나님을 만나게 될 것이라고 하셨다. ⑦ 화평하게 하는 자는 복을 받는데 그들이 하나님의 아들이라고 주변을 통해 인정받게 된다고 하셨다. ⑧ 의를 위하여 박해를 받으면 반드시 복을 받는데 그들에게는 천국을 소유한다고 하셨다.[11]

11) (마태복음 5:1-10).

예수 그리스도께서 이 말씀 사역을 마치시고 잠시 집에 들어가셨다고 한다. 그때(시간)를 봐서는 눈먼 사람들과 치유가 필요한 사람들 몹시 피폐한 그룹 등이 예수님 주변으로 몰려들었다. 예수님이 그들에게 질문하고 계신다. "너희가 보기에 내가 능히 이 일 할 줄을 믿느냐?"고 하셨다. 이렇게 말씀하신 상황은 지금 예수님 자신이 집이라는 일터 현장에서 따라온 제자들과 이합집산으로 형성된 군중을 치료하는 일하심으로 거룩한 역사가 드러날 것을 믿었다.[12] 여기서 예수님과 관련된 메시지는 어디 한 두가지 일까? 치료하시는 일 그것을 말하고 있다.

iv.

마가복음의 치유 현장과 일하심

2. 마가복음 현장

마가복음 현장은 예수 그리스도의 사역과 일을 통한 고난에 초점을 맞춰 3년의 공생애 기간 동안 복음의 일터를 마련하고 그의 일하심에 대해 4복음서 중 가장 빠른 전개를 기록해 보이고 있다.

예수 그리스도에게 병 고침을 받았던 사람이 자신에게 예수님이 어떻게 병 고침의 기적의 역사, 구원의 일하심을 행했는가를 데가볼리에 전파하게 되었으며 그 반응으로 모든 사람이 놀랍게 여겼다.[13] 여기서 예수님의 일터 사역에 대한 기록을 사건적으로 접하면서 병고침

12) (마태복음 9:28). 13) (마가복음 5:20).

의 사역의 소문을 들었던 사람들로 하여금 당시 일터 교회공동체를 증가시켰다.

데가볼리는 로마의 폼페이(Pompey) 장군에 의해 로마 관할로 편입되었다. 이같이 광역 도시에 예수께서 행하신 복음증거의 구원 사건이 퍼져나갔고 모든 사람이 놀라면서 하나님의 통치가 이방지역까지 역사하는가를 깨달았다. 여기서 예수 그리스도의 선교 활동이 이방 지역에서도 성공적으로 진행됨을 보여주고 있다. 실로 한 인간이 거듭나는 체험(體驗)으로 그리고 거듭난 한 인간이 자기 사건을 전함으로 10개 이방 도시의 넓은 지역이 일터가 되고 거기서 예수 그리스도의 일하심에 관한 사실이 전파되는 드라마틱한 장면을 발견하는 것이 강점(强占)이다.

V.
누가복음의 세례 현장과 일하심

3. 누가복음 현장

누가복음 현장은 이방인과 가난한 자에 대한 관심, 그리고 예수 그리스도의 인류에 대한 구원사역을 강조하고 있다. 이것은 예수님께서는 이방인까지도 사랑의 대상이면서 구원사역과 그의 일하심의 대상에 속한다는 것에 주저함이 있을 수 없다는 것을 말한다. 그러므로 이방지역 역시 일터와 누가복음의 공동체도 밀접한 관계를 보이며 하나님의 통치를 신실하게 보여주고 있다.

예수 그리스도께서 30년의 사생애를 끝으로 요단강에서 세례를 받으시고 성령의 충만함으로 무장되셨다. 그리고 요단강에서 돌아와 광야에서 일터를 마련하여 3년의 공생애를 위한 일하심으로 일터 사역에 대하여 시동(始動)을 걸고 있었다. 그는 그때부터 광야에서 본격적인 일하심의 기간을 가감 없이 보내셨는데 무려 사십 일 동안이나 성령에게 이끌려 일터 사역을 모범적으로 행하셨다.[14] 그야말로 일터 교회의 역동적인 사역의 선례를 유감없이 남기신 예수님의 행보(行步)이셨다.

vi.

요한복음의 포도주 만드신 현장과 일하심

4. 요한복음 현장

요한복음 현장은 예수님의 신성(神性, divinity)을 강조하면서 깊은 신학적 의미와 그리스도가 말씀 중심이 되심을 증거하고 있다. 예수님은 공생애를 시작함과 동시에 가나 혼인 잔치에 초청받아 들르셨다. 거기서 준비된 포도주가 동이 나서[15] 어머니 마리아가 예수님께 포도주를 준비해 달라는 부탁을 듣고 잔치를 주도하는 사람들과 제자들에게 말씀하셨다. "이르시되 항아리에 물을 채우라 하신즉 아귀까지 채우니(이 사이에 예수님의 일하심으로 물이 포도주로 변하는 기적이 발생). 이제는 떠서 연회장에게 갖다주라 하여 사람들이 그 분부대로 하니 잔치석 상의 분위기가 바뀌었다"고 했다.[16]

아리마대 출신, '요셉'이라는 사람은 예수 그리스도의 제자였으나 주변의 유대인이 두려워 자신의 출신을 숨겼다. 그때는 유대인 출신 예수님이 로마정부와 유대인 지도자들로 인해 십자가 처형을 받는 위험스러운 시기였다. 바로 그런 일이 발생한 후였지만 아리마대 요셉은 예수님을 심판하여 처형한 빌라도에게 예수님의 시체를 가져가 장례를 치루겠다고 말하니 빌라도가 그에게 예수님의 시체를 내어줬다고 했다.[17]

여기서 아리마대 사람 요셉이 특별히 등장하고, 그의 이름까지 소상하게 들먹인 것을 보더라도 그는 몇 날이 지난 후 예수님의 부활의 증인으로 쓰임을 받아야 하는 유력한 용의자이다. 분명히 장례를 치룬 사람, 아리마대 요셉, 그는 예수님께서 자신의 손에 의해 죽었다는 증인이다. 예수는 반드시 죽어서 장례를 치뤘는 데 부활하셨다면 그것은 소문이 아니라 실제적으로 죽으시고 부활하셨다는 강력한 증인이, 아리마대 요셉이라는 것이다. 이보다 더한 부활의 증인이 어니 있겠는가? 요셉은 예수님의 시체를 빌라도에게서 가져다가 장례를 치르는 엄연한 사실을 몸소 체험하는데 일터를 조성했으며, 하나님의 '일하심'을 대변한 자이다.

---

14) (누가복음 4:1).
15) '물건이 전부 팔리거나 다 써서 없어지다'의 뜻.
16) (요한복음 2:7,8). 17) (요한복음 19:38).

vii.

사도행전의 부활증거 현장과 일하심

5. 사도행전 현장

사도행전 현장은 사도들의 활동과 교회성장, 성령강림사건, 바울과 베드로의 선교여행을 기록으로 증거하고 있다.

예수 그리스도께서 십자가 죽음의 고난을 받은 후, 제자들과 그를 따르는 사람들에게 구속사건에 대한 과정에서 많은 증거를 보여주므로 부활의 증인을 삼고 있었다. 예수님이 부활하여 살아 계심을 실체(實體)로 나타내고 사십 일 동안 복음증거와 생명을사리는 등의 일터를 마련하여 제자들, 부활의 증거가 필요한 사람들에게 보이며 하나님 나라의 일-복음 사역의 일을 증거했다.[18] 이로 인해 하나님의 통치가 나타나며 그의 왕국이 확장되었다.

또 바울은 최소한 1년 6개월 고린도에 머무르며 하나님의 말씀을 가르쳤으며,[19] 많은 일(사역)을 수행했다. 바울은 고린도와 인접한 아가야와 겐그레아 항구까지 일터를 조성하고 예수 그리스도의 영이 역사하므로 그 역량으로 임하심을 순종했다. 바울은 주로 고린도 내에서 활동하였으며, 주님께서 일하심을 위임받아 함께 동역하는 실라와 디모데가 고린도에 인접한 지방을 다니며 복음을 전하므로 이 역시 하나님의 통치가 나타나면서 그의 나라가 확장되었다.

viii.

서신서 13권의 세계선교 현장과 일하심

6. 바울서신 현장

바울서신 현장은 로마서, 고린도전후서, 갈라디아서, 에베소서, 빌립보서, 골로새서, 데살로니가전후서, 디모데전후서, 디도서, 빌레몬서는 교리 정립, 교회 지도, 신앙생활 격려 등이다.

사도바울은 고린도교회에 보낸 권면의 편지에서 하나님 은혜가 각 방면에서 풍족하게 드러났다고 말했다. 본절에서 '모든 … 풍족하므로'는 양(量)보다 질(質)을 말하고 있으며, 바울이 하나님의 일을 하는 일터는 '가능성 있는 모든 측면에서'라는 의미를 말한다. 축복의 일터를 말하고 있다. 또 '언변'에 해당하는 원어는 '교리'나 '진리'를 말하며, 바울이 그리스도의 일을 대신하여 그가 일하심은 예수 그리스도의 인격과 사역에 기초한 구체적 지식의 일을 주장하고 있다. 즉 바울이 말하듯,

> '우리의 주님, 그리스도 예수를 아는 지식'은 곧 그리스도께서 십자가의 죽으셨다는 사실에 구체적인 지식을 말하고 있다.[20)]

그리스도에 대한 일, 변증의 목적을 성취하는 일을 하는 가운데 하나님이 풍성하게 축복해 주실 것을 말하고 있다.[21)] 바울이 고린도교회

---

18) (사도행전 1:3). 19) (사도행전 18:11). 20) (빌립보서 3:8). 21) (고린도전서 1:5).

의 성도들에게 권면하는 것은, 바울과 복음을 증거하는 동역자를 묶어서 선교현장의 일터에서 거룩한 일하심을 위탁받아서 실행하는 '그리스도의 일꾼이요' '하나님의 비밀을 맡은 자'라고 간증하면서 그렇게 일하는 자로 인정하고 중보 기도와 후원을 아낌없이 부탁하고 있다. 그리스도의 일꾼된 것과 비밀을 맡은 자 된 것의 당연성을 강조하는 것이다.[22)]

참고로 '그리스도의 일꾼'의 의미는 바울이 자신의 위치를 보다 겸손하게 나타내려 한 것이다. 또 누구에게 속해 있느냐 하는 문제로서 그리스도에게 속한 노예적 개념은 오히려 바울이 예수님의 직계 제자됨을 더 선명하게 나타내는 표현이라 할 수 있다. '비밀을 맡은 자'는 예수님은 3년 공생애 기간 동안 제자들에게만 천국의 비밀을 나타내시고 다른 자들에게는 숨기셨다고 말씀하셨다.[23)] 이것은 초대 교회 속에서 신성한 의식이나 성례전을 뜻하는 말로 사용했으며, 하나님의 구원 사역과 관계된 엄밀한 지식이나 숨겨진 하나님의 경륜을 뜻하는 의미로 사용하고 있다.[24)] 바울은 그리스도의 일꾼과 비밀을 맡은 자로서 세계선교 현장을 일터 삼고, 예수님의 일을 위탁 받아서 거룩한 일하심의 제자를 강조하면서 하나님의 통치를 말하고 있다.

"세 번 태장으로 맞고 한 번 돌로 맞고 세 번 파선하고 일 주야를 깊은 바다에서 지냈으며"[25)]

본 텍스트는 '바울의 수고와 열심'이라는 주제이다. 그는 고난의 현장을 찾아서 일터를 인정하고 일하심으로 나서고 있는 데 그 일터는 결코 호락호락한 현장이 아니다. 복음증거를 하다가 바울은 '세 번 태장'으로 맞았다고 증거하고 있다. 로마시민에게는 금지된 로마식 태형으로 채찍 끝에 납을 매달아 치는 무서운 형벌이며 이 태장을 맞는 중에 죽는 경우도 허다했다.[26] 바울이 로마 시민권을 가지고 있었음에도 불구하고 이런 형벌을 받았다는 것은 선교현장의 일터를 비껴가지 않고 예수 그리스도의 위탁을 받고 복음증거의 일하심을 충실하게 수행하고 있음을 보여주고 있다. 바울의 고난은 사도행전의 일터와 일하심의 실상을 적나라하게 드러내고 있다.

> '한 번 돌로 맞고', '세 번 파선을 당하고 일 주야를 깊음에서 지냈다'고 한다. 이 사실은 사도행전의 기록에 의해서도 증명되는 사실이다.[27]

바울의 행적도 모두가 기록으로 남아 있는데, 바울이 탄 배가 파선(破船)한 사건이 자세히 묘사되어 있지만 그 사건은 본 서신을 기록한 후의 일이었다. 한편 본 텍스트에서 배가 파선되어 일주일을 바다 한 가운데서 표류했음을 말해주는 대목은 살 소망마저 끊어진 상황을 회상(回想)할 수 있다.

사도바울은 고난의 현장을 일터로 여기고 그는 '그리스도께서 그의 나라를 위해 일하라!'의 분부대로 일하심을 실천했다. 그것은 바울 그 자신이 예수 그리스도의 참 사도를 증거하고 있다. 또 강력한 하나님의 통치를 증거하면서 거기서 하나님의 왕국이 거친 세속의 파고가 넘쳐나는 현장에서 확장해 가고 있다.[28]

---

22) (고린도전서 4:1). 23) (마태복음 13:11). 24) (골로새서 1:26, 27). 25) (고린도후서 11:25).
26) (사도행전 16:22). 27) (사도행전 14:5,19). 28) (고린도후서 11:25).

7. 빌립보, 골로새교회와 그 외의 그리스도인들에게!

그 외에 빌립보교회 그리스도인에게 앞에 있는 미래적인 것을 잡는 것에 최선을 다하면서 과거적인 것, 뒤에 있는 것은 잊어버리자고 하면서 아직 내가 완성하지 못한 것을 완성하면서 전진하자고 권한다.[29)] 바울은 계속해서 자신은 비천에 처할 줄도 알고 풍부에 처할 줄도 알아 모든 일 곧 배부름과 배고픔과 풍부와 궁핍에도 처할 줄 아는 일체의 비결을 배우고 하나님 나라의 기업을 받게 되었다[30)]고 한다.

골로새교회 그리스도인들에게 편지하기를 하나님이 전도할 문을 우리에게 열어 주사 그리스도의 비밀을 위해 일(전파하게)하게 되기를 바랐으며 자신이 그 증거하는 일 때문에 고난을 당했다[31)]고 고백하고 있다.

ix.

9권, 비(非) 바울서신의 예언 현장과 일하심

소위 비(非) 바울서신이라는 것은, 히브리서, 야고보서, 베드로전후서, 요한1 · 2 · 3서, 유다서에서는 다양한 저자와 신학적 관점이고, 요한계시록은 종말론적 비전, 미래의 심판과 새 하늘과 새 땅에 대한 예언으로 기록되어 있다.

이스라엘 백성에겐 가나안 땅을 정복하기 직전, 제일 큰 장해물은 여리고 성이었다. 하나님께서 그들에게 믿음으로 칠일 동안 여리고 성을 매일 한 바퀴씩 돌면서 하나님의 명령을 준행했다. 그 결과 마지막 날 성을 돌고 난 후 이스라엘 백성이 한 목소리로 외치자 순간 하나님의 기적은 돌연히 나타났는데 여리고 성이 무너졌던 것이다.[32] 그 여리고 성은 외부의 소리나 혼란, 그리고 인적인 결과로 무너지지 않는 성이었다. 바로 그것은 여리고 성 외곽에 일터를 조성한 하나님께서 이스라엘 백성으로 일하게 하심으로 정복의 결과로 드러났다.

그들은 현장의 일터, 그리고 일하심은 너무도 무모하지만 맡은 자들에게 충성하는 사람은 자기를 부정하고 하나님을 섬기는 그 모습을 보여 줘야 한다.[33] 그리고 하나님의 분부를 받은 하나님의 백성은 각각 은사를 받은 대로 하나님의 여러 가지 은혜를 맡은 선한 청지기같이 서로 봉사하라는 명령을 지키면서 결국 가나안 땅을 정복할 수 있었다.[34]

ix.

진술–성경 전체의 '일터 현장'과 '일하심' (사복음서, 바울서신, 비(非) 바울서신)

이상 사복음서와 바울서신, 그리고 비(非) 바울서신의 신약성경의 일터와 일하심을 각각 살펴보았다. 그에 대한 신학적 특징은 예수 그리스도 중심이며 구세주로서의 예수님과 그의 사역, 죽음, 부활이 핵심이고, 은혜와 믿음으로 율법이 아닌 믿음으로 구원받는 신앙 강조이며, 성령의 역할로 성령을 통한 성도들의 삶과 교회의 성장 강조이다.

---

29) (빌립보서 3:13). 30) (빌립보서 4:12). 31) (골로새서 4:3). 32) (히브리서 11:30).
33) (베드로전서 5:3). 34) (베드로전서 4:10).

특히 종말론적 희망에 대해 최후의 심판과 새 하늘과 새 땅에 대한 희망적 메시지로서 하나님의 통치(the rule of God)에 대한 교훈적인 진술을 담고 있음을 보고 있다.

1. 구약 성경의 '일터'와 '하나님의 일하심'

다음은 그 진술로서 성경 전체의 일터와 일하심을 말해 보겠다. 구약 성경은 성부 하나님의 창조부터 예수 그리스도께서 이 땅에 '초림'(the coming of Jesus)하기 전의 일터 현장을 가리키고 있다. 그 나라의 중심인물은 아브라함, 야곱, 요셉, 모세 등 족장들, 왕들, 예언자들, 그리고 구약의 하나님 나라(The Kingdom of God)의 일터 현장을 누비고 일하심의 신바람을 일으켰던 하나님의 백성(The People of God)이다.

주제는 언약, 율법, 예언, 민족 역사, 언약은 모세의 율법과 새 언약, 예언목적은 민족적 정체성 확립, 하나님의 약속 전달로 구약은 하나님의 언약으로서 하나님의 통치이다.

2. 신약 성경의 '일터'와 '하나님의 일하심'

신약 성경은 '예수 그리스도의 재림'(the Second Coming of Jesus)을 기다리고 있는 일터 현장을 가리키고 있다. 예수님의 생애 이후, 중심인물로 예수님, 12제자(사도), 속사도, 그리고 감독 등이 그 영토의 일터 속에서 그리스도의 명령을 줄기차게 기다리고 이행하는 주역들이다. 주제는 구원, 은혜, 믿음, 교회, 종말, 새 언약(예수님 희생) 중심, 목적은 구원과 믿음의 확립, 교회와 신앙생활 지도에서 그의 통치를 말한다.

3. 성경에 면면히 흐르는 일터와 일하심 현장의 기운

구약과 신약을 통해 면면히 흐르고 있는 기운은 각 일터 현장의 바람이며, 그것은 강렬한 성령의 일하심으로 이해할 수 있는 하나님의 통치이다. 오늘날 장구(長久)한 세월을 흐르는 구약과 신약의 각 일터 현장을 누가 그 사역을 이어받아야 하는가? 오묘한 섭리 가운데 하나님 백성으로 부름 받았던 그리스도인들이 아닐까? 자문(自問)해 본다.

그러므로 이에 대한 오늘의 진술, 하나님의 통치는 그대로 살아 있다. 하나님께서 예정 가운데 섭리하셨던 구약의 일터 현장에서 헌신적으로 충성했던 구약의 백성은 성부 하나님께서 일하심의 모범을 따라서 그대로 행하고 있다. 그러나 여기서 그 길을 마다하지 않고, 그 길을 이어서 신약의 예수 그리스도께서 일하심의 모범을 따라나섰던 사도, 속사도, 그리고 감독과 신약의 백성이 다 함께 그 길을 따라가고 있다.[35] 그들은 일터 현장과 일하심을 본받아가고 있다는 말이다.

4. 하나님 통치가 이뤄지고 그의 백성은 영원히 산다

성경 66권의 '일터 현장'과 하나님께서 자신의 '일하심'의 기운을 통해 다음과 같은 교훈을 볼수 있다. 그것은 삼위 하나님께서 일터를 마련하시고 그분의 일하심을 보여주므로 하나님의 통치가 적나라하게 이뤄지고 있다. 그리고 거기에 하나님 왕국(The Kingdom of God)이

---

35) 이명헌, "아브라함 카이퍼의 노동문제관: '우리의 강령'과 '수공노동'을 중심으로-16(3)", (신앙과 학문, 2011), 211-241.

형성되고, 하나님 백성(The People of God)의 존재가 나타난다. 이로부터 하나님 나라는 무한히 확장되고 하나님의 존재는 사방에 드러나고 그의 백성들은 천지에 하나님 왕국을 이루며 영원히 산다.

xi.

일의 영향력+신학의 원리=선교적 사명
Work+Theology=Mission

1. 공식 : 일(Work)+신학(Theology)=선교(Mission)

가려졌던 베일이 서서히 걷어지는 것처럼, 분명하게 찾을 수 있는 '일의 신학'(Work Theology)은 '일의 영향력'과 '신학의 원리'로서 선교적 사명을 잉태하게 된다는 것이다. 즉, 일(Work)+신학(Theology)=선교(Mission)의 공식을 찾을 수 있다. 그러나 '일'과 '신학'으로 '선교'라는 핵심 정점이 드러나고 있다는 말이다. 하나님께서 인간에게 일터를 마련하고 일하심을 우리 교회공동체에 위임하신 의

<Table-5> 선교적 사명의 원인

미와 목적, 그리고 믿음과의 관련성의 이슈를 사려 깊게 탐구하며 반드시 일에 관한 진리와 교훈을 깨닫고 풍성하고도 놀랍고 거룩한 결실을 거둬야 할 것 아닌가? 일의 영향력+신학의 원리=선교적 사명을 다하는 지상의 교회공동체를 말하고 있다.

2. 일의 영향력+신학의 원리=선교적 사명

일의 신학의 원리는 하나님께서 인간에게 주신 '일과 노동'의 의미를 깊이 탐구하여 얻는 깨달음은 우리 그리스도인에게 더 나은 영적인 삶을 살게 한다는 것이다. 또 그 영향력을 통해 신앙과 삶의 조화를 이루어 하나님께서 원하듯이 인간이 생존하는 목적을 이루도록 섭리하는 신학의 분야라고 말하고 싶다. 일은 단순한 생계 수단이 아니라, 하나님을 영화롭게 해 드리고 이웃과 사회 공동체를 섬기며, 교회공동체와 자신의 사명을 실현하는 신성한 활동임을 강조한다.

xii.

믿음 세움+삶의 상승+생명 유지
God's Reign(하나님 통치)

1. God's Reign–믿음 세움+삶의 상승+생명 유지

'믿음 세움'은 '일하는 삶으로서'(As a Working life), '믿음을 일으킴'(It creates faith)과 동시에 '일과 삶을 상승하게 하고'(It raises

Work's life), '생명을 유지해 가는'(It keeping Life) 조건을 우리의 믿음과 어떻게 연결되는지를 일터공동체의 그리스도인에게 그리고 더불어 살아가야 하는 사람들에게 가르쳐 주고 있다.

일의 본질에서 하나님께서 그런 일터를 섭리해 주시고 그와 함께 하나님께서 '일하심'–일하는 것을 위임하셨다. 성경은 하나님께서 창조의 첫 순간부터 일하셨음을 보여준다. 창세기 1장에서 하나님은 세상을 창조하시며 일하셨고, 창조의 과정은 일의 본질이 창조적이고 의미 있는 활동임을 시사하고 있다. 그러므로 창세기 초반부터 세상을 창조하신 하나님은 인간에게 창조된 세계를 잘 다스리라고 위임하신 문화명령을 잘 수행하는 것이 그의 통치, 지배를 받는 것이다.

> "하나님이 그들에게 복을 주시며 하나님이 그들에게 이르시되 생육하고 번성하여 땅에 충만하라, 땅을 정복하라, 바다의 물고기와 하늘의 새와 땅에 움직이는 모든 생물을 다스리라 하시니라".[36]

인간의 일에 대해서는 하나님께서 인간에게 땅을 다스리고, 경작하며, 돌보는 책임을 부여하셨다.[37] 이는 인간의 일과 노동이 하나님의 형상에 부합하는 의미 있는 활동임을 말해 준다. 일과 신앙의 관점에서 일은 신앙의 표현으로서 단순한 생계 수단이 아니라, 하나님께 영광을 돌리고, 이웃을 섬기며, 하나님의 뜻을 이루는 수단을 말한다.[38] 여기서 인간은 성실과 정직에서 그리스도께서 정직하고 성실하게 일할 것을 모범적으로 따라야 할 것이다.[39] 이는 하나님께서 기뻐하시는 삶의 태도를 말하는 것이라서 그렇다.

일을 섬기는 자세로는 일은 이웃과 사회를 섬기기 위한 수단이며, 겸손과 사랑으로 수행되어야 함을 가르치고 있다. 일의 목적과 가치는 하나님의 영광을 위한 일로서 모든 일은 궁극적으로 하나님께 영광을 돌리기 위한 것임을 성경은 가르치고 있다.[40] 그러므로 일은 우리 그리스도인의 삶을 상승시키고 생명 유지함을 주님께서 다시 오시는 그 순간까지 다하는 것이다. 바로 이것이 '하나님의 통치'(God's Reign)를 받는 것이다. 그로부터 하나님 왕국이 확장되고 하나님 백성의 의무를 다하는 것이며 이것이 일과 노동의 의미를 품위있는 열매를 맺는 것이다.

xii.

Contribution of Work → 일의 기여

'일의 기여'는 일하는 행위로 상대가 도움이 되도록 이바지하는 것을 말한다. 일의 기여는 사회와 국가에까지 기여함으로 확장해 가는 것이다. 일은 개인의 생계뿐 아니라, 사회와 공동체의 발전과 복지에 기여하는 중요한 역할을 한다고 믿어야 한다. 존재적으로는 한없이 나약하고 크다고 말할 수 없는 상태이다. 하지만 비록 보잘것 없는 일이라고 하지만 그 일로 세상이라는 현장에서 작지만 큰 존재로 행사할 수 있다.

우리 그리스도인이 일하는 행위를 통하여 기여(寄與)할 수 있는 조건을 든다면, 4가지 측면에서 생각해 보기로 한다.

---

36) (창세기 1:28). 37) (창세기 1:26-28). 38) (고린도전서 10:31). 39) (골로새서 3:23).
40) (고린도전서 10:31).

1_ 그리스도인 개인의 성숙과 사명을 관련지어 말할 수 있다.

각 개인은 하나님께서 주신 은사와 소명을 따라 일을 하게 되면서 이를 통해 성숙하고 성장하는 과정을 겪어가는 것이다. 하나님께서 우리에게 부여하신 일은 사사롭게 생각할 수 있는 차원이 아닌, 소명의 차원이다. 그러므로 일하는 행위는 그리스도인이 성숙과 또 우리에게 주신 사명까지 염두에 두고 거기서 발전해 가는 계기를 만들어야 할 것이다.

2_일의 윤리와 태도에서 성경적 근간을 취해야 한다.

그리스도인의 일의 윤리와 태도에 대하여 성경은 일침(一針)을 가하고 있는데, 정직해야 하고 공정한 노동을 강조하며, 부정이나 탐욕을 경계해야 한다.[41] 말씀은 근면과 성실하라고 권하면서 게으름을 극복하고 최선을 다하는 태도를 권장하고 있다.[42]

3_사회적 책임감으로는 일의 기여를 다해야 한다.

일하는 그리스도인으로서 일의 기여를 추구하려면 사회적 책임과 정의를 실천해야 한다. 또 그에게 약자를 간과하지 않고 소외되고 힘없는 약자를 돌보는 마음가짐으로 일의 기여해야 하는 마음이 필요하다. 21세기 현대적 적용에 대해서 직업 선택과 소명에 대해 개인의 직업 선택이 하나님의 소명과 일치하는지 고민하며, 일이 가지고 있는 의미를 찾는 것이 중요하다.

---

41) (레위기 19:13). 42) (잠언 10:4).

4_일과 삶의 균형적인 측면을 꾀해야 한다.

일의 기여를 하는 그리스도인으로서 일과 가정, 그리스도인으로서 일과 사람과의 관계의 균형을 유지하는 것이 중요하다. 삶에 있어서 윤리적 경영과 사회적 책임에 대해서는 기업과 직장에서도 정직, 공정, 책임감 있는 태도를 실천하는 것이 일의 신학적 가치를 높이는 일이다. 그러므로 하나님께서 우리 그리스도인에게 위임하신 문화명령과(The culture mandate) 복음명령(The Evangelical mandate)을 잘 수행하는 것은 결국 일을 통한 하나님의 통치와 그분의 다스림 속에서 하나님의 나라를 확장하면서 하나님의 백성으로 거듭나는 과정이 일터 공동체로서 진정으로 추구해야 할 단계이다.

하나님 영광을 향한 3단계로는, 우리 그리스도인의 일터 공동체를 통해서, 우리 그리스도인에게 부여한 '일터 교회'를 통해서, 우리 그리스도인에게 위임한 명령, '일터 사역'을 성공적으로 수행하여 그분만이 영광을 받으셔야 한다.

<Table-6> 하나님 영광을 향한 3단계

3-1 그리스도인을 통해서
우리 그리스도인의 '일터 공동체'를 통해서
3-2 일을 통해서
우리 그리스도인에게 부여한 '일터 교회'를 통해서
3-3 성공적 수행을 통해서
우리 그리스도인에게 위임한 명령 '일터 사역'을 성공적으로 수행하여 하나님 그분만이 영광을 받으셔야 한다

Chapter 3

일터공동체
일터교회 영역 주권

The Workplace Community Concept And Sphere Sovereignty

i.
아브라함 카이퍼(Abraham Kuyper)의 영역 주권

카이퍼는 “주권의 근원은 법 또는 사람 의지에 있는 것이 아니라 하나님께 있다”며 “주권은 단지 정치적 분야뿐 아니라 모든 영역으로 흘러간다”고 밝혔다. 여기서 그의 ‘영역 주권’(sphere sovereignty/souvereiniteit in eigen kring) 사상을 찾아볼 수 있다. 그는 “인간의 모든 영역 중 만물의 주권자이신 그리스도가 ‘내 것이라’고 주장하지 않는 곳은 없다”고 했다.[43] 아브라함 카이퍼는 평생 동안 220여 권의 책을 발행하여 후대에 위대하게 남기고 갔다. 그가 심혈을 기울여 발간한 책들의 내용은 그야말로 개혁주의 신학사상의 근원적인 역할을 하기에 충분하다.[44]

아브라함 카이퍼(Abraham Kuyper, 1837-1920)는 '기독교 세계관'(Christian world-view)의 창시자이자 세계적인 칼빈주의 신학자로 꼽힌다. 헤르만 바빙크, 벤자민 B 워필드와 함께 세계 3대 칼빈주의 신학자로 불린다. 그의 신학사상은 인간 중심의 세계관에서 하나님 중심의 신본주의로의 전환을 강조하면서 기독교가 개인 신앙의 차원에서 삶 전체, 우주 전체의 모든 영역으로 확장돼야 함을 주장했다. 특히 1898년 미국 프린스턴대에서 행한 '칼빈주의란 무엇인가'라는 주제 강연은 그의 명성을 단번에 드높이는 계기가 됐다. 그는 이 강연에서 삶의 체계 혹은 세계관으로서의 칼빈주의(칼뱅주의)를 주장하면서 종교 정치 학문 예술 미래 영역에 대한 칼빈주의적 관점을 제시했다.

카이퍼는 네덜란드의 작은 항구도시에서 목사의 아들로 태어난 그는 화란의 개혁주의 목사 겸 목회자이자 신학자, 동시에 언론인, 그리고 네덜란드 수상(총리)으로 활약하면서 주간지 '드 헤르아우트'와 일간지 '느스탄다르트'를 발행했다. 하나님은 구속의 하나님인 동시에 창조의 하나님이다. 그 하나님은 만물을 그 종류대로(after its kind) 창조하셨다는 것이다. 아브라함 카이퍼는 이 '종류대로'의 창조 개념을 생물학적 영역에 그치지 않고 모든 창조 세상의 영역으로 확장한다. 세상의 다양한 국면들 속에도 각각 하나님이 창조하신 고유한 주권적 영역이 있다.

---

43) https://www.kmib.co.kr/article/view.asp?arcid=0015199175&(국민일보,아브라함 카이퍼, 정성구 박사).

44) https://www.kmib.co.kr/article/view.asp?arcid=0015199175&(국민일보,아브라함 카이퍼, 정성구 박사). 국내에는 '칼빈주의 강연'(CH북스), '하나님께 가까이'(CH북스), '일반은혜1'(부흥과개혁사), '기독교와 사회문제'(생명의말씀사), '아브라함 카이퍼의 영역 주권'(도서출판 다함), '그리스도가 왕이 되게 하라'(복있는사람), '아브라함 카이퍼의 사상과 삶'(킹덤북스), '리처드 마우가 개인적으로 간략하게 소개하는 아브라함 카이퍼'(SFC), '아브라함 카이퍼의 공공신학과 성령'(SFC), '아브라함 카이퍼의 정치 강령'(새물결플러스) 등 10여권이 번역, 출간됐다.

카이퍼는 이것을 '영역 주권'이라 하였다. 즉 구원의 적용 범위를 인간뿐 아니라 창조세계의 전 영역으로 확장하였다. 그 최종목적은 원(原) 우주의 총체적 회복에 있다고 주창했다.[45] 카이퍼는 반혁명당을 설립했으며, 그는 당 대표와 하원의원 등을 거쳐 네덜란드 총리로 재직했다. 기독교 학교를 세우기 위해 '학교투쟁'을 벌였던 그는 '암스테르담 자유대학'(Vrije Universiteit Amsterdam)을 설립했다. 자유주의에 물든 네덜란드 국교회에 맞서 교회개혁운동을 펼치며 '네덜란드 개혁교회'를 세웠다.[46]

ii.

하나님의 주권 아래 모든 영역의 독립성

카이퍼는 하나님이 창조 세계의 궁극적 주권자임을 강조한다. 사회의 모든 영역은 하나님의 창조 질서에 따라 고유한 역할을 가지며, 서로 간섭하지 않아야 한다고 말한다. 가정은 가정의 역할, 교회는 교회의 역할, 국가는 국가의 역할에 충실해야 하며, 서로의 영역을 침범하지 말아야 한다고 주장하고 있다.

1. 다양성의 조화

영역주권 아래서는 사회가 다양한 기능과 구조로 이루어져 있으며, 각각의 영역이 고유한 법칙과 목적에 따라 작동(作動)해야 함을 인정한다. 이를 통해 인간의 자유와 책임 그리고 번성함이 조화롭게 유지,

〈그림-1〉 A. 카이퍼의 동상

발전된다고 주장하고 있다.[47] 이때가 종교개혁 후 약 2,300년 정도 지난 시기였으니 지금의 현대 사회가 얼마나 다양성 안에서 조화가 이뤄지고 있는가를 볼 때, 아브라함 카이퍼의 영역 주권이 그대로 적용되고 있다는 것을 부인하지 못하게 되었다.

2. 교회와 국가의 분리

카이이퍼는 교회와 국가가 독립적인 영역에서 활동해야 하며, 서

45) https://ko.wikipedia.org/wiki/영역 주권., 조덕영 박사, '창조신학연구소' www.kictnet.net에서 부분 인용.

46) https://www.kmib.co.kr/article/view.asp?arcid=0015199175&(국민일보,아브라함 카이퍼, 정성구 박사). A.카이퍼는 1878년 4월 총선거를 앞두고 프랑스혁명의 영향으로 네덜란드를 물들인 무신론적 흐름에 반대하는 '반혁명당' 건설을 추진했다. 창당을 앞두고 당의 핵심 이념과 정강을 정리하기도 했다.

47) Goudzwaard, Bob Globalization, Regionalization, and Sphere Sovereignty, in Luis E. Lugo (ed.), Religion, Pluralism, and Public Life: Abraham Kuyer's Legacy for the Twenty-First Century (Eerdmans, 2000), 325-341.

로 간섭하는 것을 지양해야 한다고 했다. 즉 국가가 교회의 권위를 침해하지 않는 것과 교회가 정치적 권력을 사용하지 말아야 한다는 것이다.[48] 그러나 이는 '교회'와 '국가'의 관계이지, '그리스도인' 개인과 '국가'의 관계는 아니다. 그리스도인 개인에게 국가에서도 하나님의 주권을 인정하며 국가 안에서 하나님의 계획과 오묘한 섭리가 성취되도록 그리스도인은 각자에게 부여된 사명을 감당해야 한다.[49] 여기서 물론 국가에서도 하나님의 영역 주권을 인정하는 것이 카이퍼가 주장한 개혁주의 신학적 주장이라고 할수 있다.[50]

iii.

모든 영역-일터 사역의 하나님 중심성

1. 모든 영역은 하나님 주권 아래 그의 통치를 피할 수 없다

각각의 영역은 개인적이고 독립적이지만, 궁극적으로는 하나님의 주권 아래 그의 간섭을 피할 수 없다. 하나님의 통치와 다스림을 받는 것이 필연적인 일이다. 따라서 각 영역의 활동에 있어서는 하나님의 뜻에 맞아야 함을 말하며, 궁극적으로 하나님의 영광을 드러내야 한다. "하나님 곧 우리 아버지께 세세 무궁하도록 영광을 돌릴지어다 아멘"(빌4:20).

영역주권 개념을 실천적으로 적용한 카이퍼는 교육, 언론, 정치, 예술 등 다양한 분야에서 개혁주의 사상을 기반으로 한 운동을 이끌었다. 예를 들어, 네덜란드에서 기독교 학교와 언론을 세우고, 총리로서 정치에서도 그의 철학을 실현하려 했다. 이것은 카이퍼의 일반은총의 신학사상으로서 천국도 결국은 새 하늘과 새 땅이라는 창조의 장소이다. 예수 그리스도는 죄로 인해 타락된 인류 구속을 위한 중보자이실 뿐 아니라 또한 파괴되고 왜곡된 창조 세계의 회복자이다.[51] 이에 따라 이 세상을 회복한다는 의미는 물리적 수정이 아니라 본질적이고 영적인 회복을 말하는 것으로 이해해야 한다고 말한다. 하나님의 뜻이 이 땅 위에서나 하늘에 이루어지는 것을 말한다.

2. 일터 사역의 실천적 적용

이 세계는 다 하나님의 것이고, 그리스도의 것이며, 우리들의 것이다. 그리고 그 모든 영역을 회복함에 있어 하나님은 우리 인간을 도구로 사용하신다고 한다. 그러므로 우리 그리스도인은 하늘에서 이루어진 것같이 땅에서도 이루어지도록 기도해야 한다. 일상적으로 교회의 예배에서 한결같이 '주기도문'으로 고백하면서 낭독하는 이유가 이 때문이다.

이런 것을 보더라도 이미 우리 그리스도인은 일터 교회 현장에서 그에 합당한 실천적 적용을 하고있는 셈이다. 하나님의 백성으로서 그리스도인은 거룩한 열정을 품고 삶의 모든 영역에서 하나님의 영광을

---

48) 김철 "칼뱅주의와 법에 대한 사상사: 윌리암스의 정교분리원칙", (서울: 현상과 인식, 2009). 78-100.
49) 해롤드 라스키, 국가란 무엇인가, 김영국 역. (서울: 도서출판 두레, 1983).
50) Kuyper, Abraham (2002). 《Lectures on Calvinism: six lectures delivered at Princeton university [in 1898]》. Grand Rapids (Mich.): W. B. Eerdmans. ISBN 978-0-8028-1607-8.
51) Abraham Kuyper: Puritan, Victorian, Modern, in Luis E. Lugo (ed.), Religion, Pluralism, and Public Life: Abraham Kuyer's Legacy for the Twenty-First Century, (Eerdmans, 2000). 32-34.

<Table-7> 일터 사역의 실천적 적용

주기도문 고백 이유– 실천적적용
하늘에서 이루어진 것같이 땅에서도 이뤄지도록 기도로 고백하여 적용함.
일상적 교회 현장에서 실천적적용
이미 그리스도인은 일터 교회 현장에서 그에 합당하게 적용함.
일터사역에 적용하는 의미와 실천적적용 범위
교회, 정치, 경제, 사회, 학교, 직장, 학문, 과학, 문화, 예술 기타 등에 적용되도록 하면서 세상 일터 현장의 영역에서 빛과 소금처럼 그리스도인으로서 역동적인 삶을 살아가야 함.

위해 살아야 한다. 즉 그리스도인은 수동적 기도나 하며 사는 은둔형 외톨이가 아니다. 일터 사역을 적용하는 의미와 실천 범위를 교회와 정치와 경제와 사회와 학교와 직장과 학문과 과학과 문화와 예술과 같은 세상 전 영역의 최전선에서 빛과 소금처럼 드러난 거듭난 그리스도인으로서 세속사회에 속한 사람들보다 더 뜨거운 열정으로 살아야 하는 것이다.[52)]

3. H. 도예베르트를 통해 영역주권 사상은 개신교 영역 안으로

이렇게 아브라함 카이퍼는 영역 주권을 창조 원리로 재해석한 최초의 신학자였다. 아브라함 카이퍼의 이 같은 사상은 1880년 10월 카이퍼가 설립한 화란 암스테르담 자유대학교(Vrije Universiteit te Amsterdam)의 활동과 1898년 미 프린스턴대학에서 행한 칼빈주의에 관한 '스톤 강좌'(Stone Lectures)에 잘 나타나 있다. 그리고 이 같은 아브라함 카이퍼의 영역 주권론을 철학적으로 체계화한 사람은 카이퍼가 세운 화란자유대학 법철학 교수를 지내고 화란 왕립과학원 회원이었던 네덜란드의 기독교 철학자 헤르만 도예베르트(Herman Dooyeweerd, 1894-1977)였다. 그는 세계 교회적으로 탁월한 기독교 철학자이며 개혁주의자인 헤르만 도예베르트를 통해 하나님의 영역주권 사상은 개신교 영역 안에서 등장한 정치철학 가운데 가장 포괄적이고 체계적이며 개혁주의 세계관의 전통을 충실하게 반영한 기독교 정치철학이 되었으며,[53] 오늘날 네덜란드 개혁교회의 가장 중요한 정치사상으로 자리 잡게 되었다.[54]

IV.

일터 공동체와 '일터 교회 영역 주권'

1. 일터 교회 영역 주권 확장-하나님 왕국 확장

'일터 공동체'에서 일터교회 영역 주권은 전통적인 교회를 초월한 영역에서 믿음의 삶을 실천하고, 직장 내에서의 신앙생활을 지원하며, 동료들과의 관계를 통해 복음을 전파하고 천국을 이뤄가는 데 중

52) 조덕영, '창조신학연구소' www.kictnet.net에서 부분 인용.
53) 헤르만 도예베르트, 서양 사상의 황혼에서, 신국원,김기찬 역. (경기: 크리스챤다이제스트, 1994).
54) 정성구, 100인의 개혁주의 신학자와 만남, 경기, 킹덤북스, 2016. p.86-87. 그 외, Lectures on Calvinism이라는 제목으로 미 어드만 출판사에서 출간되었으며 국내에도 몇 권의 번역본이 있다고 조덕영 박사가 주를 달고 있다.

점을 두고 그 지경을 확장해 가는 것에 비중을 둔다. 특히 한국 교회는 코로나19 사태 이후 그리스도인은 교회라는 전통적인 테두리를 넘어서는 믿음생활에서는 매우 수동적이었다는 점에서 자책감을 가지고 있다. 이에 일터 공동체는 일터 교회 주권영역을 확장하여 하나님 왕국을 탄탄하게 세워가야 한다.

구약 성경과 신약 성경의 일터의 현장과 그의 일하심은 하나님 통치가 살아서 능동적으로 역사한다는 사실을 성경 각 장의 지면을 통해 면면히 넘쳐나고 있음을 결코 부인할 수 없다. 이에 따라 우리 그리스도인은 전통적인 교회 현장에서만 믿음생활을 실천하는 것을 초월하여 일상적 삶의 현장인 일터에서 신앙을 실천하는 것이 매우 중요하게 여겨졌다는 사실이다. 그런데 최근 한국사회의 탈종교화 현상으로 무종교인이 70%를 넘어서고 있다. 제도권 내의 교회로 전도하기란 참으로 어려워지고 있는 것이 현실이다.[55] 이러한 때, 하나님의 세계관, 기독교 세계관으로 그리스도인들이 무장하고 세계관으로 무장하며 믿음의 길을 찾아서 헤쳐 나가야 할 것이다.

2. 세상의 영적 구조는 거룩과 세속으로

아브라함 카이퍼는 이 세상에 대한 영적 구조를 '거룩'(聖)과 '세속'(俗)으로 구분하고 이 세상에서 도피하는 종교적 은둔주의 내지 도피주의를 반(反) 성경적인 것으로 보았다. 그리스도인은 거룩한 열정

---

55) VanDrunen, David Natural Law and the Two Kingdoms–A Study in the Development of Reformed Social Thought, (Eerdmans, 2010). 59–63.

을 품고 삶의 모든 영역에서 하나님의 영광을 위해 살고 있다. 세속적인 영역은 보편적인 삶을 추구하는 영역을 말하고 있다. 그 보편적 삶은 이 지상에 거주하는 모든 사람, 생명을 지니고 사는 보편적인 모든 사람을 말한다. 그러나 영적 표현을 빌어 말하자면, 그리스도인은 수동적으로 기도나 하며 사는 은둔자(隱遁者)의 모습이 모든 것이 아니다. 그리스도인은 교회, 정치, 사회, 경제, 과학, 문화, 예술, 학문, 직장, 일터, 학교, 군대, 가정 기관 등 세상 전 영역의 최전선에서 빛과 소금처럼 드러난 그리스도인으로서 세상 사람들보다 더 역동적이고 열정적 존재로 살아가는, 거룩한 삶을 추구하면서 살아가는 사람을 말한다. 이런 구조 속에서 거룩한 삶, 세속적인 삶의 길을 각각 살아가는 것을 말한다.

V.

'일터 교회 영역 주권' 정의

열정적 개혁주의자, 그가 바로 '영역 주권'(領域主權, Sphere Sovereignty)이라는 말을 최초로 사용한 네덜란드의 전 수상이요, 개혁주의 목사요, 신학자요, 정치가였던 아브라함 카이퍼(Abraham Kuyper, 1837-1920)이다. 그가 '삶의 전 영역주권'을 외치며 실천했던 것처럼, 이런 점에서 한국 지역 전통교회가 반드시 관심을 가져야 할 주제가 '일터 교회 영역 주권'(Workplace Church Sphere Sovereignty)이다.

1. '일터 교회 영역 주권' 정의
Workplace Church Sphere Sovereignty

일반적으로 전통교회를 초월한 직장이나 특정 사회적 환경에서 믿음으로 행하는 모든 사명이 보장된 영역을 말한다. 신앙공동체를 형성하고 사명에 근거한 일을 통해 일터 교회를 성장시켜가는 과정을 의미한다. 전통적인 지역교회 건물이나 공간이 아닌, 세속적이고 일상적인 업무 환경이나 사회적 활동 공간에서 이루어지는 비즈니스 공간을 활용하여 신앙의 활동을 할 수 있는 거룩한 교회의 영역을 포함한다.

일터 교회는 직장인들이나 특정 직업군의 사람들을 대상으로 하여, 그들의 신앙생활을 지원하고, 공동체를 형성하며, 복음을 전파하는 사명에 중점을 둔다. 이러한 형태의 교회는 신앙과 직장생활을 통합하고, 그리스도인이 일터에서의 삶을 통해 하나님을 섬길 수 있도록 돕는 역할을 교회, 정치, 경제, 사회, 학교, 군대, 가정 등 세상 전 영역의 최전선에서 빛과 소금처럼 드러난 예수쟁이로서 세상 사람들보다 더 뜨거운 열정으로 실천하는 것으로[56] '일터교회 영역주권'을 정의할 수 있다.

2. 세상 밖 일터에서는 영어, '빅블러'(Big Blur) 사용

하루하루가 달라지는 세상 밖 일터에서는 영어, 빅블러(Big Blur)를 사용한다.[57] 이것은 크다(Big)와 희미하다(Blur)가 합쳐진 신조어로, 산업 간의 경계가 모호화되는 현상으로 서로의 경계가 급속하게 허물어지는 현상을 의미한다. 기업들이 다른 산업으로 진출하고, 생산자와 소비자, 소기업과 대기업, 온 오프라인 등의 경계가 융화되는 것을 말한다. 이 개념은 '당신이 알던 모든 경계가 사라진다'

조용호가 저술한 책에서 최초로 빅블러(Big Blur)가 제시되었다.[58] 온라인으로 도서를 팔던 아마존이 세계 최대 클라우드 기업으로 떠오른 것과 스타벅스의 '사이렌 오더'라는 모바일 결제 시스템 도입 등이 대표적인 '빅블러(Big Blur)'이며, 산업 간의 경계가 모호화되는 현상을 의미하는 사례이다. 이는 산업간 경계 붕괴와 플랫폼 중심의 생태계 형성, 그리고 고객 중심의 맞춤형 서비스 제공이다. O2O서비스(오프라인 매장 방문 없이 온라인상에서 모든 쇼핑활동이 이루어지는 것, 음식 배달, 숙박여행 등), 핀테크(Fin Tech, 금융과 기술의 합성어로 모바일 결제, 인터넷 전문 은행, 각종 금융결제서비스와 결합한 기술), 공유경제(물품을 소지하지 않고 필요한 만큼 빌려 쓰고 반납하는 경제 활동 쏘카, 에어비앤비 등) 전혀 다른 업종이 만나 콜라보를 이루는 것도 빅블러 마케팅 사례라고 보면 된다.

---

56) 이상원 "네덜란드 개혁교회와 정치윤리." 이상원 편저. (서울: 한국 교회와 정치 윤리, 2002). 45-74.

57) 빅블러(Big Blur)는 여러 측면에서 동시다발적인 힘이 작용하여 생산자와 소비자 및 기업 별 규모, 가상 세계와 현실 세계, 각종 서비스 분야를 중심으로 서로의 경계가 급속하게 허물어지는 현상을 뜻한다. 하나의 시대적 흐름으로 비즈니스영역에서 주요 경계가 사라지고 있으며 이에 따라 사는 자와 파는 자, 작은 것과 큰 것, 만질 수 있는 것과 없는 것 (서비스와 제품, 오프라인과 온라인)의 경계에서 다양한 혁신의 새로운 흐름이 일어나고 있음을 일컫는 말로 특히 최근 유통혁명, 금융혁명과 관련하여 빅블러를 주요한 현상 중 하나로 기업들이 받아들이고 대응하고 있다[ko.wikipedia.org/wiki/빅블러].

58) 최초로 빅블러 (Big Blur)를 하나의 혁명으로 보고 언급하고 정의한 원전은 '당신이 알던 모든 경계가 사라진다(조용호 저, 2013년 출간, 미래의창)'이다. 이 책에서는 빅블러를 4차 산업혁명 시대, 비즈니스모델 대충돌을 일으키는 현상이라는 맥락으로 설명하고 있다. 또한 과거와 빅블러 시대의 차이점을 소비자 역할, 기업 관심사, 서비스 역할, 비즈니스모델, 산업 장벽, 경쟁범위의 6가지 측면에서 구분하여 분석하고 있다.

VI. 일터 교회의 영역 주권에서의 역할과 책임

기독교 신앙과 교회가 일터와 사회 영역에서 어떤 역할과 책임을 가지고 있으며, 그 영역에 대한 하나님의 주권과 정의가 어떻게 실현되어야 하는지를 다루는 중요한 신학적 개념이다. '주권'이란 하나님께서 모든 창조 세계와 삶의 영역을 다스리시는 절대적 권위와 통치권을 의미한다. 즉, 하나님은 일터, 가정, 사회, 교회 등 모든 영역에서 주권을 행사하신다. '교회 영역 주권'은 교회가 신앙과 예배, 영적 삶의 영역에서 하나님의 뜻을 실천하는 책임과 권한을 의미하며, '일터 영역 주권'은 직장과 사회적 활동에서 하나님의 정의와 공의를 실현하는 책임을 의미한다. 하나님의 통치와 섭리는 모든 영역이 하나님의 주권 아래 있음을 인정하는 것, 일터와 사회에서도 하나님의 뜻이 이루어지도록 책임지고 실천하는 삶을 의미한다.

1. 정의와 공정 실현

일터에서의 부정, 탐욕, 불공정을 바로잡고, 공의와 사랑이 실현되도록 하는 것이 하나님의 정의를 세우는 일이다. 그리스도인들이 일터에서도 하나님 나라의 가치를 실천하며, 세상 속에서 빛과 소금의 역할을 감당하는 것이 중요하다. 구체적인 실천에 있어서 일터에서의 하나님의 주권은 직장에서 정직, 성실, 공정성을 지키며, 이웃을 섬기고, 사회적 책임을 다하는 것이 하나님의 주권을 실천하는 방법이다.

사회 정의와 공평에 대해서도 부당한 대우, 차별, 탐욕 등에 맞서 싸우며, 정의롭고 공평한 사회를 이루기 위해 노력하는 것이 중요하다. 교회 역할로 교회는 일터와 사회 영역에서 하나님 뜻을 선포하고, 그리스도인이 일상생활 속에서 신앙을 실천하도록 격려하며, 사회적 책임을 감당하는 역할을 한다.

하나님은 모든 영역의 주권자이시며, 그 뜻이 이 땅에서도 이루어지기를 원하신다. 따라서, 그리스도인과 교회는 일터와 사회 영역에서도 하나님의 의(God's righteousness)와 사랑을 실현하는 책임이 있으며, 이를 위해 적극적으로 참여하고 실천해야 한다. 그러나 지역 전통교회를 중심으로 복음을 전하던 사명의 기능이 교회의 부흥성장을 가져오게 된 지금의 개혁교회에서 가장 중요시하는 삶이 예배가 되어야 한다는 것을, 정작 그리스도인이 놓치고 말았다. '일터 교회 영적 성숙'의 저자인 김동연은 일터를 세워서 경영하며 그곳에서 하나님의 종이 되어 조직교회인 일터 교회를 세워서 구성원들을 사랑으로 심기며, 복음을 전하는 영육간 삶으로 실천했다.

2. '일터공동체'의 영역 주권으로 일궈온 '솔로몬일터교회'

'일터 교회 영역 주권'이란 전 산업별 일터 교회 설립의 필요성과 실천은 성경적 토양에 확고하게 뿌리를 두면서 바로 하나님께서 기뻐하시는 삶이 예배가 되도록 콜라보하며 순종했던 사역이 '솔로몬일터교회'(담임 김동연 목사)의 시작이다. 지금도 매주 수요일 오전 11시가 되면 일하던 사무실 현장에서 그 모습 그대로 일터 예배가 드려지고 있는데, 17년 전에 시작하여 아직도 한 번도 예배가 멈춘 적이 없다.

<Table-8> 일터 공동체의 영역 주권 3가지 요소

Three elements of sovereignty

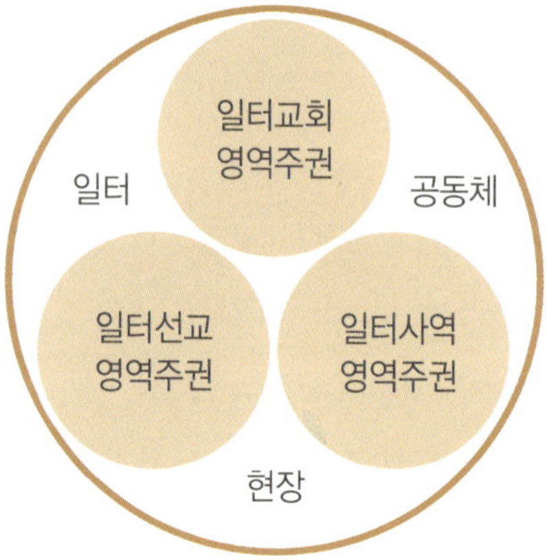

저자 김동연 박사는 그의 기업 현장에서 17년 동안 '일터 교회 영역주권', '일터 선교 영역 주권', '일터 사역 영역 주권'을 사역으로 일궈온 주역이기도 하다.[59)]

vii.

그리스도의 영역 주권과 일터공동체

1. 일터교회, 일터선교, 일터사역 주권 영역의 현장 소개

본서의 '일터교회 영역 주권'(Sovereignty of Workplace Church)

59) 김동연, 일터교회-영성성숙도 연구, 서울: 러빙터치, 2020, pp.177-190. 이 부분은 본서, 제5장 '솔로몬일터교회와 사역현장 연구'에서 자세하게 적어놓았다.

에서는 새로운 일터 교회, 일터 선교, 일터 사역이 필요한 주제로서 크게 세 영역으로 나눠서 정리하면서 '일터 공동체'의 세 가지 영역 주권을 말하는 주제는 다음과 같다. 이 주제는 지금까지 전통교회에서 다뤄지지 않았던 새로운 주제로서 '하나님 나라'(The kingdom of God)의 확장을 의미하면서 관련된 주제까지 넓게 적용하는 것으로서 그것은 '하나님 백성'(The people of God), '하나님 교회'(The Church of God)까지를 가리키고 있다.

1) '일터 교회 영역 주권'

직장 내에서 신앙 공동체를 형성하고, 서로의 신앙을 격려하며, 기도와 말씀 나눔을 통해 영적으로 성장할 수 있는 공간이면서 하나님의 통치가 지배하는 영역 주권을 인정한다.

2) '일터 선교 영역 주권'

직장에서 만나는 동료들에게 복음을 전하고, 그들의 삶에 긍정적인 영향을 미치는 것을 목표로 한다. 하나님 나라의 임마누엘을 위하며 그의 백성들을 향해 영역 주권을 선포한다.

3) '일터 사역 영역 주권'

성령의 능력을 통해 직장 내에서 다양한 배경과 예측이 불가능한 대상에게 신앙적 실천을 장려하고, 사회적 책임을 다하여 하나님의 영역 주권을 확장하는 것을 말한다.

다음 조건들은 일터 공동체 현장과 하나님께서 허락하신 영역 주권 안에서 3가지 덕목을 수행하는 것인데, 다음과 같은 일터 현장, 대도시의 사업장, 중소도시의 산업현장, 그리고 일을 통해 생명을 살리는 농촌, 어촌, 산촌 등의 현장을 생각할 수 있다.

첫째, 〈대도시에 근무하는 법인사업장 및 중소기업〉의 일터 교회, 일터 선교, 일터 사역에 연관된 사람들이다.

둘째, 〈제조업인 물류창고와 공장에서 근무하는 이주민(다민족) 사역〉인 일터 교회, 일터 선교, 일터 사역에 관련된 사람들이다.

셋째, 생명을 살리는 농어촌 일터 교회, 일터 선교, 일터 사역에 관련된 사람과 주제에 대해 살펴볼 수 있다.

viii.

일터 영역 주권에서 요구되는 조건-6가지

일터의 영역 주권(Sphere Sovereignty of Workplace)에 거주하는 하나님의 백성으로서 일반적으로 다음과 같은 조건이 포함된다.

1) 정신적, 정서적 지원이 필요한 사람들이다.

직장 내 스트레스를 겪는 사람들이 직장에서의 압박감이나 스트레스로 인해 정서적, 정서적 지원이 필요한 경우를 말한다.

2) 직업적 방향성을 찾고 있는 사람들이다.

자신의 경력이나 직업에 대한 고민이 있는 이들은 멘토링이나 상담을 통해 도움을 받거나 직장생활을 이어갈 요구를 하는 사람들이다.

3) 직장 내 갈등을 겪는 사람들이다.

동료나 상사와의 관계에서 어려움을 겪고 있는 경우, 중재나 상담이 필요할 수 있다.

4) 신앙적 지지와 격려(권면)가 필요한 사람들이다.

믿음을 원천으로 삶을 이어가는 작장인 그 자신들이 지지와 격려(위로)가 필요한 이들은 일터 사역을 통해 영적 성장을 도모하게 된다.

5) 사회적 고립감을 느끼는 사람들이다.

직장에서의 인간관계가 부족하거나 고립감을 느끼는 경우, 커뮤니티(공동체)와의 교류가 필요하다. 이러한 사람들에게 일터 사역은 영적(신앙적), 정서적, 그리고 사회적 지원을 제공하여 그들의 삶의 질을 향상시키는 데 기여할 수 있다.

대체적으로 직장 내 신앙 공동체를 찾고 있는 그리스도인은 혼자 신앙생활을 하기에 한계를 느끼는 사람들이다. 복음을 전하고자 하는 그리스도인은 직장에서 동료들과 믿음의 교제를 바탕으로 신앙 안에서 친교하고 싶지만 그에 가까운 방법이나 기회를 찾을 수 없기 때문이다. 직장 생활과 믿음의 균형을 찾자면, 어떻게 해야 직장 내에서 신앙을 찾고 믿음을 어떻게 실천할지 고민하는 사람일 것이라 사료 된다.

6) 영적생활에서 멘토링이나 지도가 필요한 사람들이다.

직장 안에서 신앙생활을 영위해 가는 데 도움을 요구하고 있는 사람들이다. 이와 같은 신앙의 필요를 충족시키기 위해 교회나 선교단체에서 그에 맞는 다양한 프로그램과 지원을 제공할 수 있다.

ix.

대도시 일터교회의 영역 주권 주제

본서에서 '대도시 일터공동체'(The metropolitan workplace community)라고 지칭하는, '서울, 경기, 인천지방 특별자치도'의 지형적으로 그 지역에 해당하는 직장 내 '일터 교회'를 가리키고 있다. 이에 대하여 대도시 일터공동체의 주권영역을 살펴 본다면 몇 가지 변화의 요인들이 있는데, 다음과 같이 드러나고 있다.

외부적(external) 변화는 저출생. 고령화 인구 위기에 속한 기업은 과연 무엇을 준비해야 하는가? 130만 개 법인의 기업들이 기업의 외부 환경인 사회, 경제, 기술 및 개인별 가치관 변화에 따른 산업별 유망센터에서 외부환경 변화 및 가치관 변화로 사회적(Social)으로는 저출생, 초저출생, 고령화, 초고령화, 생산연령 인구감소, 혼인율 하락, 가구당 평균 가구원수 감소, 지역별 인구분포 양극화, 1인 가구 증가, 무자녀 가구 증가, 고용기간 증가, 다문화 사회 가속화, 기대수명 연장 등의 주제를 찾을 수 있게 된다.

경제적(economic) 변화는 전반적인 소득 수준의 향상, 고령화에 따른 인구소득의 양극화를 들 수 있다. 지금은 첨단과학의 기술(Technology)로 AI-Artificial Intelligence(인공지능) 등 SW(Software) 고도화, 로봇 등 소프트웨어 측면 발전이 있다고 본다. 첨단사회로 인한 가치관(values)의 변화는 7가지에서 세부적으로 찾아볼 수 있다. 개인주의 증가, 소비 추구, 노동 효율 중시 등이 있는데, 인간의 가치관에 대한 구체적인 분야별로 살펴본다.

1) 금융 분야: 사적연금 등 노후소득 확보를 위한 자산관리, 증여.상속 연계 신탁서비스, 웰스.헬스 연계 요양서비스 진화.

2) 테크닉 분야: 자동화 증가. 각 기능 연결성 강화, 스마트홈 개발, 가족 케어돌봄 로봇, 실시간 건강 모니터링 스마트 디바이스, 인간 퇴행성 신체 보조의 로봇 개발.

3) 모빌리티 분야: 인 케빈(In-Cabin) 헬스케어, 로보택시, 고령인구 중심 MaaS (Mobility as a Service). 드론 등 개발 증가.

4) 유통. 소비재 분야: 케어푸드(Care Food), 팻코노미(Pet-Economy), 파렌츠 테크(Parent Tech) 증가 및 발전.

5) 건설 분야: 코리빙(Co-living) 주거, 시니어 하우징(Senior Housing), 데이케어센터(Day Care Center) 등 발전.

6) 헬스케어 분야: 난임 치료제, 펨테크(Femtech)-Female(여성)+Technology (과학 기술) 생리, 불임 치료, 갱년기 증상 등 여성 특유의 건강 과제, 시니어 스마트홈 솔루션, 치매 치료제 발전.

7) 레저(여행. 엔터테인먼트) 분야: 여행상품 올 인클루시브(All-Inclusive) 크루즈, 특정 연령대 특화 콘텐츠 IP(비식재산권), 시니어 여가 큐레이션 및 커뮤니티 플랫폼 등이다.

대부분의 기업이 서울과 수도권(경기, 인천 지역)에 분포되어 있다. 수많은 법인에 소속된 기업에서 근무하는 그리스도인들이 지역 전통 교회와 교류하는 일터 공동체 영역주권을 염두에 둬야 할 것이다. 삶의 현장 일터에서 일터 교회, 일터 선교, 일터 사역으로 섬기는 소명이 현대 사회에서 기독교 신앙을 실천하는 중요한 방법 중 하나로 자리 잡아가고 있을 것이라고 사료 된다.

X.

'일터공동체'로서 영역 주권의 일반적 사역 개념

일터 교회는 직장이나 일터를 중심으로 형성된 교회를 의미한다. 이들은 일반적 전통교회와는 달리, 직장 내에서 신앙 공동체를 이루고, 직장 생활 속에서 신앙을 나누고 실천하는 것을 목표로 한다. 서울과 수도권(경기, 인천 지역)에서 믿음의 기업에서는 다양한 직장인들이 모여 기도 모임, 성경 공부, 그리고 서로의 신앙을 격려하는 활동을 진행하고 있다. 이러한 일터 교회는 직장 내에서의 스트레스와 도전 속에서 믿음을 지키면서 선한 영향력 안에서 성장할 수 있는 공간을 제공하게 된다.

일터 선교는 직장 내에서 복음을 전하고, 예수 그리스도의 사랑을 실천하는 활동을 의미한다. 많은 그리스도인은 자신의 직장에서 동료들과 믿음으로 친교하고 그들의 필요를 돕는 방식으로 선교 활동을 하는 것을 말한다. 이런 계기를 통해 직장 내에서의 관계로 자연스럽게 믿음을 성장시키고 복음을 전파하고, 간증을 나누는 공동체적인 결과를 창출한다.

일터 사역은 직장에서의 신앙생활을 통해 사회에 긍정적인 선한 영향력을 미치고, 직장 내에서의 윤리적, 도덕적인 모범을 세우는 활동을 포함한다. 그리스도인들이 직장에서의 윤리적 문제를 다루고, 공정한 거래, 정직한 업무 수행 등을 통해 그리스도의 가르침을 실천하는 것을 말한다. 또, 일터 사역은 직장 내에서의 갈등 해결, 팀워크 증진, 그리고 동료 간의 신뢰 구축에도 기여하는 것이다.

일터 교회, 선교, 사역은 대도시의 복잡한 사회 구조 속에서 기독교인들이 신앙을 실천하고, 서로를 격려하며, 사회에 긍정적인 영향을 미치는 중요한 역할을 하는 것이다.

xi.

교회공동체 그리스도인이 지역교회에 참여

1. 직장 내 긍정적인 영향

공기업과 일반기업 사무실 등 교회공동체 그리스도인이 지역 전통교회 프로그램 사역에 참여하는 방법은 매우 다양하다고 할 수 있다. 이러한 참여는 개인의 신앙으로 삶의 현장에서 믿음을 실천하고, 직장 내에서 긍정적인 영향을 미치는 데 중요한 역할을 하게 된다. 기도 모임 및 성경 공부, 특별 세미나 등, 직장 그리스도인이 모여 정기적으로 기도하는 그룹(모임)을 가질 수 있다. 이를 통해 서로의 믿음을 격려하고, 직장 내에서 어려움에 대해 서로 중보로 기도할 수 있다. 성경 공부 그룹에 대해서는 직장 내에서 성경을 함께 읽고 토론하는 모임을 조직하여, 신앙의 깊이를 더하고 서로의 삶에 적용할 수 있는 방법을 나눌 수 있다.

2. 직장과 지역사회에 일터공동체의 영향력을 미친다

일터 선교를 통해 복음 증거는 직장 동료들에게 자신이 믿는 기독교의 복음을 자연스럽게 나누고, 그들의 필요를 이해하며 도움을 주는 방식으로 복음을 전할 수 있다. 또 그리스도인으로 사랑을 실천하는 것은 일터공동체 동료들에게 배려해 줌으로 그리스도의 사랑을 보여줄 수 있다. 어려운 상황에 처한 동료를 돕거나, 작은 선물 등을 통해 격려하는 방법도 있다. 윤리적 기준 세우기와 정직한 업무 수행에 있어서 그리스도인으로서 직장에서 정직하고 윤리적인 행동으로 다른 동료들에게 긍정적 영향을 미치게 된다. 그 결과 신뢰를 구축하고, 직장 내에서의 신앙 기준을 세우는 데 기여한다. 갈등 해결에 대해 직장 내 갈등 상황에서 기독교적 가치관에 따라 문제를 해결하고, 화해의 역할을 할 수 있다.

지역사회 봉사 활동은 지역 전통교회와 연계하여 지역사회의 필요를 채우는 봉사 활동에 참여할 수 있다. 이는 직장 동료들과 함께 참여하여 팀워크를 강화하고, 신앙을 실천하는 기회를 제공한다. 자원봉사는 공기업이나 일반기업에서 주최하는 자원봉사 활동에 참여하여, 지역사회에 긍정적인 영향을 미칠 수 있다.

xii.

일터 교회 신학적 의미-'일'을 어떻게 보는가?

일터 교회를 주제로 하면서 '일'(Work)을 과연 어떻게 바라봐야 하는가?라는 질문에 대답하려면 우선 일터 교회 신학적 의미에서도 '일'(Work)이 어떤 위치를 차지하는 지에 대해서 먼저 이해를 해야 한다고 말하고 있다.

1. 일터 교회 신학자 세계관 이해

일터 교회 주제를 이해하면 도움이 되며 일터 교회 신학자들의 해석적 관점을 이해하고 받아들이는 작업이 필요하다. 그리고 일터 교회 신학자들의 해석적 관점을 이해하는 것은 곧 그들의 '세계관'을 이해하는 것으로서 이 또한 매우 중요하다. 그런데 일터 교회 신학자들의 세계관에 접근하는 유일한 방법은 그들이 남긴 기록을 살펴보는 일이며, 그중에서도 우선적으로 구속사를 포괄적으로 이해한 후, 구속사를 쓴 일터 교회 신학의 인물들 관점으로 그 인물의 세계관에서 분리할 수 없기 때문에 여기서 각 일터 교회 신학의 저자가 글을 쓴 의도를 정확히 파악해야 한다.

2. 일에 대한 위임자, 일터공동체에 부과된 의미 몇 가지

일(Work)에 대한 위임자 된 일터 공동체로서 신학적 의미는 일터 교회 신학자들이 해석한 이 세계의 거대한 서사(序詞)에서 일(Work)은 과연 어떤 역할을 하는가? 구속사라는 줄거리로 시작되는 창조, 타락과 옛 언약의 지침, 구속, 회복이라는 세계관, 또한 일(Work)에 대한 어떤 하나님의 지성에 근거하여 성립되고 있는지 진리가 일터 교회 신학의 거대한 서사에서 흘러나오고 또 흘러 들어가는가? 하나님이 자기 백성에게 매일의 삶을 위해 허락한 은혜로운 지침이며, 일터 교회 신학자들은 일을 단순한 노동을 넘어서는 무엇으로 이해했는가? 특히 전도서와 잠언이 옛 언약 아래에서 매일 주어지는 일에 관해 무엇이라 말하는지? 원래 하나님께서 의도된 일의 모습이 어떠했는지와 그 일이 어떻게 변했는지 그리고 일을 통해서 어떻게 자유를 얻게 되었는지? 그를 통하여 삶의 현장에서 마침내 어떻게 일하게 될지를 살펴보아야 할 것이다.

일터 교회 신학적 주제에서는 우리가 반드시 그리고 마침내 올라야 할 첫 번째 산이 있다고 말하고 있다. 그러나 '그 산은 게으르고 방탕한 사람들을 위한 곳이 아니다'라는 사실이다.

시편 128편은 **'일하는 자에게 헌정(獻呈)된 노래'**의 기록이다.

"여호와께서 주시는 복은 사람으로서 일터공동체의 일원으로서 일을 한 결과를 즐거워하는 것"이라는 내용을 담아 찬양하고 있다.

1-여호와를 경외하며 그의 길을 걷는 자마다 복이 있도다

2-네가 네 손이 수고한 대로 먹을 것이라 네가 복되고 형통하리로다

3-네 집 안방에 있는 네 아내는 결실한 포도나무 같으며

네 식탁에 둘러 앉은 자식들은 어린 감람나무 같으리로다

4-여호와를 경외하는 자는 이같이 복을 얻으리로다

5-여호와께서 시온에서 네게 복을 주실지어다 너는 평생에 예루살렘의 번영을 보며

6-네 자식의 자식을 볼지어다 이스라엘에게 평강이 있을지로다

여호와께서 주시는 복이란, 사람이 자신의 일을 한 결과, 즉 가족을 부양하기 위해 한 일의 결과를 즐거워하는 것이어야 한다.

Chapter 4

일터 사역 공동체 & 하나님의 나라

Workplace ministry community & The kingdom of God

i.

일터 사역 공동체와 하나님의 나라

(What is The Kingdom of God?)

1. 일터 하나님의 나라, 모든 것을 통치하는 주권 영역

하나님의 나라는 하나님의 우주적인 통치와 땅 위 모든 것을 지배하는 그의 통치권을 말한다. 하나님의 나라는 주인 되는 하나님의 통치와 다스림, 그의 백성의 희락과 안식, 그리고 하나님의 영역이 미치는 영토와 공간을 말한다. 더 자세하게 하나님 나라의 개념은 독특한 특성을 가지는 데 바로, 이중성을 갖는다는 것이다. '이미'(already) 임했으나 '아직'(not yet)의 이중성을 말하고 있다. 그의 왕국은 '이미'와 '아직'의 이중적인 개념으로 그 의미를 던져주고 있다. 그러므로 여기서는 하나님의 나라는 지금 우리의 마음에 건설된 왕국이지만, 나중 형태적으로 도래할 나라를 말하고 있으면서 전통적 개념에서 일터 사역 공동체의 개념으로서 더 다양하게 발전되고 확장된 개념으로서 하나님의 나라, 그의 영역 주권을 생각해야 한다.

2. 하나님 영역 주권의 그의 나라 용어 개념

신약에선 하나님 나라(The Kingdom of God)는 βασίλεια(헬)이다. 이 용어는 그리스도께서 처음으로 사용하셨으며(막1:15), 이 뜻은 '하나님의 나라'(βασίλεια τού θεού)는 하나님의 통치(rule)와 하나님의 주권(sovereignty)을 말해 준다. 구약에서 하나님의 나라는 구약의 '여호와의 나라'(malkuth, מַלְחוּהִי תוּכ)에서 근원을 찾는데, 이 뜻은 하나님의 의지(will)와 주권(sovereignty)을 말한다(대하28:5). 하나님의 뜻이 넘치는 영역은 부족함이 없는 곳, 심지어 죽음이 없는 영원한 나라를 말한다. 이 땅의 백성들은 하나님의 권위 아래서 그의 다스림을 받을 때 근본적인 문제들이 해결함을 받는 영역으로서 하나님 영역 주권을 말한다.

3. 하나님 나라의 중심(Centric of the Kingdom of God) 주제

1) 하나님 나라에서 중심

하나님 나라에서 '중심'이라는 주제를 찾을 때, '하나님 중심'의 주제를 찾게 된다. 이에 대해 리델보스(H. Ridderbos)는 "하나님 나라는 하나님이 중심(Theocentric)이다"라고 했다. 또한 예수 그리스도의 사역의 중심도 하나님 나라의 모든 이슈가 된다. 모든 원리가 하나님 중심과 그 본질도 하나님 중심을 의미하며 그의 영역 주권으로 움직여 진다고 한다.

2) 하나님께서 역사

하나님의 나라에서는 하나님의 역사와 그의 시간 안에서 그의 선택된 백성이 그의 영역 안에서 다스림을 받으며 영원히 사는 생명의 보존이 보장되도록 모든 조처가 취해지는 나라이기에 하나님께서 역사하심을 말하는 것이다. 하나님의 영향력이 없이는 생각할 수도 없는 영역 주권의 그 존재 안에서 모든 일이 진행된다고 본다.

3) 하나님 나라의 시간성

이 나라의 독특성은 현재성에 있다. 과거에 약속되었으나 현재 형태적으로는 나타나지 않치만 나라적인 것이 아니다. 오래 전부터 약속되었던 그 왕국은 영적의미에서 실제적으로 이미 도래했으며 현재도 동일하게 나라로서 건설되고 있으며 그 나라는 이미 임하심으로 우리 그리스도인에게는 언제나 현재 진행되는 영역 주권에서의 시간성으로 본다.

4) 하나님 나라의 주요 요소(The Factor of Kingdom of God)

하나님의 나라는 독특하면서 본질과 형태를 지니고 있다. 그에 대한 주요 요소들을 아래와 같이 열거할 수 있다.

• 역동적이다(Dynamical)

하나님의 나라는 늘 살아서 움직이는 특징이 있다. 그 왕국은 그의 영역 주권에서 생존하는 생물체 같으며 쉴 새 없이 활동하고 강하게 역사하고 혹은 부드럽고 호소력 있게 우리 앞에 존재하고 있다.

• 메시야 중심적이다(Messiah Centric)

하나님 나라는 성부 하나님 되시는 그 하나님 나라의 이슈, 주제, 관심, 사역 등 거의 모든 것이 메시야 되시는 예수 그리스도가 중심에서 있다. 메시야 예수 그리스도가 예언되고 성취되는 그 나라를 말한다. 하나님 나라는 그의 영역 주권의 영향력 아래서 현재 이 땅에 도래하여 우리 삶 속에 존재하고 있다. 그리고 미래를 향해 그 왕국은 완성되어 가고 있다. '이미'와 '아직'의 이중적이고 개념적인 요소로 그 나라를 온전히 이해할 수 있는 나라이다.

• 구원의 소유이다

하나님의 나라는 구원받은 하나님의 백성이 거주하고, 앞으로 구원받을 백성이 누리도록 구원의 요소가 매우 강한 왕국으로서 구원의 소유가 강한 나라가 되면서 그의 영역 주권과 하나님의 소유가 된다.

• 하나님의 왕국과 십자가이다

예수 그리스도의 십자가의 피로 구속받은 백성은 하나님의 백성이다. 그리스도의 십자가는 하나님의 영역 주권(왕국)과 밀접하게 연관된 특징으로 드러난다. 십자가 없는 왕국은 따로 생각할 수 없는 나라이다.

• 하나님 왕국과 복음이다

복음이 좋은 소식이며 하나님의 기별(God's message)이라는 뜻은 왕국의 영역 주권 안에서의 특권이 주어지기 때문이다. 복음의 결말은 왕국의 축복으로 결론이 내려져야 한다. 왕국과 복음의 요소는 하나이면서 이중적이다.

ii.

성경에 나타난 하나님의 나라와 일터 공동체 (Appearance of God's Kingdom in the Bible)

1. 구약성경에 드러난 하나님의 나라

주권 혹은 통치권(Sovereignty)(시66:7; 창1-11장, 12장)과 열방을 통치하시는 하나님은 도덕적인 통치를 하신다. 무분별하고 무질서한 다스림이 아니다. 지상의 모든 규범을 비교해 보아도 하나님 나라의 규범과는 감히 비교할 수 없는 그것이다. 하나님 나라의 속성은 영원하다. 미치지 않는 곳이 없다. 못할 것이 없으므로 완전한 나라이다.

2. 위탁과 언약

구약에서 하나님의 나라 통치를 위한 규범은 그 나라를 건설해 갈 대상자와 맺는 계약, 혹은 언약(Covenant)이 있다. 계약의 당사자를 단체로 하지 않았다. 꼭 개인적(Personal)으로 체결했다. 아담, 노아, 아브라함, 모세 등 구약성경의 시대마다 개인을 불러 세웠다. 그리고 각 시대를 위임(Commitment)하신 것이다. 구약시대 동안 하나님께서는 하나님의 나라를 위하여 위탁할 대상을 불러 하나님의 백성을 삼은 것에서 몇 가지 독특한 원리가 있음을 살펴볼 수 있다.

1) 개인을 부르신다(아브라함, 모세, 다윗 등)

하나님의 인간 개인마다 콜링을 하시는 본질적인 원리는 그와 언약을 맺는 방편으로 시행하셨다. 또 계시의 방편을 사용하여 계시를 주시고 그 계시를 통해 부르시고 관리해 가셨다. 이 모든 조건을 하나님 영역 주권 아래서 결행하셨던 것을 우리는 익히 알고 있다. 하나님 콜링은 여기서 그 원칙이 드러난 것처럼, 단체나 기관을 부르신 경우는 매우 드물다. 그대신 개인에게 계시를 통해 콜링하고 그와 확실한 계약내용을 함축된, 즉 디테일하면서 은밀하게 허락하셨던 것을 알 수 있다.

2) 가문을 부르신다

한 가족 단위의 가장(家長)을 부르신다(노아, 아브라함, 야곱 등). 이 또한 부르신 것은 하나님의 오묘한 그의 섭리, 그리고 영역 주권 가운데 가능한 것을 볼 수 있다. 이런 경우, 한 가족단위는 계약 당사자이신 하나님가족단위에 해당하는 것이며, 그런 가문이 계약 내용을 이해하면서 가문과 가족 단위가 계약을 수행해야 하는 필요 때문이었음을 깨달을 때, 가족단위의 중요성은 하나님의 오묘한 섭리로 주도해 가셨음을 기록된 말씀으로 교훈하고 있다는 것이다.

3) 12 지파를 통해 한 나라를 일으키시고 세워가셨다

그 한 나라는 세상에 위치한 하나님의 왕국으로서 마치 보이지 않는 교회와 보이는 교회 중에 보이는 지상 교회로 이해할 수 있다. 구약의 공동체를 수립하여 왕국 삼으신 것처럼, 신약의 공동체를 세워 교회를 삼으신 것, 그 자체가 하나님 영역 주권 행위임을 보여주고 있다.

한 나라의 통치의 규범은 계시 방법을 택하여 이끄신다. 에봇 견

장-우림 빛으로, 완전함으로(레31:31-34). 새 언약에 대한 약속의 말씀들, "나는 그들의 하나님이 되고, 그들은 나의 백성이 되고" 언약을 중심으로 이끄신다(신12:13; 미가서6:8).

3. 종의 공동체

'네 이웃을 내 몸처럼 사랑하라'(신6:5; 레19:18). 예수 그리스도께서 스스로 받으셨던 저주 때문에 우리 그리스도인은 대신 축복을 받았다(사53장). 조금만 자기의 것이 해를 입으면 밤새 잠을 못 이루든지, 자존심이 상하는 일을 오래도록 간직하며 갈등하는 자신을 생각한다면, 축복을 받았던 자신은 내 저주를 직접 뒤집어썼던 예수 그리스도 그분에게 뭐라고 해야 할까?

철저한 이론과 장황한 말로 사랑했던 사랑을 행동으로 실천해야 하는 것이 하나님 나라의 백성의 마땅한 삶이 아닐까? 바로 내게는 작은 일 같지만 하나님의 요구가 종의 공동체를 올바로 이루는 일이 된다.

4. 고난(Suffering)

우리 주변의 악의 세력이 강하다고 우리 차원으로 생각하여 악의 영향력을 과대평가해서는 안 된다. 하나님은 결단코 악의 세력에 점령당하지 않는다. 고난과 환난 같은 부정적인 일은 악의 세력으로부터 오는 것이지만, 오히려 부정적인 장애를 이용하여 긍정적인 디딤돌로 사용하시는 하나님의 오묘한 섭리에 내 삶을 맡기는 것이 현명한 일이다.

고난이라는 시험을 통하여 하나님께서 그의 백성을 '업그레이드'시키기 원하신다. 그러므로 고난은 무서워 회피하는 것이 아니라 고난의 현장 한 가운데서 하나님의 평안을 맛보는 안식의 여유를 즐겨야 한다. 하나님은 이렇게 당신의 백성들이 무너지기를 결코 원하지 않는다. 이스라엘 백성의 고난은 메시야 왕국을 고대하는 것이어야 했다. 즉 고난 중에 메시야 왕국의 소유가 하나님의 진정한 뜻이다.

그러나 고난 앞에서 이스라엘 백성들은 다음과 같은 하나님이 싫어하는 죄를 범했다. 이는 고난의 참된 의미로 다스리는 하나님의 영역 주권의 통치를 거부했기 때문이다. 그의 영역 주권을 거부한 결과는 다음과 같은 다섯 가지 죄인데, 거론하면 다음과 같다.

① 시험과 죄, ② 악행과 죄, ③ 우상 섬기는 죄, ④ 간음과 죄, ⑤ 원망과 죄이다.

5. 소망(Hope)

이스라엘을 회복하는 일이 궁극적인 소망이다. 또한 그것은 다윗 왕국의 회복을 뜻하는 것이었다. 이스라엘 왕조역사 중 가장 강력하고 태평성대였던 그 시대를 그리며 그에 못지않은 왕국을 꿈에 그리며 소원했던 민족주의적인 염원이 있었다.

이 소망을 이루려면 그들에게 메시야께서 도래하시는 것이었다(합2:14). 요엘은 그날을 '여호와의 날'이라 예언했다(요엘2:11). 이사야는 메시야를 '소망의 하나님', '승리의 하나님', '구원의 하나님'이라고 노래했다(사9:7). 이스라엘의 민족을 선택해 하나님께서 구속의 역사를 완전하게 이뤄가신 것은 그의 영역 주권을 행하셨기 때문이다.

iii.

구약의 하나님의 나라와 일터 공동체의 교훈 (Instruction about The Kingdom of God in O. T.)

1. 왕권-Kingship

구약의 하나님 나라의 교훈은 절대적 왕권 수립에 있다. 이스라엘 백성을 선택하여 그들을 통해 하나님, 당신의 역사를 드러내기를 원하셨다. 그러나 근본적인 그의 뜻은 전능하신 하나님, 창조주이신 하나님, 통치자이신 속성은 그의 영역 주권을 나타내 보이시고 그들을 통해 하나님 나라를 이스라엘 왕국 가운데 세우기를 원하셨다.

2. 이상적인 왕국 건설

그러한 방편으로 열방 가운데 이스라엘을 지상에 세워 가는 것이 급선무였다. 사울을 왕으로 세운 것은 무위(無爲)로 끝났으나, 다윗을 통해 이스라엘 왕국을 강력하게 세우셨다. 다윗은 하나님 마음에 드는 사람이었다. 하나님은 그를 통해 지상에 이상적인 하나님 나라를 세우셨다.

그리스도의 통치는 이미 인간생활의 영역에서 이와 같이 변화를 불러 일으켰으며 궁극적으로는 전 피조물을 변화시키게 된다(롬8:19 이

하). 구원이 완성된 내세에 만물이 새로워질 것을 나타내는데, 이런 세계는 성령으로 말미암아 마음속에 이뤄지는 세계가 된다.

사자와 어린양이 함께 노는 나라, 어린이가 독사 굴에 손을 넣으며 해가 되는 것이 없는 평화롭게 사는 나라가 구약에서 이사야 선지를 통해서 계시하는 이상적이고 궁극적인 샬롬의 왕국 설계도이다(사 11:6-8).

거기에다 운명적으로 일을 할 수밖에 없는 처지에서 일터의 삶을 얹혀준다면 그때부터 형벌적인 일이 상급적인 일로 변할 것이며, 그로부터 일터공동체의 새 정체성이 우리 그리스도인의 삶을 변화시켜 줄 것이다.

3. 그리스도의 예표적인(Typological) 성격

다윗이 왕의 직책(kingship)을 이행하는 것은 곧 하나님 자신에 대한 왕권의 모습이었으며, 그것은 약 800여년 후에 예수 그리스도의 왕권의 모습을 미리 보여주는 예표적(Typological)인 성격으로 적나라하게 나타났다. 그와같이 구약에서는 그리스도의 예표(Typological of Christ)와 신약의 그리스도의 원형(Antitype of Christ)까지를 내다보면서 신비롭고 오묘한 예표를 보여주고 있다. 구약에서 하나님이 내세워 일하게 하시는 인물들이 신약에서 실제 예수 그리스도가 오셔서 일하심을 보여 주셨다.즉 하나님 나라는 구약의 예언과 신약의 성취를 나타내신 것이다.

IV.

신약의 하나님 나라와 일터 공동체 관련성 (Relevance of the N.T.)

1. 신약에 나타난 하나님 나라와 일터 공동체의 교훈

1) 주권 혹은 통치권(Sovereignty)

• 통치자 예수(Lordship)

예수 그리스도께서 주(主)가 되신 것을 말한다(고후4:5). 그러나 군림하고 압박하는 통치권의 주가 아니라 종 되신 것처럼 주가 되신 것이다. '내가 온 것은 섬김을 받으려 함이 아니라 도리어 섬기러 오셨다'(막10:45)고 선언하셨다.

• 이방 세계로

예수는 이스라엘 벗어나 이방인에게로 갔다. 이는 그의 통치권이 이스라엘에 국한된 종래의 유대인의 전통과 사상을 완전히 개혁시키는 일련의 개혁적인 조치였다. 사마리아 여인에게 접근하여 복음으로 그들을 인격적으로 초청하신 것이다. 이 모범을 따라 베드로가 고넬료에게, 빌립이 에디오피아 내시에게, 사도들과 일곱 집사들이 사마리아로 시리아로 나갔다. 그리스도의 복음은 통치 영역을 이방 세계로 확대했다.

2) 위탁과 언약(Commitment and Covenant)

"아무든지 나를 따라 오려거든 자기를 부인하고 자기 십자가를 지고 나를 좇을 것이니라"(마16:24). 소극적인 의미에서 자기의 주장, 자기의 생각을 버리라는 말씀이다. 적극적인 의미에서 능동적으로 진리를 위해 고난을 받으라는 요구이다. 주님께서 그의 제자들을 부르시고 이렇게 위탁하시므로 그를 따라 하나님 나라를 세우는 신약의 백성들에게 두 가지는 필수적인 사항으로 손꼽히고 있다. 그 외에 다른 곳에도 위탁과 언약의 말씀이 요구된다.

• 새로운 피조물

위탁을 받은 대상의 속성은 옛 사람이었으나, 실제 부름을 받은 후의 대상의 속성은 새사람이다. 주께서 그런 현상을 아주 극명하게 선언한다. "새로운 피조물이라 이전 것은 지나갔으니 보라, 새것이 되었도다!"(고후5:17).

이전의 조건이 아무리 탁월하고 훌륭해도 그 조건은 하나님 나라의 도구로서 위탁을 받기에는 거리가 멀 수밖에 없다. 형태는 옛 사람이나 그 속의 오직 새 사람, 새 속성으로 거듭난 영적인 존재만 하나님 나라의 위탁과 언약을 받는 참다운 존재가 된다.

• 성령의 내적, 외적 증거

악령의 사람은 본질적으로 하나님 나라에 반대되는 기질로 거스르고 대적한다. 하나님을 대적하고 의로운 일에 항상 반기를 든다. 성령의 사람은 하나님 나라를 위한 열정적인 믿음으로 헌신과 사랑하여 섬긴다. 그 증거는 성령을 받은 사람의 내적인 믿음과 기쁨으로 꽉 찬 성령의 충만함과 외적인 겸손과 헌신의 행동으로 드러나는 일들이 그 확실한 증거이다(대하36:22; 롬14:17; 15:16; 살후2:13; 갈5:22,23).

• 왕국에 대한 봉사

하나님의 신실한 백성들은 그 나라의 의(義)를 먼저 구하고 당신의 나라를 우선적으로 찾았다(마6:33). 삶의 우선순위를 하나님 나라에 대한 기본적인 것들을 구한 것은 그 나라에 대한 헌신과 봉사를 하기 때문이다. 하나님의 왕국은 이미(already) 천국백성인 우리 그리스도인 가운데 임했으나 아직(not yet) 실제적으론 임하지 않고 나중에 임한다는 약속의 말씀으로 이중성의 개념을 가지고 있다. 그러므로 하나님의 나라를 기다리면 그 나라에 충성할 것을 주님께서 우리에게 요구하고 있다.

3) 공동체(Community)–그리스도의 몸

그리스도의 몸인 교회로 공동체로 모인 신약의 하나님의 백성으로서 그리스도께서 교회의 주인이 되신다. 우리 그리스도인은 그분 예수 그리스도를 모시고 이 땅 위에 하나님의 왕국, 일터공동체를 선포하면서 건설해 가는 일터 교회의 사명을 완수해야 할 것이다(요15:15; 엡2).

4) 고난(Suffering)–반대 세력

하나님의 통치가 하나님 나라의 백성에게 있다. 그러나 열방은 마귀 사탄으로부터 방해받거나 반대를 당한다. 우리의 싸움은 인간관계나 감정의 문제에 있지 않다. 하늘과 공중에 다니며 세상을 휘두르는 어두운 권세는 문화적, 사회 구조적인 문제와 인간의 속성을 통해서 역사하고 있다. 언제나 사탄은 그들의 온갖 계략으로 힘을 모아 교회 공동체와 하나님 그리고 그 나라의 백성을 대적(against)해 왔다.

고난을 가져오고 문제를 던져주는 사탄의 시험에 이기고 사탄의 도전에서 승리하는 것이 하나님 나라의 백성이다. 우리는 영적인 사탄과의 싸움에서 결국은 승리를 보장받고 뛰어가는 것이다. 40일 금식 기도 후 예수님이 당하셨던 시험, 에덴동산에서 아담이 받았던 시험은 동일했으나 예수님은 승리하심으로 구속 사역까지 완성하시고 이루셨다.

육신의 정욕, 안목의 자랑, 이생의 자랑(요1서3장)을 이기며 나가는 것처럼 고난을 가져다주는 세력을 현재도 극복하며 앞으로도 극복하면서 나가는 것이다. 현재도 완성하면서 미래에도 완성되어 가는 그리스도인의 역사를 남기면서 살아가야 할 것이다.

5) 소 망(Hope)

파루시아 사상인 'Maranatha!' "아멘, 주예수여 어서 오시옵소서!" 그리스도의 재림은 예수 그리스도께서 자신의 하나님 왕국으로부터 지상 공동체인 우리에게 현재도 임하시는 것이다. 우리 하나님 백성은 여기에 큰 소망을 가지는 것이다. 주께서 우리에게 소망을 갖게 하신 것은 이 세상이 주는 것은 염려와 불안 초조, 조급 등 어두움에 관한 것들뿐이다. 만약 기쁨과 쾌락을 만족을 줬다면 그것은 극히 제한 적이요, 일시적일 뿐이다. 주님은 이 소망으로 죄악의 기운 속에서 의로움을 잃지 말라는 사인이다. 소망으로 든든한 천국을 붙잡는 용기 있는 그리스도인 되기를 원하고 계신다.

V.

하나님 나라와 일터 교회의 정의 (The Kingdom of God and the Church)

1. 이스라엘의 개념(The Concept of Israel)

1) 이스라엘의 성경적 개념

이스라엘(Israel, יִשְׂרָאֵל)은 야곱이 브엘세바에서 하나님과 겨룬 후 그에게 주어진 족장 야곱의 다른 이름(창32:28)이다. 창35:10에 하나님께서 벧엘에서 야곱에게 약속하실 때, 이 이름이 수여되었다. '하나님의 백성'을 이룬 사회, 정치적 조직체(야곱 아들들을 기원으로 하는 열두 지파)에게 돌려진 이름이다(창49:2,7; 민23:7,10; 신33:10).

2) 역사적 배경 Historical Background

창3:11 이하에 의하면 하나님께서 큰 나라가 될 것이라는 약속과 함께 아브람과 그 가족을 갈대아 우르에서 가나안으로 옮기도록 그를 부르신 사실에서 이스라엘의 역사적 배경을 찾는다. 아브라함에서 이삭, 그리고 야곱으로 12 지파로 이어지는 혈통적인 이스라엘의 역사적인 사실을 찾아볼 수 있다.

3) 새 이스라엘(New Israel)

새로운 이스라엘은 혈통으로 형성된 육적 이스라엘이 아니라, 성령으로 거듭난 영적인 이스라엘을 뜻한다. 새 이스라엘은 전적으로 예수 그리스도께서 대속의 값을 지불하고 사신 그리스도의 몸으로서 깊은 의미를 간직하고 있으며, 그로써 하나님의 영역 주권에서 새 이스라엘의 지상의 공동체가 일터공동체로 형성되고 하나님 왕국을 향해 가게 된다.

2. 교회(The Church)

1) 지상 교회(The Church on The Earth)

하나님의 왕국을 소개하고 미리 예시하기 위한 이 땅위에서의 공동체는 지상의 교회라고 한다. 이 교회는 모든 하나님의 통치를 보여주는 의로운 그의 거룩한 모임을 의미하고 있다. 교회는 우선 선택된 당신의 백성을 세상에서 분리시켜 미리 부르시는 곳이다. 그리고 그들을 통하여 의로운 영역을 확보하고 의로운 구원사역을 행하게 하는 집단이 천상의 전진기지 역할을 하는 지상의 교회라고 할 수 있는 것이다.

2) 하나님의 나라와의 관계

하나님 나라와 교회의 관계를 어떻게 표현해야 할까? 하나님 나라는 이중적인 의미로 그 개념으로서 받을 때, 나중 이루어질 천상에 위치한 하나님의 왕국으로서 현재 지상에 위치한 하나님의 교회를 생각하게 한다. 이렇게 통전적 지상 교회 공동체는 일터공동체로 확장하여 나간다.

3). 결론(Conclusion)

하나님의 궁극적인 사역은 이미 에덴에서 영원한 생명을 잃어버린 영혼을 구원하는 것이다. 나중 이루어질 하늘나라는 현재 상실되어 있는 영혼을 구원하는 목적이 되고 소망의 대상은 될 수 있다. 그러나 당장 그들을 찾아 구원하는 강력한 수단으로서는 교회의 일터공동체가 더 확대되면서 하나님 나라를 건설해 간다. 그러므로 명실공히 교회라는 공동체는 현재도 하나님 나라를 이루어나가는 강력한 수단이라면 나중 하나님 나라를 이루는 예비적인 수단으로서 이 땅 위에서 모든 조처를 다 취하면서 그 본연의 사역을 이뤄가면서 하나님의 영역 주권 안에서 일터공동체로 역동적으로 일하게 된다.

vi.

하나님 나라와 일터 선교

(The Kingdom of God and Mission)

1. 구약의 하나님 나라와 선교

육적 이스라엘 백성으로서 하나님 나라를 세우고 그 나라를 손색없이 유지하고 헌신적으로 섬기는 데 실패했다는 것을 자인할 수밖에 없다(The O. T.-Fall in serve the kingdom of God as Physically Israel people).

1) 안식일(The day of Sabbath)
2) 토지(Land)
3) 가난한 자(A Poor man)
4) 종교적인 대결(The Religious Confrontation)

5) 남은 자(A Remnant)

6) 종(A Servant)

7) 하나님을 아는 것(Knowing to God)

8) 지혜의 문학(Literature of Wisdom)

9) 열방(All nations)

위와 같은 9가지의 주제가 구약시대에 하나님 나라와 선교로서 이행해야 할 사역적 주제들인데 이스라엘 백성이 온전히 책임지지 못했다.

2. 신약의 하나님 나라와 선교

영적 이스라엘 백성으로서 하나님 나라를 세우며 섬기고 있다(The N. T.-Building up to serve The Kingdom of God as Spiritual Israelites).

1) 가르침(diakonia)

2) 복음적 사역의 시작

(Repentance, Coming soon of The Kingdom of God)

3) 선교는 임시적이다(Mission is Temporary)

4) 선교적 증거(Missionary Evidence)

5) 사탄(A Satan)

사탄은 하나님 나라를 이루어 나가는 데 결정적인 반대 세력이다. 본질적으로 사탄과 하나님 나라는 하나가 될 수 없다. 생명을 구원하는 그리스도의 공생애 사역은 더욱 사탄의 방해가 극심할 수밖에 없는 요소이다. 사탄은 자신의 영역을 의(義)의 영역으로부터 침범당하

<Table-9>[60] 하나님의 공동체

지 않도록 갖은 술책을 다 동원하여 공격한다. 그러나 결국 사탄에게 일격(一擊)은 하나님 나라의 선포적인 말씀에 의해 퇴치(退治) 당하고 만다. 오직 하나님의 의로운 세력이 종국에는 승리의 나팔을 불게 되는 것을 성경은 증언하고 있다. 신약의 하나님 나라의 선교는 왕성하게 이뤄지면서 일터 교회가 하나님 영역 주권하에서 역동적으로 확장하며 담당하는 것이다.

vii.

예수 그리스도의 죽음과 부활 (Death and Resurrection of Jesus Christ)

1. 그리스도의 죽음

예수님이 법정에서 죄가 있다고 판결받고 죽으신 이유는 그가 모든 죄를 짊어지고 십자가에서 인류를 위해 죽으셔야 했기 때문이다. 곧 그가 억울하게 죄가 없는데 돌아가셨다거나 아니면 아무런 이유 없이 십자가에서 억울하게 죽으셨다고 한다면? 예수님은 인류의 죄를 짊어지고 돌아가신 분이 아니라 죄가 없음에도 억울하게 죽은 것이 되어버린다.[61]

예수님은 법정 판결뿐만 아니라 하나님으로부터도 죄인으로서 외면 받으셨습니다. 그러나 그분은 하나님의 본체(本體)이시기 때문에 부활하여 자기의 의(義)를 증거했다. 곧 의로운 자들을 위해서 부활하신 것이며 부활하실 수밖에 없으셨다. 부활이 없다면 기독교 신앙도 없다.

2. 그리스도의 부활-하나님 영역 주권 통일성 이룸[62]

1) 하나님 은혜 행위를 그리스도 구속사건으로 대전환점 이룸

성부 하나님의 은혜 행위는 성자 하나님이시며 아들이신 예수 그리스도를 죽음에 내주어 십자가에 죽게 했다는 데 있다. 그 죽음은 곧 그리스도의 부활로 연결되어 인류의 대속사건을 이루는 것이다. 예수 그리스도의 죽음과 함께 부활로 구원 사건을 완성시킨다. 예수님의 제

---

60) McKenna, Handout #9 for Lecture of Seminar in Biblical Interpretation, L.A. Campus, 2000. 12. 6.

61) 여기서 언급될 이슈는 '속죄제물'에 대한 것이다. 이 개념은 유대교적 제사 사상과 법언어적 사유의 개념성을 사용하여 표현한 것이다. 또 '대속 제물'에 대한 이유를 들 수 있다. 대속제물은 속죄제물과 유사한 것으로 제사-법정 용어 사유의 영역에서 생긴 것이다. 끝으로 '속량'에 대한 설명이다. 이것은 율법의 저주, 죄에 대한 벌에서 속량하는 수단으로서의 그리스도의 죽음을 말한다. 속량에 의해 얻어진 자유는 율법 자체에 대한 자유이다. 그리스도의 죽음은 죄책 즉 범죄함으로 정해진 형벌을 도말하는 제물이며 율법과 죄, 죽음에서 자유하게 하는 수단이기도 하다.

62) 부활은 객관적으로 증명하거나 설명할 수 있는 사실이 아니다. 부활한 예수 그리스도를 구세주(救世主)로 승인하는 신앙 이전에 그 어떤 것으로도 통찰(通察)될 수 없다. 그리스도의 부활은 예수님이 아버지에게 승귀하여 하늘로 오르실 때까지 소유하는 왕좌에 그가 올라간 것을 의미하는 것으로 사도들에게서 그리스도는 부활한 자로 현재(現在)한다. 그리고 사도들을 통해 그리스도께서 자신을 보인다.

자들 처럼 사도 바울도 그리스도의 부활을 전승(傳承)으로 받았다. 그러나 수육(受肉)에는 독자적인 의미가 부가되지 않는다. 그것은 오히려 죽음과 함께 부활 사건은 하나님의 은혜 행위에서 예수 그리스도의 구속 행위로 영역 주권의 통일성을 이루는 것이다.

2) 그의 영역 주권을 전 세대와 후 세대에게 보임

예수 그리스도는 죽으신 지 사흘 후인 일요일(주일)에 죽은 자 가운데서 최초로 부활 하신다. 그리고 예수 그리스도의 부활 후에 이미 죽었었던 많은 성도들이 무덤에서 나와 예루살렘 성에 들어가 사람들에게 나타났다고 한다. 예수 그리스도는 부활하시고 40일 동안 수차례 제자들에게 모습을 나타내셨다. 부활 후 40일째 되는 날에 예수 그리스도는 500여 명 제자들이 보는 가운데에서 하늘로 승천(昇天) 하셨다.

예수 그리스도가 하늘로 승천하시면서, “내가 세상 끝 날까지 항상 너희와 함께 있으리라. 너희는 몇날이 못되어 성령(하나님의 영)을 받으리라”라고 말씀하셨다. 그리고 승천한 지 10일이 지난 후인 오순절 날에 제자들은 하늘로부터 불꽃 같은 모양으로 각 제자들 머리 위에 성령이 내리는 모습을 서로 목격하게 된다. 사도행전의 오순절은 신약시대에 이스라엘 민족이 첫 열매를 거두는 절기이다. 즉, 첫 열매를 기념하는 오순절에 성령강림 하신 것을 기록하고 있다. 이것은 광범위하게 하나님 나라의 현재적 모습과 미래적으로 하나님 나라를 감추임 없이 보여주는 것이면서 절대적으로 하나님의 영역 주권이라는 강력한 실제를 전(前) 세대와 후(後) 세대의 그리스도인들에게 보여주고 있다.

vii.

예수 그리스도의 죽음, 부활은 끝이 아니고 시작

각 제자들은 성령 충만 받고 이스라엘은 물론 이방 여러 나라들에게 순교를 당하면서까지 복음을 전파하게 된다. 예수 그리스도의 부활 사건은 예수 그리스도 자신이 이 땅 위에 오신 구세주 하나님이심을 알려주는 것과 우리들의 죽음이 곧 끝이 아니라는 뜻을 내포하고 있다.

주께서 마음에 임하신 영적 임재, 그 빛의 역사는 하나님 나라에 들어가는 것이다. 그래서 그 나라의 영적 권세 권능의 역사는 풍성한 삶이 었다. 천상의 하나님 나라(Heavenly Kingdom of God)는 예수 그리스도의 사역의 중심이다. "예수께서 온 갈릴리에 두루 다니사 저희 회당에서 가르치시며 천국 복음을 전파하시며"라고 기록된 말씀이 증거하고 하고 있다. "이후에 예수께서 각 성과 촌에 두루 다니시며 하나님의 나라를 반포하시며"(마4:23)라고 했다. '복음의 주제는 하나님 나라'이다. 이 하나님 나라는, 예수님의 큰 빛에서 '회개하라!' 하시는 말씀에 따른 그 빛이 회개하는 심령에 임하여 온다.

"또 여기 있다 저기 있다고도 못하리니 하나님의 나라는 너희 안에 있느니라"(눅17:1)하신 말씀 그대로이다. 하나님의 나라의 '나라'의 원어(헬)은 '바실레이아'(βασιλεία)이고, (히)는 '말쿠트'(מַלְכוּת)이며, 아람어는 '멤라카'이다. 이 말의 근본적 의미는 왕국(Kingdom)을 뜻한다.

① 통치를 뜻하고 ② 지역(영역)과 ③ 그 지역에 포함된 백성을 포함한다. 즉 주권자인 왕이 일정한 영토에서 그 백성을 다스림을 뜻하는 말이 '나라'라고 한다.

그 '천국' 하나님 나라의 왕은 예수님이시다. 예수님 말씀과 영으로 마음에 오시니 그 빛을 받고 회개하라는 말씀을 따라 회개하는 사람은, 하나님 나라의 백성이요, 예수 그리스도께서 친히 돌보시는 양이다. '하나님의 나라'(The Kingdom of God)의 말속에 그의 통치를 받는 '하나님의 백성'이 있음을 전제한다. 그 백성들의 특징은 앞서 언급한 대로, ① 회개하고 복음을 믿는다(막1:15). ② 예수 그리스도를 영접하여 하나님의 자녀의 권세를 받는다(요1:12~13). ③ 물과 성령으로 거듭난다(요3:3, 5, 6). ④ 하나님의 나라, 그 나라와 그의 의를 구한다(마6:33, 눅12:31). 또 그 백성은 ⑤ 그리스도의 품성을 배운다. 어린아이들처럼 겸손히 배운다(마18:3~4). ⑥ 지극히 작은 자 하나에게 주의 사랑을 나누어준다(마25:34,46). ⑦ 이 세상에서 주님 때문에 핍박과 희생을 감수하며(마5:10), 주님과 복음 때문에 전토나, 부모나, 형제를 버린다(마19:12, 10:16~22, 37~39) 과연 예수님이 오셔서 그 나라를 허락하시고, 기뻐하셔서 나라를 받은 그리스도인들이 그렇다. 부활하신 예수님이 그리스도인에게 성령으로 임재하여 계신 신앙적 삶은, 빛 되신 예수님으로 회개하고, 하나님 나라에 들어가게 하시므로, 구원하신 하나님 아버지의 그 크신 은혜와 사랑에 감사하고 찬양하며 영광 돌리기 위한 목적 아래서, 모든 것(생명까지라도)을 하나님께 드리는 모습으로 살아간다.[63]

63) 이준호, 마태복음 연속 메시지, (서울: 도서출판 러빙터치, 2025), pp.55-57.

Chapter 5

일터 현장의 이슈, 주제 & 새 정체성이 갖는 소명의식 재정립

Issues and topics in the workplace &
Calling consciousness of nw identity

i.

일터 현장의 새로운 표현으로서 이슈가 되는 주제

이러한 새로운 표현들은 신앙이 단순히 교회당 마당에서만 적용되는 것이 아니라, 우리의 직업과 일상적인 활동 속에서도 중요한 역할을 하는 주제들이 분명하게 그리고 뚜렷하게 부각 될 것이다. 일터 사역은 하나님이 각 개인에게 주신 직업과 역할을 통해 그분의 뜻을 일터 현장에 실현하면서 사회에 긍정적인 영향을 미치는 것을 목표로 한다. 일터 사역에 대한 주제들을 달아 놓았다. 이에 각 주제마다 함축된 개념을 자세하게 소개할 수 있다.

1. 일터 현장에서 이슈가 되는 주제 소개

<Table-10>

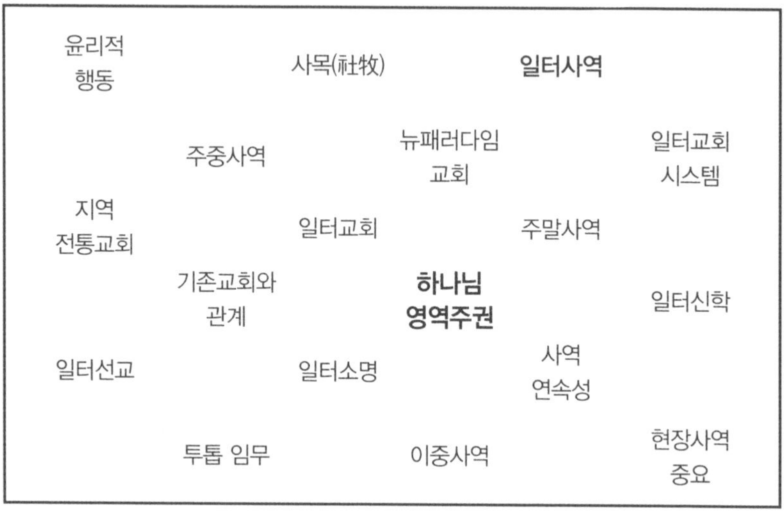

1) 일터의 소명(Work place calling)

여기서 소명은 그리스도인으로서 일터로 부름받은 특별한 케이스를 말하는 것이다. 이것은 개인이 하나님으로부터 부름 받는 것이며, 그에따른 특정한 직업이나 일터 현장에서 소명감으로 주어진 역할을 수행하는 것을 말한다. 물론 전통적인 소명을 말하지만 그러나 일터에도 교회 공동체가 존재하게 되므로 하나님이 부르심 소명을 온전하게 감당해야 한다.

2) 하나님의 임재(Presence of God)

무소부재(無所不在)하신 하나님께서는 그가 창조하신 공간 어디라도 엄연히 존재한다는 조직신학의 논리를 말하지 않아도 그리스도인이 일터에서도 하나님이 임재하시고 자신과 함께 하신다는 확신의 믿음으로 일하는 것이어야 한다. 하나님의 임재하심은 엄연하게 삶의 터전을 잡고 열정적으로 일하는 현장에서도 그리스도인과 함께 역동적으로 일하는 임마누엘의 은혜가 있다.

3) 사역의 연속성(Continuity of Ministry)

목회자가 사역에 대하여 통전적으로 이해하는 수단으로 볼 때, 교회당 안에 갇혀버린 사역에서 교회당 문턱을 넘어가서 밖에서도 하나님께서 우리 그리스도인들에게 부여해 주신 사역이 이루어질 수 있다는 개념이다. 하나님의 일은 그의 소명을 받고 사역현장에 나온 당사자로서 교회당 마당에서만 일하는 자리로 한정된 것이 아니다. 일터 사역의 개념은 교회당 밖 세상이라는 현장에서도 계속적이고 확장해서 적용하는 것으로 당연하게 책임이 일터사역자가 짊어져야 할 몫이다.

4) 이중 사역의 현장(The place of a double ministry)

지역에 세워진 전통교회와 삶터에 세워진 일터교회의 두 상황이 대립하거나 대비되기도 할 것이다. 이 두 가지 공간에 놓여진 일터사역자에게는 이중 사역의 현장을 마주하게 된다. 이렇게 특수한 공간에서 일터사역자로서 일터의 현장 사역을 어떻게 사역하고 섬기면서 일터선교로 까지 발전시켜야 하는지를 갈등하면서 수행해야 하는 과제가 주어졌음을 깨닫고 수행해야 할 것이다.

5) 주중 사역(Workplace Church Weekday Ministry)

<Table-11> 전통교회와 일터교회의 주중사역 비교

전통교회	세계 어디에 위치하더라도 한 주간 단위로 목회 패턴 이뤄짐. 월요일부터 주말(금요, 토요)은 주일 사역준비와 함께 한 주간 중 하루, 주일에 사역의 힘을 집중하여 쏟는다.
일터 교회 핵심 단어, '주중 사역' Workplace Church Weekday Ministry	
이 교회 현장은 오히려 주일 사역 보다는 주중 사역이 더 큰 비중으로 다가온다. 월요부터 직원들과 함께 일터사역이 함께 운영되므로 주중기간 하나님 영역 주권이 이뤄진다.	**일터교회**

일터 교회의 현장이 도입되면서 일터라는 새로운 용어에 붙게 된 용어는 교회이다. 그래서 일터 교회의 핵심 단어 중 하나인 주제는 '주중 사역'이다. 내용으로는 보편적인 지역에 위치한 전통교회는 세계 어느곳에 위치해 있더라도 한 주간 단위로 목회패턴이 이뤄진다. 주일(일요일)에 목회 사역이 집중적으로 행해지고 월요일부터 주말(금요, 토요)은 주일 사역준비, 그리고 비로서 한 주간 중 하루 주일에 사역의 힘을 집중하여 쏟는다. 물론 한 주간 동안 목회자(담임)에게 아무 일도 쉰다는 말이 아니다. 그러나 형태적으로는 그렇게 주일사역에 몰두해 온 것은 사실이다. 그런데 일터 교회 현장에서는 오히려 주일 사역 보다는 주중 사역이 더 큰 비중으로 다가온다는 것이다. 기업의 일은 월요부터 본격적으로 운영되는 것 처럼 일터 사역도 월요부터 직원들과 일터 사역이 함께 운영된다는 개념으로 이해하면 일터 사역자로서 얻는 조건들이 매우 많아질 것이라 사료된다.

6) 일터교회 시스템(Workplace church system)

'일터 교회'라는 생소한 주제는 일터 공동체라고 그 개념을 더 확장시켜서 이해하면 더 유익을 찾을 수 있다. 일터교회 시스템은 전통교회와의 시스템과 무엇인 어떻게 다른 시스템을 구성하고 있을까? 우선 가장 직설적인 용어, 그것은 '투톱'(Two top)이라는 주제로 표현할 수 있는데, 일터교회(The Work Place Church)가 설립되고 그 교회의 리더가 도입되어 사역을 집행하게 된다. 그렇다면, 기성교회의 시스템과 동일한 사역을 적용시킬 수가 없다. 왜냐하면 일터 교회가 설립된 곳은 회사(기업)의 지도자(경영자), 일터교회 지도자(목회자) 투톱이 존재하게 된다. 이런 상황은 지금까지 전통적인 교회 운영시스템에는 도저히 상상하거나 예측할 수 없었던 상황이라서 몹시 당황스럽게 투톱(회사 오너와 일터사역 목회자)이 본질적으로 기능적으로도 조화되기 어려운 시스템이지만 그럴수록 상호간 협력(Cooperation each other), 의존, 존중, 보충 그리고 일터 사역의 독특성을 감내(堪耐)해야 함을 요구한다.

7) 윤리적 행동(Ethical Conduct)

직장이라는 공간은 교회라는 장소와 정서적인 면에서 본질적으로 전혀 다른 이질적인 개념으로 이해되는 곳이다. 여기서 일터 교회는 신앙과 믿음을 대변할 수 있으며, 직장(회사)은 양심과 도덕이라는 차원에서 윤리적인 책임과 행동이 신앙의 표현으로 나타날 수 있는 장소이며 그에 대한 가능성을 말해 주고 있다. 회사의 직원들이 모두 믿음이 있는 그리스도인이라면 더할 나위 없겠다. 그러나 일터 교회를 이루는 소수일 때는 복음전도의 사역과 책임까지 주어지면서 매우 버거운 교회공동체가 형성될 수 있을 것이다. 이럴 때, 필요한 기능이 윤리적인 행동을 요구함으로 세속성이 감도는 그곳에 일터 교회를 거룩하게 세워걸 수 있을 것이다.

8) 기존 공동체와의 관계(Relationship with Community)

이 주제에 있어서는 일터에서의 관계가 공동체와 사회에 미치는 영향 등 이러한 일터 신학적 새로운 표현들은 신앙인들이 일터에서 어떻게 하나님을 섬기고, 그들의 직업을 통해 세상에 긍정적 변화를 가져올 수 있는지 탐구하는 데 도움을 준다.

일터 신학적인 입장에서 크게 분류하면 다음의 주제들이 있다. 그러나 그 주제들은 분명하게 통전적 입장에서 새로운 표현은 아니다.

9) 일터 교회(The Church of Work Place)

전통적인 교회 모델을 넘어, 일터(공공기관사무실, 일반기업의 사무실, 공장, 직장, 학교 등)에서의 신앙 공동체를 강조하는 개념이다. 성도들이 일상생활 속에서 하나님을 섬기고, 서로의 신앙을 격려하며, 복음을 전파하는 공간으로서의 역할을 한다.

10) 일터 선교(Mission of Work Place)

직장이나 사회적 환경에서 복음을 전하고, 그리스도의 사랑을 실천하는 활동을 의미한다. 이는 단순히 교회 안에서의 선교 활동을 넘어서, 그리스도인들이 자신의 직업적 환경에서 어떻게 하나님을 드러낼 수 있으며, 그분의 백성으로서의 할 일을 다해 갈 것인가?

11) 일터 사역(Ministry of Work Place)

그리스도인들이 자신의 직업과 일상에서 하나님을 섬기는 방법을 찾고 실천하는 것을 말한다. 이는 직업을 통해 하나님께 영광을 돌리고, 사회에 긍정적인 영향을 미치는 것을 목표로 한다.

12) 일터 신학(Theology of Work Place)

일터라는 공간에서 지금까지 나열하고 소개했던 주제들을 신학적 관점에서 개념을 간파하고 그에 따른 정체성을 확립하는 것이다. 물론 이때 성경 말씀을 근간으로 하여 각기 주어진 주제에 대한 정의를 내려야 하는 것을 말한다.

13) 지역 전통교회와 새 개념의 일터교회
(Local Traditional Churches and New Conceptual Workplace Churches)

이러한 개념들은 성도들이 일상생활 속에서 신앙을 어떻게 지역 전통교회와 사회의 경계를 허물고, 모든 일터 교회 영역에서 하나님의 사역을 실현하는 데 중점을 둔다. 지역 전통교회와 일터 교회 콜라보 사역 협력 가능성이 있다. '일터 교회'라고 하면 '지역 전통교회'와 대비되는 개념으로 이해하면서 경계할 수 있다. 그러나 '모이는 교회'가 지역 전통교회라면 '흩어지는 교회'로서 '일터 교회'를 생각하면 된다.

14) 일터 교회와 전통교회의 콜라보 사역
Collaboration between the workplace church and the traditional church

일터 교회와 전통교회의 콜라보 사역할 수 있는 좋은 모습을 생각해 본다. 아직까지 많은 사역자가 사도 바울과 같은 자생력(Self-sustaining power) 사역으로 재정을 자립하게 돕는 단계가 아니다. 그러므로 사역적 면에서 가시적 열매가 많지 않지만 목회자가 자생력 사역을 통해서 재정적으로 자립하게 된다면, '지역 전통교회 사역'과 '일터교회 사역'의 두 마리 토끼를 잡는 풍성한 열매로 하나님께 영광 돌릴 수 있다.

ii.

옛 정체성과 새 정체성에서 얻는 교훈

다시, 되돌아보면서 갖는 그리스도인의 소명은 '옛 정체성'과 '새 정체성'에서 값진 새로움의 교훈을 얻게 하고 있다. 이러한 소명을 깊이 성찰하고 다양한 진리를 찾아 나서는 천국을 소유하는 그리스도인'(Christian on his possession of heaven)과 같은 유익을 취하는데, 지상의 일터 주권영역의 메인 주역(Main character)이 된다는 것을 말해 주고 있다.

'다시 되돌아보는 소명'이란 성도의 정체성에 대한 깊은 성찰을 요구한다. 그리스도인은 과거의 정체성, 즉 죄와 세속적 삶에서의 정체성을 벗어나 새로운 정체성, 즉 그리스도 안에서의 정체성을 받아들이는 과정을 겪는다. 옛 정체성은 종종 개인의 과거 경험, 죄, 그리고 행위로 쌓아 올린 세상의 가치관에 의해 형성된다고 봐야 한다.

그러므로 지상에서의 그리스도인은 새로운 삶을 살아가며, 교회공동체와의 관계를 잘 정립하면서 성경에서 그리스도인의 정체성과 변화에 대한 깊은 통찰을 하게 한다. 구약과 신약 모두에서 하나님께서 그 오묘하신 섭리로 일터의 백성을 어떻게 부르시고 변화시키면서 하나님의 영역주권에 상주(常駐)시키는 지를 보여주고 있다.

1. 옛 사람의 정체성 an old identity

우리의 옛 정체성에 대하여 정립하는 시간을 갖는다. 이런 자세는 옛것에 대하여 미련이 남아 있어서 그에 대한 향수를 갖는 무의미한 것이 아니다. 그렇다면 옛 정체성을 따져보는 것은 무엇일까? 우리는 진정한 그리스도인으로서 새로움을 향한 길로 한 걸음 더 내달리기를 추구하는 영성을 견고히 하기 위한 것이라고 단호하게 말할 수 있다.

옛 정체성은 죄로 인해 죽었던 존재였음을 시인하고 거기서 결단하고 빗이나기를 소원하면서 새로움을 얻고자 하는 것을 말한다. 그것은 운명적으로 일하는 인간 존재로서 일터에서의 주권영역을 확인함과 동시에 일터 주권영역에 대하여 분명하게 다지고 그 주권영역은 하나님의 다스림이 강하게 작용하는 것이어서 그렇다. 즉 현재 자신이 머무르는 공간이 하나님의 강한 주권이 확립되어 있으며 죄와는 엄연하게 구별되어 있으면서 '성령의 다능적 힘'(the Universal Power Capability of the Holy Spirit)이 작용되며 그 힘에 사로 잡히게 됨을 경험하는 일터(work place)가 되기 때문이다. 그럴수록 영적인 힘에 다스림 받는 그리스도인은 과거 세상의 풍조를 따르고 온갖 잡다함에서 영향을 받고 좌지우지했던 옛사람의 옛 모습을 상기하면서 그에 대한 혐오심을 가지면서 죄책감과 믿음에 선별성을 대비하게 된다.

2. 사람의 정체성은 그리스도와의 관계를 통해 새롭게 정립

이는 성도가 하나님과의 관계 속에서 어떻게 변화하고 성장하는지를 보여준다. 이러한 전환은 단순한 변화가 아니라, 일터 그리스도인의 삶의 모든 영역에서의 깊은 변화를 포함한다. 그리스도인은 이제 그리스도의 사랑과 은혜를 근거로 역동적인 일터 그리스도인으로서 삶을 이뤄가야 할 것을 명하고 있다.

다음 에베소서 2장 1-2절에서 사도 바울은 옛 정체성의 확실한 고백을 남겨서 우리에게 전달해 준다.

1) 그는 허물과 죄로 죽었던 너희를 살리셨도다
2) 그 때에 너희는 그 가운데서 행하여 이 세상 풍조를 따르고 공중의 권세 잡은 자를 랐으니 곧 지금 불순종의 아들들 가운데서 역사하는 영이라

3. 옛 사람의 정체성

전에는 육체의 욕심으로 생존을 이어 왔으며, 육체와 마음의 원하는 그대로 따라 하는 본질상 진노의 자녀였다(엡2:3).

21-진리가 예수 안에 있는 것 같이 너희가 참으로 그에게서 듣고 또한 그 안에서 가르침을 받았을진대
22-너희는 유혹의 욕심을 따라 썩어져 가는 구습을 따르는 옛사람을 벗어 버리고
23-오직 너희의 심령이 새롭게 되어
24-하나님을 따라 의와 진리의 거룩함으로 지으심을 받은 새 사람을 입으라

25-그런즉 거짓을 버리고 각각 그 이웃과 더불어 참된 것을 말하라 이는 우리가 서로 지체가 됨이라

21-Surely you heard of him and were taught in him in accordance with the truth that is in Jesus.

22-You were taught, with regard to your former way of life, to put off your old self, which is being corrupted by its deceitful desires;

23-to be made new in the attitude of your minds;

24-and to put on the new self, created to be like God in true righteousness and holiness.

25-Therefore each of you must put off falsehood and speak truthfully to his neighbor, for we are all members of one body(엡4:21-25).

4. 새 사람의 정체성

예수 그리스도 안에서 새로운 피조물이 된 것을 강조한다. 성도가 옛 정체성을 벗어버리고 새롭게 변화된 정체성을 받아들이는 과정을 잘 설명해 준다.

전에는 우리도 다 그 가운데서 우리 육체의 욕심을 따라 지내며 육체와 마음의 원하는 것을 하여 다른 이들과 같이 본질상 진노의 자녀이었다.

3-전에는 우리도 다 그 가운데서 우리 육체의 욕심을 따라 지내며 육체와 마음의 원하는 것을 하여 다른 이들과 같이 본질상 진노의 자녀이었더니

4-긍휼이 풍성하신 하나님이 우리를 사랑하신 그 큰 사랑을 인하여

5-허물로 죽은 우리를 그리스도와 함께 살리셨고 너희는 은혜로 구원을 받은 것 이라(엡2:3-5).

"그런즉 누구든지 그리스도 안에 있으면 새로운 피조물이라. 이전 것은 지나갔으니 보라 새 것이 되었도다"(고후5:17).

5. 새 일터 그리스도인과 새로운 가능성 탐색

성령 하나님께서 우리에게 하나님 안에서의 새로운 삶을 강조하며, 그 변화가 우리의 삶을 일터 그리스도인의 삶으로 열매를 마음껏 맺혀 가기를 소원하고 있다.

고린도전서 7장 20절과 21절은 각자의 부르심에 따라 살아가야 한다는 메시지를 담고 있다. 20절에서는 "각 사람은 부르심을 받은 그대로 지내라"라고 말하며, 21절에서는 "너희가 종으로 부르심을 받았느냐? 염려하지 말라"는 내용을 통해, 현재의 상황이나 직업에 얽매이지 말고, 하나님이 주신 소명에 충실하라는 의미를 전달하고 있다. 우리가 현재의 위치에서 최선을 다하며, 더 나은 기회가 주어질 때 그것을 받아들이는 것도 중요하다는 것을 시사한다.

소명에 충실하면서도 더 나은 것을 추구하는 것은 결코 부정적인 것이 아니라는 점을 강조한다. '다시 생각하는 소명'이라는 각오는 자신의 삶의 방향이나 목표를 재조명하고, 더 나은 선택을 할 수 있는 기회를 의미하는 것 같다. 더 좋은 것을 굳이 거부할 필요는 없다는 말은, 현재의 상황이나 선택이 최선이 아닐 수 있으며, 새로운 가능성을 탐색하는 것이 중요하다는 메시지를 담고 있다.

새사람의 정체성에 부정할 수 없는 의문이 따라붙는다면, 그것은 소명에 대한 성찰을 갖는 것이라 사료 된다. 우리 하나님 백성이 되며, 그에 합당한 그런 증거, 그 자체가 소명 가운데 그렇게 신분 변화가 이뤄진 것이다. 그럴수록 그리스도인은 소명에 충실하면서 더 나은 것을 추구해야 하는 것이 오늘 한국 교회와 우리 일터공동체게 주어진 소명 가운데서 사명을 수행하는 것이다. 그러므로 우리가 존재하는 일하는 삶터에서 일터 사역에 진지하게 임하는 자세가 늘상 갖추어져야 한다. 한 번 더 리마인드하면, 소명엔 우선 모두를 부르셨던 'Caller'를 찾아서 다시 한번 우리의 정체성과 자세를 가다듬어야 할 것이다.

iii.

'Caller'(소명 부여자)-모두를 불렀던 이를 찾아라!

1. 소명은 일터 공동체로 부르심이다

하나님의 모든 부름(All callings)에는 목적이 함의(含意)되어 있음을 확신해야 한다. 이에 대하여 오스 기니스는 "우리 그리스도인은 하나님이 불러주신 목적을 발견해야 한다"고 했다. 그는 "세상의 많은 종교 중에 오직 기독교만이 우리가 존재하는 목적이 있다고 하며 '그 목적은 세상을 창조하신 하나님에게서 찾아야 한다'고 했다.

그러면서,[64] 분명한 소명에 대한 인식은 모든 이를 부르시는 존재, '콜러'(Caller, 소명부여하는 자)이신 하나님을 아는 것, 그 자체"라고 했다.

지상의 모든 피조물 가운데 사람을 찾아서 하나님의 백성으로 소명하시는 그분은 하나님이시다. 우리 각자가 그리스도인으로서 소명을 진심으로 깨달으려 한다면 그분의 원뜻(the original will of God)을 아는 일이 급선무이다. 우리 그리스도인들이 각자에 대한 부르심에 대한 오묘한 뜻에 제대로 반응하지 못하여 오늘날 창조세계는 화복하는 단계에 이르지 못하고 점차적으로 더욱 어두운 나락으로 빠져드는 것 같다는 것이 한결같은 견해이다. 그러므로 일터공동체 역시 하나님의 부르심 가운데 포함되어 있다.

2. 일터 공동체는 하나님의 소명을 받은 존재이다

이 지상에 일터로 허락하신 교회공동체는 빠짐없이 하나님의 소명을 받은 존재들이다. 누구하나 누락이 될 수 없다. 만약 그에게 소명이 없었다면, 아예 교회공동체로 모이지도 못했을 것이다. 이에 대하여 각별한 고심과 연구를 가하여 오스 기니스라는 신학자는 소명에 대하여 본질적인 분석과 함께 연구물을 내놓는다. 물론 이것은 매우 개념적인 것이긴 하다 그러나 다시 소명에 대한 그의 견해는 타당성이 있다고 판단된다.

---

64) 오스 기니스 Os Guinness(1941.09.30 생)는 작가, 문화평론가이다. 옥스퍼드오리엘대학 대학원(Ph.D)원에서 학위를 취득했으며, 트리니티 포럼 수석연구원, 윌리암스버그헌장협회 이사장, 브루킹스연구소 객원연구원으로 재직 중이며, 저서는 '소명: 인생의 목적을 발견하고 성취하는 길'(홍병룡역, IVP 외 국회도서관 소장자료 5건이 등록되어 있다).

iv.

오스 기니스의 일차적, 이차적 소명

1. 하나님께서 일방적으로 주신 소명

그리스도인이 하나님의 일을 하도록 하나님의 부르심을 받는 일을 오스 기니스 박사는 일, 이차적 소명으로 구분하면서 자신의 견해를 밝힌다. 기독교에서 통전적 소명은 일, 이차적 소명이 아닌, 내적, 외적인 소명이면서 그것이 하나님의 소명에 적합했다고 말할 수 있다. 다만 그 원래적 소명을 이루기 위하여 하나님의 친 백성들이 주어진 일에 최선을 다해 헌신하거나 충성했다. 소명은 일방적 부름이다. 시행하는 하나님께서 받아들이는 인간과 협의하지 않는다. 인간 편에서는 소명을 저울질할 수 없다. 주어진 소명을 조정해 달라거나 다른 것으로 요청할 수도 없다. 오로지 하나님께서 알아서 일방적으로 주셨으므로 우리 그리스도인은 받았다. 그러므로 소명을 물이 흘러가듯 자발적으로 순종하면 된다.

2. 일차적 소명 'The calling'(그 소명)
하나님께서 우리를 특별한 목적으로 부르셨다.

◉ 일차적 소명 〈3단계+1단계〉 **4단계**

-무엇이든지(something-역할, 직업 등)

-어디든지(where-도시, 농촌, 어촌, 산촌 등 선교 오지(奧地))

–부름받은 것이 아니다(It's wasn't called)

–하나님께로 부터 하나님을 위해 부름을 받았다.

(It's called by God for God).

3. 이차적 소명 'callings'(소명들)

전적인 부름의 존재(Caller)로부터 부르셨다.

'모든 사람이, 모든 곳에서, 모든 것에서', 소명들이 운영되었음을 말하고 있다.

◉ 이차적 소명 〈3 Every+Caller〉 **4 ing** (행함)

–모든 사람이(**Every**one),

–모든 곳에서(**Every**where),

–모든 것에서(**Every**thing)'

–전적 부름의 존재를 위해(All for **Caller**)

–생각하기(thinking),

–말하기(speaking),

–보기(seeing),

–살아가기(living),

–행하기(doing) 까지 5가지를 행하는 것을 '이차적 소명'이라 한다.

즉 일 · 이차적 소명이란, 내가 처한 모든 상황에서 주권자 하나님의 부르심에 성실히 응답하는 그 무엇이라고 한다. 오스 기니스는 소명의 용어를 다음과 같이 구분하여 개념 정리를 해준다. 그러면서 ①'일차적 소명'-'The calling'(그 소명)으로, ②'이차적 소명'-callings(소명들)라 하고 있다. 이 의미는 모든 사람이, 모든 곳, 모든 것에서 전적으로 '그 소명'의 목적에 부합하는 삶을 살아야 한다고 강조한다.

4. 일차적 소명 'The calling' & 이차적 소명 'callings' 구분 이유

왜, 오스 기니스 박사가 소명을 '일차적 소명'(The calling)과 '이차적 소명'(callings)으로 구분할까? 그 이유는 '소명' 자체의 원리가 그렇게 구분되어 진 것은 아니며, 많은 이들이 소명을 종종 곡해(曲解)하거나 자의로 해석하기 때문이 아닐까?라는 견해가 크다.

1) 왜곡된 소명_두 가지 주제

소명은 종종 왜곡되고 일그러진 채로 우리에게 다가와 이해를 던져주면서 우리 그리스도인들에게 잘못된 영향력을 주고 있다. 오스 기니스는 왜곡된 소명의 대표적인 모습을 두 가지로 분류하는데 첫째, 가톨릭적 왜곡과 둘째, 기독교적 왜곡을 말하고 있다.

2) 가톨릭적 왜곡_for church

가톨릭적 왜곡이란 하나님 백성의 삶을 두 개의 생활 방식으로 나누어 보는 것인데, 하나는 우월하고 다른 하나는 열등하다는 관점이다. 이러한 관점은 사제, 신부, 수녀와 같은 삶에 대하여 '관조된 삶'을 '완전한 삶'으로 보는 것이다. 한편 상업, 농업, 공업 등 병역, 가족부양과 같은 일반의 삶을 '허용된 삶' 혹은 '필요에 의해 어쩔 수 없이 하는 2등급의 삶'으로 인식한다는 것을 말하고 있다. 이러한 인식의 출발과 결론은 '성'(聖,Holiness)과 '속'(俗,Secularity)의 이원론과 붙어 있으며 이렇게 되면, 필연적으로 불평등한 이중 구조를 양산하게 된다고 한다.

이러한 소명의 가톨릭적 왜곡의 원리는 종종 중세 시대의 신비주의 신학자 '에크하르트'나 루터, 윌리엄 틴데일과 같은 종교 개혁자들의 반대에 부딪히게 된다. 개혁자들은 소명에 대한 총체적 관점의 회복은 비단 교회뿐 아니라 사회, 문화 전체에 강력한 영향을 미치게 되어 전통사회가 근대사회로 나아가는 데 결정적으로 원동력 역할을 한다고 한다.

3) 기독교적 왜곡_for self

세속적 이원론[65] 은 영적인 것을 거리낌 없이 희생시키는 속성을 지니고 있다. 그리고 영적인 소중함을 팽개친 채로 지나치게 세속적인 것만을 샘삼 부각시키는 것을 말한다. 이 논리의 등장과 함께, 가톨릭적 왜곡이 소명의 이차적인 의미를 희생시킨 것이라면, 기독교적 왜곡은 소명의 일차적인 의미를 축소, 희생시킨 것이라 할 수 있다. 기독교적 왜곡은 '하나님에 의한'(**by** God), '하나님을 향한'(**toward** God), '하나님을 위한'(**for** God) 일차적인 소명을, '모든 사람이'(**Every**one), '모든 곳에서'(**Every**where), '모든 것에서'(**Every**thing) 부름을 받았다는 이차적인 소명으로부터 점진적으로 분리시킨 결과를 말하고 있다. 결국 일, 거래, 고용, 그리고 직업 등의 단어들이 소명 그 자체로 고정되도록 인식하는 것을 말한다. 바로 여기에 심각한 문제가 발생하게 된다. 하나님을 향한, 하나님을 위한 일차적 소명을 망각하거나 무시한 채로 자신이 지금 현장에서 행하는 일과 활동이 다 소명이라고 혹은 소명을 위한 것이라고 합리화시키고 주장할 수 있다.[66]

> "우리는 그가 만드신 바, 그리스도 예수 안에서 선한 일을 위하여 지으심을 받은 자니, 이 일은 하나님이 미리 예비하사 우리로 그 가운데서 행하게 하려 하심이라"(엡2:10).

이 말씀은 개인의 소명은 하나님에 의해 고유적으로 주어진 것임을 강조하면서 그리스도인이 자신의 직업을 하나님의 소명으로 이해하고, 그 직업을 통해 하나님께 영광을 돌리는 삶을 살도록 격려하고 있음을 가리키고 있다.

> "무슨 일을 하든지 마음을 다하여 주께 하듯 하고 사람에게 하듯 하지 말라. 이는 유업의 상을 주께 받을 줄 아는 줄 알기 때문이라"(골3:23-24).

이 말씀 역시, 모든 일이 하나님께 드리는 봉사임을 강조하며, 직업의 종류에 상관 없이 모든 일이 존중받아야 함을 교훈하고 있다. 이와 같은 성경의 가르침은 직업의 성스러움과 세속성을 구분하는 것이 아니라, 양쪽의 영역을 초월하여 모든 직업이 동등하도록 하나님께서 주신 소명으로 인식하고 확신해야 함을 말하고 있다.

---

65) 영적인 것을 희생시킨 채, 지나치게 세속적인 것을 부각시키는 논리
66) https://blog.naver.com/forthechurch_/224002222135_오스 기니스의, '소명(召命)'|작성자 설래임.

V.

한국 일터교회 공동체에 당부하는 오스 기니스의 제안

1. 두 가지 제안

오스 기니스는 한국 교회의 그리스도인들에게 당부하고 있는 점은 소명에 대하여 속히 회복하라는 권면을 주저하지 않는다. 이러한 소명에 대한 두 가지 왜곡을 극복하고, 총체적인 관점에서의 소명을 회복하기 위해서 두 가지를 제안한다.

첫째, 우리는 소명이, 마치 부르시는 분이 없는 어떤 것인 양 생각하는 모든 관념을 단호히 거부해야 한다고 한다. 부르시는 분이 없다면 소명도 없고, 단지 일만 있을 뿐이기 때문이다.

둘째, 좀더 적극적으로는 일차적인 소명을 우선적인 위치로 복귀시켜야 하는데, 그것은 소명의 배경이 되는 예배를 회복하고 또한 소명의 핵심인 예수님에 대한 헌신을 회복함으로써만 가능할 것이라 한다.

기니스는 한국의 목회자들에 대해서도 조언을 한다.

> "설교가 성도들의 삶에 구체적으로 적용되려면 목회자들이 성도들의 삶을 알아야 한다". "내가 출석하는 교회의 담임목사는 스스로 세상에 대해 무지하다고 생각하여 늘 성도들과 점심을 같이하며 세상 이야기를 듣는다"고 말했다.[67]

2. 제3의 길-'하나님의 나라의 두 차원을 고려하라!'

기독교와 천주교의 두 가지 오류를 피하고 소명에 대한 제3의 길을 찾기 위해 '이미'와 '아직'이라는 하나님의 나라의 두 가지 의미를 동시에 고려하는 것은 중요한 신학적 접근이다. 이 개념은 하나님의 나라가 이미 이 땅에 임했지만, 아직 완전하게 실현되지 않았음을 의미한다.

> "하나님의 나라는 볼 수 있게 임하는 것이 아니요, 또 '여기 있다' 또는 '저기 있다' 할 수 없나니, 하나님의 나라는 너희 안에 있느니라"(눅17:20-21).
>
> "생각하건대 현재의 고난은 장차 우리에게 나타날 영광과 비교할 수 없도다. 피조물이 고대하는 바는 하나님의 아들들이 나타나는 것이니…"(롬8:18-21).

이 말씀들은 하나님의 나라가 이미 우리 가운데 실현되어 있지만, 아직 완전한 실현을 기다리고 있다는 것으로 이러한 하나님 나라에 대한 이중적 이해는 일터 공동체로 모인 그리스도인의 신앙생활에서 균형을 유지하고, 소명에 대한 올바른 인식을 돕는 데 중요한 역할을 한다.

67) https://www.kmib.co.kr/article/view.asp?arcid=0923539975&code=23111111&cp=nv_국민일보 전병선 기자.

The Workplace Community
Sphere Sovereignty

●●●● 제 2부

for what
일터현장의 기업, 기관들

Chapter_6
일터 공동체의 본질적 개념의 확장

Chapter_7
일은 단순한 기능이 아니다 최상의 자유자로 만든다 (1)

Chapter_8
일은 단순한 기능이 아니다 최상의 자유자로 만든다 (2)

Chapter_9
일터사역의 4중적 직무와 기능
왕의 도, 백성의 도, 죄악의 도, 행위의 도 (1)

Chapter_10
일터사역의 4중적 직무와 기능
왕의 도, 백성의 도, 죄악의 도, 행위의 도 (2)

Chapter_11
존재됨-일터 사역 공동체에 부과된 일(Work)

Chapter_12
일터 현장에서
그리스도의 매뉴얼대로 일하는 것이 최선이다

Chapter 6

'일터 공동체'의 본질적 개념의 확장

The essential of the workplace community concept with expansion

1. 직장 현장의 하나님 나라로 확장하게 한다

새로운 '일터 교회'와 '일터 선교', '일터 사역'은 현대 사회에서 매우 중차대한 역할을 감당하는 '핵심 주제'(The key point them)이다. 이런 주제는 직장에서의 신앙생활을 지원하고, 복음 증거를 일으키고 그리스도인이 일터 현장에서 하나님을 섬기고(servantship) 동료들과의 친교(fellowship)를 하는 데 지원하며, 직장 현장 속에서 일터의 공동체가 되어 하나님 나라로서 확장(expansion)하도록 중점을 둔다.

2. 일터 공동체의 개념과 정체감

세속사회 속에서 직장이라는 그룹은 현장 단위별로 거룩한 그룹을 세워가는 데서 '일터 공동체'(The Workplace Community)의 본질적인 개념과 정체감을 찾을 수 있다. 먼저 본질적인 개념이라고 새로운 용어를 제시하는 것은, '속'(secular) 스럽고 거룩하지 못한 현장(공간)에 거룩한 모임, '성'(holiness) 스럽고 영적인 일터 교회를 본질로 한 그룹으로 세우는 것을 말하고 있다. 지상에서의 거룩한 모임은 '교회'라는 본질과 개념에서 벗어나지 않는다. 즉 직장이라는 일터는 물리적이고 세속적인 개념으로 이해되는 공간에 개념적으로 거룩한 일터 교회를 모아 일터 공동체로 본질적인 개념 확대와 정체성을 찾게 하며 일터 교회, 일터 선교, 일터 사역의 동질적인 주제를 한 용어로 집합하여 정리하면, '일터 공동체'(The Workplace Community)로 표현하면서 사용할 수 있다.

i.

'일터 공동체'로서 본질적 개념

1. 세 가지 본질적 개념을 '일터 공동체'로 집합

본서에서는 '일터 교회', '일터 선교', '일터 사역'이라는 세 가지 주제를 '일터 공동체'(The Workplace Community)라는 한 가지 집합적인 개념을 갖고자 한다. 이 개념은 세 가지 주제가 본질적으로 동일한 개념, 즉 일터에서 거룩성(Holiness)을 지닌 하나님 나라를 세워가는데 목적을 가지고 있기 때문이다. '일터 공동체'는 앞으로 본서를 작성해 가는 데 있어서 세 가지를 하나의 본질적인 개념으로 묶어서 사용할 것이다. 또 이와 관련된 용어의 사용에 있어서나 용어의 표현을 하면서 본서를 연구해 갈 것이다. 즉 '일터 교회'를 비롯한 '일터 선교'와

'일터 사역'은 이 지상의 일터 현장의 거센 세속성(Secularity)의 파고 가운데 하나의 본질적 개념을 지닌 '일터 공동체'의 '일'과 '목적'을 추구해 나가며 하나님 나라를 확장하는 것에 의의를 두기 때문이다.

<Table-12> '일터공동체'로서 본질적 개념

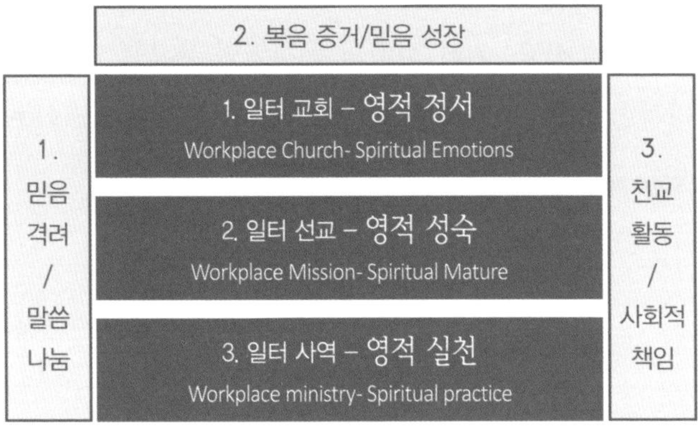

일터 공동체는 일터교회/일터선교/일터사역의 집합적인 의미이다.

2. 일터교회, 일터선교, 일터사역의 세부적 사역

1) '일터 교회'는 영적 정서를 조성

믿음을 격려하고 말씀을 나누도록 일터 공동체라는 공간을 조성한다. 일터 교회는 직장 내에서 신앙 공동체를 형성하고, 서로의 믿음을 격려하며, 기도와 말씀 나눔을 통해 영적인 정서를 조성하도록 성장할 수 있는 공간을 제공한다.

2) '일터 선교'는 영적 성숙을 목표

그들의 공간에서 복음을 증거하고 믿음의 일터 공동체로 성장하게 한다. 일터 선교는 직장에서 만나는 동료들에게 복음을 전하고, 그들의 삶에 영적인 성숙을 미치는 것을 목표로 한다.

3) '일터 사역'은 영적 실천을 권면

친교 활동과 사회적 책임을 다 하게 한다. 일터 사역은 이 활동을 통해 직장 내에서의 영적인 실천을 권면하고, 친교 활동과 사회적 책임을 다하는 것을 포괄하여 일하게 하는 사명을 감당하는 것을 최우선으로 한다.

ii.

일터 공동체가 선교형 교회 모델로 전환

일터 사역이 필요한 사람들은 다양한 배경과 상황에 있는 사람들이다. 삶의 현장에서의 일터와 그리스도인의 일상의 삶 안에서 새롭게 다짐하는 소명으로서 새로운 표현인 '일터 공동체'인 일터 교회, 일터 선교, 일터 사역의 영역은 현대 사회에서 지역 전통교회가 어떻게 선교형 교회 모델로 전환할 수 있을까?라는 주제로 새로운 이슈로서의 이목을 집중해 본다. 여기서 교회 원리를 적용 시킨다면 선교를 지향하는 교회공동체로서 목표를 세우며 그에 집중하는 모델로 전환하는 것이다.

1. 선교형 교회로 전환하는 방법

선교적 교회공동체로서 선교형 교회로 전환하기 위한 가장 좋은 방법은 '선교적 제자도'(The missionary discipleship)로 일상의 삶 속에서 선교적 삶을 살도록 하는 격려와 지원을 하는 것이다. 일터 내에서 신앙적 네트워크는 선교적, 변혁적 제자도의 실천으로 복음 전파의 역할을 감당하게 한다. 다만 이런 사역은 삶의 현장 일터에서의 신앙생활을 지원하고, 직장 그리스도인이 일터 내에서의 복음 전파를 추구하며, 그리스도인들이 삶의 일터에서 하나님을 섬길 수 있도록 돕는 것을 목표로 한다.

통계청 KOSIS 인구로 보는 대한민국 인구상황판에서 2025년 2월 기준 현재 전체 인구로는 51,684,564명이며, 이 중에서 경제활동 인구수 29,119천 명, 취업자수 28,179천 명이다. 또한, 상업등기소에 등재 법인 숫자로 보면 서울과 수도권 경기, 인천 대도시 중심 속 전국에 다양한 130만 개 법인에서 근무하는 수많은 성도와 비기독교인이 취업하여 비즈니스인으로 다양한 활동을 하고 있다. 그 중 취업인구수로 살펴보면 KOSIS 자료에 의해 2025년 2월기준 직업별 취업인구 분야별로는 사무직 종사자가 20.24%, 전문가 및 관련 종사자 19.88%, 판매종사자 11.23%, 농림, 어업종사자 11.23%, 기능원 및 관련 기능종사자 8.99%, 장치기계, 조작 및 조립종사자 12.13%, 단순 노무종사자 9.40%, 기타 근무지에서 0.44% 근무하고 있다. 또한 전체 취업할 수 있는 직종과 직업의 숫자로 보면 잠정 약 20,000여 직업에서 종사를 하고 있다.

2. 삼중적 삶-일터교회, 일터선교, 일터사역을 사는 것이다

이들 모두 우리 사회 곳곳에서 공적(公的)-공공의 유익을 주며 선한 영향력으로 참여하고 적극적 활동으로 근무하고 있다. 그들 중에 그리스도인이면서 지역교회 그리스도인으로서 대부분 공공기업과 일반기업에서 근무하고 있다. 이에 새로운 표현인 일터 교회, 일터 선교, 일터 사역이 필요한 사람들이란? 바로 하나님의 백성이 일터 공동체에 대한 관심으로 사명을 다지면서 3가지 주제인 '일터 교회'(workplace church)와 '일터 선교'(workplace mission), '일터 사역'(workplace ministry)으로 주어진 사명을 실천해 가야 한다.

3. 직장생활과 신앙생활을 통합해야 한다

지역 전통교회와 연계(聯啟)한 일터 공동체의 사역 참여는 지역교회에서 진행하는 다양한 사역에 참여하여, 직장생활과 신앙생활을 통합해야 한다는 것이다. 교회에서 주최하는 세미나 혹은 성경공부 등이나 소그룹 활동에 교회공동체에 속한 그리스도인이 참여할 수 있으므로 공기업과 일반기업의 그리스도인은 자신의 신앙을 직장 내에서도 실천하고, 교회공동체 일원으로서 자신은 물론 직장의 긍정적인 변화를 이끌어 낼 수 있다. 그리스도인으로서 직장에서 정직하고 윤리적인 행동을 통해 선한 영향력(Good influence)을 미칠 수 있다는 점이다. 신앙인으로서 직장에서 정직하고 윤리적인 행동이 얼마나 중요한지를 잘 보여준다. 이를 통해 동료 그리스도인에게 긍정적인 영향을 미치고, 하나님의 통치를 받으면서 하나님 백성으로 그를 향한 거룩함을 추구하는 삶을 살 수 있다.

iii.

일터 공동체의 복음으로
도시의 일터가 복음의 충전장소가 되어야 한다

현대사회의 첨단과학, 정보기술 문명의 시대에 전 세계가 급변하는 경제 상황에서 불구하고 도시 사역인 일터 사역은 '철저하거나 급진적인 변화를 통한 회심, 즉 마음과 본성과 성향이 바뀌는 것'이다. 이렇게 도시 일터 사역의 변화는 예수님이 가르쳐주신 '주기도'와 같이 하나님 나라가 이 땅에서 이루어지는 것이다. "나라이 임하옵시며 뜻이 하늘에서 이루어진 것같이 땅에서도 이루어지이다."[68] 복음으로 변화된 일터 도시란 영적 부흥과 각성이 일어나 범죄가 줄어들고 경제적으로 안정된 일터 도시가 된다.

수가성의 사마리아 여인은 예수님을 만나면서 동네의 많은 사람들에게 예수 그리스도를 증거하는 '사역-일'로 주님께 받은 긍휼에 싸인 비밀을 아낌 없이 전했다. 일터 도시가 변화되려면 많은 사람이 예수 그리스도를 마음 속에 영접하도록 우리 그리스도인이 먼저 하나님의 회복된 상태, 변화 상태에서 복음을 증거하는 것이다. 그때 중요한 요소는 도시의 일터가 복음의 충전소가 점차적으로 변화하여 거룩함이 우리 그리스도인 눈앞에서 이루어진다.

예수 그리스도가 지상에서 3년의 공생애 사역 중에 일터 사역의 모범을 가장 실제적으로 보여주셨다. 예수 그리스도께서 사역하시면서 그분의 고유적 속성으로 권능을 가장 많이 베풀었다. 그 결과 이스라엘 각 마을들이 그런 하나님 나라의 기적이 드러나고 있는데도 그 앞에서 이스라엘 사람들이 자신의 근본적인 죄를 회개하지 않으므로 그들을 향해 엄청 책망을 했다.[69] 왜 이러한 현상은 2000년 전이나 지금 현대 사회에서도 예외는 아니다.

지금 일터 도시는 영적 변화에 대하여 왜 이렇게 무디고 나태할까? 영적 지도자라고 할 수 있는 지역 전통교회 목회자가 도시 일터 사역 지도자로 선뜻 나서지 못하고 있는 실정이다. 이러한 변화는 목회자, 선교사부터 시작되어야 한다. 일터 교회는 전통 목회에 열중하는 그 열정과 함께 영적으로 무장시켜 직장의 일터 사도로 보내야 한다. 기업이 도시 영적 변화에 앞장서지 못하는 실정이다. 단순하게 이윤 창출에만 목적을 둔다면, 기업 윤리적 측면에서 지역사회에서 얻은 이유을 되갚아야 한다는 것이다. 그 이윤의 분량에 함축된 도덕윤리 분야의 복음적 쉐어링 원리에 적합해야 한다는 것이다. 그리스도인이 삶의 현장 일터에서 사업을 하더라도 복음 쉐어링의 실천이 하나님의 영광을 위해 하나님 나라를 세워가는 사명을 감당하는 일이라고 할 수 있다.

일터 공동체의 고유의 거룩함의 속성을 존속해야 하는 일터 사역을 위한 하나님의 부르심이 변화의 불씨가 되어야 한다. 기업의 일터가 잃어버린 영혼을 건지는 사역을 감당하고 하나님의 평강과 평화를 전하기 위해서는 일터의 거룩성과 활발한 관계를 맺어야 한다. 잃어버

68) (마태복음 6:10). 69) (마태복음 11:20).

린 일터의 영혼들과 진실한 교제를 통한 신뢰를 형성하여 이웃과 일터 공동체가 갖고 있는 속 깊은 속사정을 함께해 주고받는 나눔이 있어야 한다. 잃어버린 영혼들에게 있어 그 필요에 관심을 기울이고 늘 힘껏 중보기도를 통해 그들의 필요를 하나님께 간구해야 한다. 누구든지 삶의 현장인 일터에서 담대히 하나님의 복음 선포하기를 실천해야 할 것이다. 더욱 일터 공동체가 이웃과 동료를 위해 중보 기도할 때, 그 기도를 들으시는 하나님께서는 구체적인 방법을 통해 그들을 가까이 부르신다는 것이다.

iv.
일터 도시 복음화를 위해 필요한 4가지 요소

<Table-13> 도시의 일터 복음화를 위한 요소

1. Prayer	Practice Prayer_간구, 기도 실천
2. Humility	Gentle by Humility_겸손에 의한 온유
3. Community	One Community_공동체의 하나 됨
4. God's will	Knowledge of God's will_하나님의 뜻을 아는 지식

"그 너비와 길이와 높이와 깊이가 어떠함을 깨달아
하나님의 모든 충만하신 것으로 너희에게 충만하게 하시기를 구하노라"(엡 3:19).

1. 기 도 - 간구는 기도의 실천으로 하나님께 드림으로 가능하다.

2. 겸 손 - 진정한 겸손함은 온유에 의해서 나타난다.

3. 공동체 - 공동체는 하나 됨으로 완전하게 된다.

4. 하나님 뜻 - 하나님의 뜻을 아는 지식이 필요하다.

첫 번째/ Prayer-하나님께 간구의 기도를 실천해야 한다

도시 일터를 변화시키려면 가장 먼저 성도들은 도시 일터를 위해 기도해야 한다. 기도는 도시 일터의 영적 분위기를 변화시킨다. 일터 교회와 도시, 법률, 정치, 교육, 대중매체, 오락산업 등 각 산업별로 기도의 초점을 모아야 한다. 이스라엘 백성은 하나님의 이름을 연호(連呼)하는 백성이어서 하나님께서는 그들을 '내 백성'(my people)이라고 표현하고 있다 그러나 조건이 있다. 그런 백성이라고 하더라도 악한 죄의 길에서 떠나 스스로 겸비하라고 요구하고 있다. 이스라엘 백성은 겸비하는 길은 기도하여 하나님을 찾으며 그 의로운 길에서 벗어나면 하늘에서 듣고 고쳐줄 것을 약속하고 있다. 그리고 이스라엘 백성이 거주하는 땅과 동네까지 회복되는 역사가 일어난다고 한다(대하 7:14). 그러므로 일터 공동체는 중보기도를 통하여 도시 안에 자리 잡은 일터인 도시를 변화시킬 하나님의 섭리를 이루시는 사람을 찾고 계신다.

두 번째/ Humility-겸손에 의한 온유함이다

하나님께 가까이 나아가는 길을 가는 자는 온유한 자이며 그들을 공의(公義)로 지도해 주시는 분은 하나님이시라고 한다. 그러므로 온유한 자에게 그 도(道)는 가르쳐주시는 데 그것은 마땅히 지켜야 할 도리(道理), 종교적으로 깊이 깨달은 이치. 또는 그런 경지를 말해준다(시

25:9) 우리가 신뢰하는 하나님은 스스로의 영광을 구하지 않고 서로의 도움이 필요하다는 점을 기꺼이 인정하는 사람들을 사용하신다. 일반 대중의 인기에 연연(戀戀)하거나 더 많은 물질을 추구하고자 하면, 하나님의 쓰임에 포함될 수 없다는 것이다. 하나님은 오직 하나님 나라의 관점을 지닌 이들을 겸손함을 통해 주의 뜻을 이루어가신다.

세 번째/ Community-공동체가 하나 됨이다

예수 그리스도의 기도하시는 목표는 주님을 따르는 무리로 말미암아 저희로 온전함을 이루어 하나가 되게 하는 것이었다. 주님께서 요구하시는 것은 하나님께서 예수 그리스도를 보내신 것과 사랑하신 것 같이 저희도 사랑하신 것을 세상으로 알게 하려 한다는 것이다(요 17:23). 일터 공동체는 예수 그리스도께서 기도하신 그런 모범을 따라야 한다는 것이다. 나아가서 교회공동체가 기도할 때 하나님은 각계각층의 사람들을 모으시고 공동체를 만드시므로 우리는 하나 되는 마음을 갖도록 해야 한다.

네 번째/ God's Will-하나님의 뜻을 아는 지식이다

믿음의 기업을 이루는 주체 세력은 그리스도인들이므로 반드시 지역 전통교회 목회자와 연계(連繫)하여 '투톱'(목회자와 평신도 경영자)을 이루어 도시 일터복음화를 계획해야 할 것이다. 만약 그렇게 하지 않으면 하나님을 향한 열심은 있어도 올바른 지식을 따른 것이 아닐 수 있기 때문이다. 이것은 하나님의 뜻을 아는 지식을 말하고 있다. 사도 바울은 로마교회에 전하는 편지를 통해서 그들이 하나님께 열심이 있으나 올바른 지식을 따른 것이 아니라고 하면서 옳은 지식, 하나

님의 뜻을 알아가는 것이 중요하다고 권면하고 있다(롬 10:2).

지상의 모든 민족을 제자로 삼으라고 하신 예수님의 지상 명령(The Evangelicalism Mandate)을 위해서는 먼저 한 민족이 복음화되고, 그에 앞서 일터인 도시와 그 안에 살고 있는 사람들을 복음화해야 한다. 하나님은 이 일을 위해 각 도시에 흩어진 영혼들을 움직이실 것이다.

V.

직장인 일터 교회의 7가지 원리

일터 공동체에 대한 신학적 관점은 일터 교회의 7가지 원리를 일터 신학의 관점에서 이미 발행한 [일터교회 영성 성숙도] 김동연, 2023. '일터 교회의 사역 유형별 영성 성숙도 연구'를 통해 세부적으로 살펴본다.

21세기 현대사회의 첨단과학, 정보기술 문명의 시대에 기독교 정신으로 무장된 그리스도인 직장인과 기업가들은 사회에서도 큰 모범적인 성공을 거둘 수 있다. 현재 한국교회는 교회와 복음의 사역 방향을 새롭게 제시하는 대안(alternative)을 필요로 한다. 그 대안으로서 '일터 교회'가 제 2의 대한민국의 기독교 부흥을 가져다줄 다른 하나의 대안이라고 전망하고 있다. '일터 사역'이나 '일터 교회'를 요구하는 시대가 이미 우리 앞에 다가와 있다. 그리스도인에게는 모든 일터가 선교지요, 목회지이다. 직장 그리스도인은 일터에 파견된 선교사이자 하나님의 부름을 받은(calling) 왕 같은 제사장이다.

일터 사역은 한국교회의 미래 구원사역의 새로운 패러다임을 제시해 줄 것이다.

1. 일터 공동체의 비즈니스 선교 (BAM-Business as Mission)

기업 내에서 모인 일터 교회 공동체는 모든 직장인과 근무하는 사무실(작업장)을 '교회화'하는 것으로 선교의 토대를 세워갈 수 있다. 기업의 CEO는 자신이 제사장이 되고, 직장인들은 그 직업현장에 파견된 목회자라는 개념으로, '신앙생활 현장화'(化), '일터 교회화'(化)를 이루어 낼 수 있다. 이와 같은 문화명령에 순종한 일터 교회 공동체는 '비즈니스 선교' 개념으로 한국교회 사역의 장으로 정착되어야 한다. BIM-'비즈니스는 선교다'(Business is Mission)로 사용되는 용어를 적극적으로 선교적인 기능이 더해지도록 발전시켜 표현한다면, BAM-'선교와 같은 비즈니스'(Business as Mission)라 할 수 있다. 이 단어의 핵심적인 가치는 '헌신적 선교'(Devotion to missionary work)를 강조하고 있다.

2. 하나님의 통치가 임하는 삶의 일터이다

한국의 그리스도인들은 그동안 이원론적인 믿음 생활을 영위해 왔다고 자성(自省)해야 한다. '교회 따로, 일터 따로'(Church separately, Workplace separately)의 삶을 살아왔다. 그러나 이제는 일터 역시 하나님의 통치가 임하는 곳으로 조성하기 위해 '소중한 일터를 하나님께 돌려 드리자!'는 운동이 기업을 경영하는 그리스도인 CEO를 중심으로 조용하게 진행되고 있다. 과거의 기업 문화는 기독교 신앙이 비즈니스를 전개하는 데 마이너스 요인으로 작용했지만, 최근에는 오히려 기업 성장에 플러스 요인으로 작용되고 있다. 기성 교회에서 믿음의 훈련을 통해서 감성이 풍부하고 남을 잘 섬기는 영성이 형성되고, 또 영적인 인격을 소유하게 되기 때문이다. 이런 삶의 행동은 일반기업의 비즈니스와 기업 성장에 큰 장점이 된다.

그리스도인 직장인으로 인해 앞으로 비즈니스와 기업 경영은 더욱 신뢰할 만하고, 더욱 투명하고 정의롭게 진행될 것이라고 내다보는 현장 CEO의 증언도 있다.[70)]

3. 하나님의 말씀은 기업 경영, 영적 전투 지침서

일터 교회 공동체에서도 선교를 감당할 때, 당연하게 '정직성' 뿐만 아니라 '창조성'이 강조되고 있다. 3500여 년 전부터 성령의 감동으로 기록되기 시작한 세계적이며 불멸의 베스트셀러인 성경 말씀은 놀라운 창조적 경영기법이 포함된 기록물이다. 나아가서 성경은 경제문제 한 가지뿐만 아니라 정치, 사회, 교육, 문화, 예술, 과학, 우주, 이념, 역사, 이치, 상식, 인류의 문제, 삶의 문제, 생명의 문제 등 이루 헤아릴 수 없는 이슈를 담고 있다. 결국, 성경은 가장 큰 일터의 교범이며, 기업 경영지침서(나침판)라고 할 수 있다. 인간의 영혼을 살리는 선교 사역에서도 본질적인 영적 전투의 무기일 수밖에 없다.

---

70) Paul Stevens, Doing God's Business, 홍병룡 역, '하나님의 사업을 꿈꾸는 CEO'(서울: IVP), 2009.)

4. 그리스도인 CEO는 선교적 리더십 무장이 요구됨

21세기 현대사회의 첨단과학, 정보기술 문명의 시대에 기독교 정신으로 무장된 그리스도인 직장인과 기업가들은 사회에서도 큰 모범적인 성공을 거둘 수 있다. 이를 위해 그리스도인 CEO들이 일터사역과 선교에 대해 확고한 인식을 해야 한다. '한 명의 헌신된 그리스도인'이 CEO의 선교적인 리더십을 통해 일터 전체의 구성원에게 삶의 변화와 성장을 이끌 수 있다. 그로 인해 하나님께 영광을 돌려 드리는 것이 될 수 있다. 직원이 100명인 회사 CEO는 100명을 목양하는 목회자라 할 수 있다. 일터교회 공동체의 선교적인 사역을 통해 한 명의 비기독교인이 하나님을 영접하고, 삶이 변화되고, 영혼구원을 받아 일터 속 그리스도인으로 거듭나면 회사도 함께 발전하게 된다. 한 명의 헌신된 그리스도인 직원이 믿음의 일터를 가꿀 수 있다.

5. 지역교회 선교적 마인드의 인식 전환이 필요하다

일반적으로 선교원리는 확장에 있다. 신약의 공동체를 받쳐주는 원리가 사도행전 1장 8절 "너희에게 성령이 임하시면 너희가 권능을 받고 유대와 사마리아와 땅끝까지 복음의 증인이 되라"이다. 이뿐 아니라 일터교회 선교 원리에도 이 말씀은 동일하게 적용된다. 그러므로 일터교회 공동체의 확장을 위해 우선적으로 지역교회의 인식 변화가 필요하다. 한국교회라는 커뮤니티 안에서도, 일선 지역교회 목회자들이 일터교회를 함께 지체된 존재의 커다란 공동체로 인정하고 거기에 동참해야 한다. 지역교회 목회자는 일터에서 사역하라고 직장(일터)의 현장에 성도들을 사역자로 파송한다는 선교적 개념을 갖는 것이 중요하다.

그러므로 선교적인 마인드로의 대(大) 인식 전환이 있어야 할 것이다. 특히, 목회자에게 하나님의 부르심은 너무나 중요하다. 목회자는 자신의 열심과 결단만으로 그 역할을 다할 수 없고, 성도를 돌보는 환경적 제한을 받을 수 있으므로, 모두에게 영적인 손길을 닿게 할 수 없다는 한계성을 인정하면서 선교적 마인드로 복음의 인식 전환이 꼭 필요하다.

6. 일터 선교 전략적 사역의 성공이다

지금 한국교회의 현실적인 상황으로 보건대 목회자(목사) 과잉공급의 문제점이 심각하게 드러나고 있다. 또 지역교회가 1세대 목회자를 은퇴시키고, 2세대 목회자를 받아들이는 과도기적인 현실에 놓여 있다. 현재의 담임목회자 청빙 시스템의 문제로, 지역교회에서는 대부분 예상치 못한 일들이 돌발하여 몸살을 앓고 있다고 본다. 한편, 건강한 목회를 꿈꾸며 미래 사역에 도전하는 젊은 예비 목회자(신학교 졸업자) 대부분은 편안하고 안정적인 지역교회에서의 사역을 포기하게 된다. 결국, 교회 개척이나 특수 목회, 아니면 기관 목회사역 쪽으로 마음을 굳히게 된다. 이런 개척 목회 및 새로운 목회 패러다임은 선교사들에게 '일터 교회의 사역 공동체'를 말하고 있다. 일터 교회를 세우거나 이끌어가는 등 일터 교회 사역에 대한 다양한 개척 성공과 부흥을 만들어나가는 '일터 선교전략'이 요구되고 있다.

7. 경영 훈련과 선교 영성 훈련을 함께하는 변화이다.

일터 사역자는 기업의 대표자인 CEO, 전문직 종사자, 목회자, 선교사, 신학교 졸업자(M.Div. 예정), 기타 비즈니스 전문인 사역자를 통틀어 말할 수 있다. 그들을 주역(主役)으로 선교사역을 하도록 세워서 마음 놓고 일터 교회 성장을 이룰 수 있게 하는 것이다. 그러므로 경영과 선교 영성 훈련을 일터 교회 공동체에 알맞도록 재훈련하는 교육이 절대적으로 필요로 한 것이다. 기독교 현장에서 활동하는 국내외의 훌륭한 강사 및 목회자가 있다. 이들을 통해 훌륭한 아카데미와 전략시스템을 갖추어 세계 171개 국가 선교지에 신규 및 재파송할 선교사, 그리고 일터 사역자들에게 제공해야 한다. 이런 뉴 패러다임의 지역교회들이 새로운 시대를 맞아 복음을 전파하면서 지역교회의 사명을 온전히 감당해 갈 때, 하나님의 전능하신 통치가 우리 인류의 전 삶의 영역에 임하실 줄 믿는다. 그리고 이러한 사역은 예수 그리스도께서 이 땅에 다시 오시는 그날까지 더 확장하고 발전하여 남은 한 영혼이라도 주 앞에 인도하는 성령의 역사가 강하게 일어나는 일터 교회 설립과 확산에 기여할 수 있길 간절히 소원해 본다.

Chapter 7

일은 단순한 기능이 아니다
최상의 자유자로 만든다(1)

Work is not just a function make someone the best free man-1

i.

‘일은 단순한 기능이 아니다!’
최상의 자유자로 만든다

1. No! 일+노동=각박함 / Yes! 일+안식=여유로움

“그리스도께서 우리를 자유롭게 하려고 자유를 주셨으니 그러므로 굳건하게 서서 “다시는 종의 멍에를 메지 말라”(갈 5:1).
“형제들아 너희가 자유를 위하여 부르심을 입었으나 그러나 그 자유로 육체의 기회를 삼지 말고 오직 사랑으로 서로 종 노릇 하라”(갈 5:13).

1) 일-노동은 단순한 기능이 아니다.

본질적으로 인간이 하나님 형상을 회복한다는 것은 구원의 서정을 통한 회복 밖에는 없다. 그러나 여기선 인간이 일을 통해 하나님의 신실한 형상을 회복하는 것을 영적인 측면에서 살펴볼 수 있다. 일-노동은 단순한 기능이 아니다. 그리스도는 우리를 자유롭게 하려고 자유를 주신다. 인간이 삶을 유지하는 세상 시스템은 온갖 구속과 속박으로 가득 차 있다. 우리가 고된 일과를 마치고 편히 쉬는 장막은 그저 편히 쉬기를 허락하지 않는다. 그에 관한 마땅한 비용의 지불을 요구한다. 몸이 편치 않아 치료하면 거기에는 치료비용이 부과된다. 건강을 유지하는 데도 건강유지 비용이 따른다. 사람이 움직이는 행동 하나하나에 잡다한 비용이 따라온다. 심지어 사람에게 죽은 후에 장례비까지 청구된다.

2) 다음과 같은 패턴이 일-노동 앞에서 자유로워 진다.

우리 그리스도인에게 일-노동은 단순한 기능이 아닌 것은 영적인 측면으로 신실한 하나님 형상까지 회복되는 축복의 조건을 목적으로 일하는 것이 일터 공동체인 하나님 백성에게 약속해 주시는 것이다. 그 조건을 이루기 위해 다음과 같은 원리를 터득하여 일-노동에 기꺼이 순종하면서 임해야 하는 것이다.

3) **No!** 일+노동=각박함은

일터 공동체에게 '일-노동'은 더 이상 각박하고 척박한 조건이 아니다. 일-노동은 극히 부정적 조건과 무관한 안식일 뿐이다. 일을 통해 일터 공동체는 더 자유스러움을 지향하는 것이지, 각박해지는 조건이 아니다. 일터 공동체의 일원이 되는 그리스도인은 〈No! 일+노동=각박함〉을 극복하는 일에서 매우 적극적이어야 한다. '일과 노동은 절대 각박함이 아니다'라는 인식하에서 'No!'해야 할 줄 알아야 한다. 이렇게 하지 않는다면, 일의 본질을 잠깐 착각한 데서 따라오는 결과라 하겠다.

4) **Yes!** 일+안식=여유로움이다.

일터 공동체에게 일-노동은 여유로움, 안식을 가져다주는 덕목(德目)이다. 그것은, 〈Yes! 일+안식=여유로움〉라는 원리이므로 이 원리에 있어서 'Yes'라고 외쳐야 하며 이 원리를 사려 깊게 깨달아야 한다. 일-노동은 안식함으로 신실한 하나님 형상을 되찾는 것이다. 일을 통해 일터 공동체는 거기서 보람과 안식을 찾아서 역동적 그리스도인으로 발전하고 확장해 가게 된다. 이제 일-노동은 우리 그리스도인에게 더 이상 단순한 기능이 아니라 최상의 자유자로 만들어 주는 절대적인 주건으로서 숭화(崇華)시켜야 한다. 그러므로 일은 단순한 기능을 넘어선 일터 사역자를 최상의 자유자로 만들어 주는 덕목이 된다.

<Table-14>

No! 일+노동=각박함 / Yes! 일+노동+안식=여유로움

5) 일터공동체 사명에 주력할 때-최고 자유자가 된다.

하나님의 계시는 일-노동과 함께 안식하는 마음과 자세로 매우 넉넉하게 만들어 준다는 것에 깊이 집중하여야 한다. 이것은 여유로움이라고 할 수 있다. 그리스도 예수 안에서 맡겨진 일터 공동체의 사명을 '굳건히 서서' 일 자체에 사로잡히지 말고 사명감으로 감당할 때, 인간은 가장 자유자가 된다(Become the most free person)고 증언하고 있다. 한 가지 더 '인간이 하나님의 형상을 닮았다!'하는 것은 '안식'이라는 덕목을 들 수 있다. 하나님이 엿새 동안 일하시고, 하루를 안식하시므로 그 페이스를 따라 일하게 된다면, 더 이상 노동의 각박함에 포로가 되는 것이 아니라 일을 통한 안식을 누리며 최상의 자유자로 만들어 주는 것임을 우리 그리스도인 공동체가 증거해 가야 하겠다.

2. 하나님 형상 닮은 인간의 일-노동은 존엄 받는 길

하나님의 창조 행위는 하나님 보시기에도 보시기에 좋았다. 때문에 하나님의 창조하신 일은 어느 반대의 견해를 들고 도전해 온다 해도 오히려 그런 부정적인 상황에서 절대적 긍정적이고 존엄성을 지니고 있다. 그리스도인들은 죽음을 육신과 영혼을 갈라놓는 저주로 보지는 않는다. 성경이 말하는 교훈은 죽음 후에 갖는 천국의 기업을 말하고 있다. 다만, 이 지상에서 죽음을 가리켜 '삶의 적'이므로 경계의 대상일 뿐이다.

예수 그리스도께서 인간의 궁극적인 구속을 반대하는 세력을 그 발 아래에 굴복시킬 때까지 왕으로서 다스리신다. 결국 맨 마지막에 사라질 원수와 함께 죽음의 저주가 끝나는 것이다.[71] 하나님의 피조 세계는 빛나고 아름다우며,[72] 우리 그리스도인은 영원히 살아 우리를 살리신 주님께 예배하게 되어 있다.[73] 그런데 이런 과정을 죽음이 갈라놓기 때문에 그 죽음은 우리의 적이 된다. 그리스도인은 육체의 죽음을 넘어 하나님 나라에 이르러 신령한 몸의 부활을 포함하여 영원히 살기까지 육신과의 분리를 당하지 않는다. 그러나 본질에 집착한 이들은 육신적인 것보다 영적인 존재만이 실질적이고 참되다고 믿으며 육신적인 조건을 거부한다. 반면에 자연주의적 시각을 가진 이들은 영적인 실재를 환상으로 치부하고 오직 물질만이 실재한다고 주장한다. 두 쪽 다 성경의 진리에 어긋나므로 이를 배격하는 것이다.

3. 하나님의 기대는 그리스도인이 일에 대한 충성

인간은 하나님의 형상을 닮아 하나님의 창조 사역의 피조물로서 창조의 기쁨까지도 닮는 것이 하나님 형상에 대한 회복이므로 하나님께서 일하심을 따라 인간에게 부여한 일을 우리 그리스도인들이 수행하게 되는 조건, 그것을 통해 복을 받는 것이다. 세상을 다스리라는 유일한 인간에 대한 명령은 인간만이 지니는 하나님 형상에 대한 하나님의 기대이다. 우리 그리스도인이 유일한 문화명령(The Cultural Mandate)을 순종하면서 일터를 섭리하여 마련해 주시고 그의 일하심을 위임받아 일하면서 하나님의 섭리하심을 이뤄가야 한다. 하나님의 기대는 항상 우리 그리스도인들이 일에 대한 충성에 있으며 궁극적으로 일을 통하여 하나님께 영광 돌리는 데 있다.

---

71) (고린도전서 15:25,26). 72) (창세기 1:31). 73) (요한계시록 22:1~5).

4. 예수 그리스도를 통해 '일'(구속사역)을 감행

인간이 하나님의 형상을 잃어버리는 순간, 창조 세계는 질서가 파괴되어 멸망에 이르게 되었다. 하나님 형상을 벗어나는 것은 곧, 창조 세계의 파괴를 말한다. 죄와 죽음의 결과는 하나님의 창조 세계를 파괴하고 말았다. 하지만, 하나님은 독생자 예수 그리스도를 보내시어 다시금 하나님의 창조의 기쁨을 회복하도록 성자 예수 그리스도를 통해 구속사역-일을 감행하게 하셨다.

예수 그리스도의 구속사역의 시작을 알리는 사건은 요단강에서 세례받는 광경이다. "하늘로부터 소리가 있어 말씀하시되 이는 내 사랑하는 아들이요 내 기뻐하는 자라 하시니라."[74] 세례를 받을 때 하나님의 기쁨이 있었다면, 십자가의 죽음을 앞두시고, 변화산에서 부활의 영광을 미리 보여 주실 때에도 하나님의 기쁨이 있었다. 이렇게 구속사역(일)을 진행하는 하나님의 창조 세계를 회복하실 예수 그리스도의 십자가 사건 앞에서 하나님은 다시금 기뻐하셨음을 그리스도인은 기억해야 한다.

인간이 일을 하는 그 기능은 단순한 것이 절대 아니니다.

오히려 인간에게 일을 최상의 자유자로 만들어 준다.

5. 창조 세계가 회복되는 길, 그리스도를 모방하는 길

하나님께서 고유적인 창조세계를 사탄의 원수가 일그러뜨렸지만,

하나님의 창조 세계가 회복되는 길은 하나님의 기뻐하심으로 금방 알 수 있다. 즉 기쁨을 입은 예수 그리스도 구세주를 닮으려면 사역을 기쁨으로 감당해야 한다. 하나님의 창조 사역을 다시 회복하신 그리스도를 끊임없이 모방하듯 닮아가야 한다(We must constantly become like the restored Christ).

"내 아버지께서 이제까지 '일'하시니 나도 일한다 하시매"[75] 이 일을 닮아가는 것은 생명을 살리는 일이요, 곧 예수 그리스도를 닮는 일이다.

하나님께서 창조사역 중에도 그가 하던 일을 일곱째 날에 종결지으며 자신이 하던 모든 일을 일곱째 날에 안식했다.[76] 하나님은 일하기도 하시지만, 쉬기도 하신다. 하나님은 굳이 쉴 필요가 없는 분이다. 그러나 쉬신 이유는 하나님 형상을 닮은 우리가 하나님을 따라 쉬라는 것이다. 신분이 낮은 종은 스스로 쉴 수 없으나, 주인이 쉼으로 인해 쉴 수 있는 제도를 만들었다. 그래서 하나님의 쉼은 사랑이다. 이 제도를 삶 속에서 보여주신 분이 예수 그리스도이다. 그는 일과 쉼을 조화롭게 보이시고, 우리 그리스도인에게 가르치셨다.

소개하고 있는 〈Table-14〉에서 '하나님 형상 회복 상태와 타락된 상태의 일'에 대한 말씀을 통해 소상하게 그 교훈을 풀어주고 있다. 먼저, '행복'이라는 주제에서는 '축복', '저주'의 원칙적 주제를 세우고 그에 관한 설명을 붙여 놓았다. '행복'은 기본적 조건으로서 영적 조건과

---

74) (마태복음 3:17). 75) (요한복음 5:17). 76) (창세기 2:2).

<Table-15> 하나님 형상 회복과 타락된 상태의 일

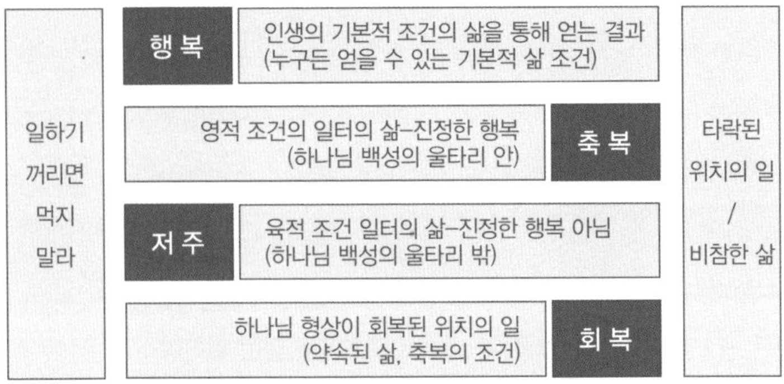

"기록된 바 첫 사람 아담은 생령이 되었다 함과 같이
마지막 아담은 살려 주는 영이 되었나니"(고전 15:45)

육적 조건을 소개해 놓았으며, 이는 두 가지 조건이 포괄된 주제이기 때문이다. 그 다음 '축복'이라는 주제는 영적 조건의 일터의 삶을 말하고 있으며, 하나님 백성의 울타리 안에서 일터의 삶을 이뤄가는 것이다. '저주'는 육적 조건의 일터의 삶을 가리키고 있다. 이것은 하나님 관심은 받고 있으나 아직 영적 존재가 아닌, 하나님 백성의 울타리 밖에 머무는 것을 말하면서 일터에 대한 세 가지 주제-행복, 축복, 회복 의미를 밝혀준다.

그리고 '저주'라는 주제에서는 '타락된 위치의 일'은 저주의 조건, 비참한 삶을 내포(內包)하고 있다고 한다. 일하기를 꺼리는 사람은 인생의 기본적 조건, 행복조차 얻을 수 없다는 말이다. '하나님 형상이 회복된 상태의 일'은 하나님의 약속이 보장된 삶을 결실로 맺게 되는 의미로서 회복의 조건을 교훈하고 있다. 인간의 타락된 상태에서 하는

'일'이란 영적으로 말하면, 그것은 비참한 저주 같지만 저주가 아니다. 그러나 하나님께서 본질적으로 인간이 저주 가운데 머뭇거리는 것을 원하지 않는다.

창세기 1장 28의 일이란, 저주가 아니라 하나님께서 명령하신 축복이다
우리는 세상의 다스림의 명령을 직접 받은 '위임받은 자'(Administrator)로서
인간이 하는 '일'이란 축복이 보장된 행복을 얻는 삶이면서 회복을 말한다.

우리의 삶과 생명을 주관하는 하나님은 모든 지각에 뛰어난 존재라고 말씀은 증거하고 있다. 그에 대한 핵심적인 교훈은 일을 위임 받고 그일을 수행하는 동안 하나님의 평강(평안과 강함)이 언제 효력을 발휘할 것이가?하는 것은 바로 예수 그리스도 예수 안에서 연약한 우리가 거할 때, 우리의 마음과 생각까지 지켜주신다고 약속하고 있다(빌 4:7). 우리 그리스도인은 예수 그리스도 안에 있으면, 평안하고, 행복하며 정서적으로 안정감을 찾게 된다. 여기서 근본적인 평안함을 제공하는 힘은 성령의 임재하심이며 그 능력에 사로잡혀 영적(육신은 구원과 상관 없는 저주 상태) 가운데 거주(居住)함으로 하나님 형상을 찾아가는 회복을 말하고 있다.

'세상 다스림'을 맡은 관리자'는 영혼의 회복과 영원한 생명으로 연결된다.
Administrator entrusted with 'the world'
Restoration of the soul, connection to eternal life

ii.

하나님 형상이 회복된 상태 일의 자세

1. 하나님 형상을 회복하는 일, 에덴동산을 회복하는 일

본질상 진노의 자녀란? "전에는 우리도 다 그 가운데서 우리 육체의 욕심을 따라 지내며 육체와 마음의 원하는 것을 하여 다른 이들과 같이 본질상 진노의 자녀이었더니,"[77] 육체의 욕심으로 본질적으로 진노를 피할 수 없는 상태에 추락한 것을 말하며, 이 상태로는 일 자체가 죄로 인하여 얻는 수고와 고통이다.

> "또 여자에게 이르시되 내가 네게 임신하는 고통을 크게 더하리니 네가 수고하고 자식을 낳을 것이며 너는 남편을 원하고 남편은 너를 다스릴 것이니라 하시고 아담에게 이르시되 네가 네 아내의 말을 듣고 내가 네게 먹지 말라 한 나무의 열매를 먹었은즉 땅은 너로 말미암아 저주를 받고 너는 네 평생에 수고하여야 그 소산을 먹으리라"(창3:16-17).

원래 본질적인 진노는 에덴동산의 하나님 창조함을 입은 상태의 인간에게 주어지지 않았다. 저주, 파멸, 상실 망각 등은 인간이 스스로 파기했던 죄로 인해 주어진 이 조건들은 일에 대한 비참함을 가져다준

77) (에베소서 2:3).

조건이 되었다.

그러나 여기서 진노를 극복하기 위한 조건이 있다면 그것은 '일-노동'을 통해 진노와 저주에서 벗어나는 것일 것이다. 인간이 지상에 거주할 보금자리를 세우며 삶을 이뤄가거나 인간에게 허락한 기본적 터전을 다지며 사는 것은 하나님 문화명령에 근거한 것이 분명하다. 그러나 지금은 인간이 세웠다해서 그 조건이 완전한 것은 아니라는 사실과 반드시 우리에게 허락한 터전은 조물주께서 세워주시고 보호해 주시는 간섭이 있어야 한다는 조건을 모르는 사람은 없다. 그렇지 않으면 모든 것이 허사(虛事)가 되는 것은 우리가 수도 없이 경험해 보지 않았던가? 인간에게 쉼 없이 닥쳐오는 자연의 재해, 지진, 가뭄, 전염병, 재난, 사고, 사건 등에서 자유롭거나 예외 되는 부류의 사람은 한 사람도 없다. 부정적인 상황에서 우리 그리스도인은 하나님께 의존하거나 도움을 요청하는 것은 창조 시에 우리 그리스도인과 체결했던 문화명령에 근거하기 때문이며 인간인 우리 그리스도인은 하나님 그분의 형상을 닮았기 때문이다.

> 10-하나님이여 내 속에 정한 마음을 창조하시고 내 안에 정직한 영을 새롭게 하소서 12-주의 구원의 즐거움을 내게 회복시켜 주시고 자원하는 심령을 주사 나를 붙드소서(시51:10, 12).

하나님은 인간을 중심하여 에덴동산과는 반대로 무너진 세상을 다시 세우고자 일-노동에서 하나님 형상을 회복하고 에덴동산과 같은 세상을 회복하고자 하는 자세와 마음으로 창 1장 28절의 문화명령의 그 조건을 세우려 하신다. 바로 이 원리, 우리 그리스도인의 생육하고 번성하는 수고로, 문화명령을 통해 우리 그리스도인의 본연의 자격을 얻게 하는 것이다. 그러므로 하나님의 오묘한 섭리는 수고(일)를 통해 인류에게 먹거리(food item)[78]를 제공해 주신다. 그러므로 하나님께서 반드시 인간의 '일-노동'을 통해 쉼과 안식을 주시려고 궁극적으로 인간과의 친밀한 관계를 이어가고 있다. 이것은 인간이 하나님의 형상을 닮았기 때문이다.

2. 하나님 형상을 닮은 인간에게 '일'은 패싱(무시)할 수 없다

<Table-16> 하나님의 형상 회복은 일을 통해 증거됨 –5가지 주제

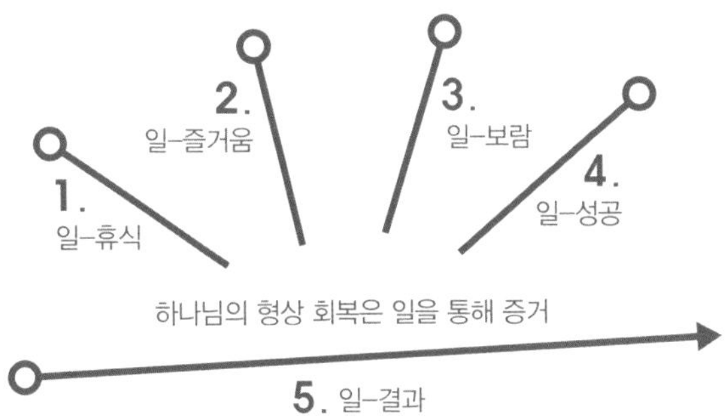

예수 그리스도께서 제자들에게 교훈해 준 것이 있는데, "내 아버지께서 이제까지 일하시니 나도 일한다"[79]이다. 인간은 하나님의 형상을 가장 잘 보전하는 것은 다른 조건도 있지만 '행복'(Happiness)이다. 이 조건은 어떤 사람이든지 마다할 이유가 없다고 본다. 마치 행복은 인간에게 가장 기본적 조건이기 때문이다. 그런데 행복을 가로막는 항목이 있는데, 그것이 '죄'(Sin)이다. 그러나 죄가 하나님 형상을 무너

뜨리면서 죄의 극심한 형상을 띠게 되었다. 그러니 둘째 아담이신 예수 그리스도가 오셔서 하나님 형상을 회복시켜 주신다. 여기서 '하나님 형상이 회복되었다는'는 의미는 곧 '일'을 말해 준다. 인간은 죄로 인하여 하나님 형상을 상실했다. 그러나 '예수 그리스도의 속죄의 피를 통해'(Through the blood of Jesus Christ's atonement) 하나님 형상이 회복되고 곧 '일'을 집행하는 긍정적인 결과를 얻게 되었다.

3. 하나님 형상의 회복은 일을 통해서 증거로 나타남

일-노동을 얻게 된 요인은 반드시 하나님께서 일의 현장을 조성해 주면서 일을 얻은 그리스도인은 그에 따른 5가지의 주제를 성취하게 되었다. 그것은, ① 일-휴식, ② 일-즐거움, ③ 일-보람, ④ 일-성공, ⑤ 일-결과의 주제로서, '하나님 형상의 회복은 일을 통해서 증거'하게 되는 교훈을 얻을 수 있다.

4. 행복하고 싶다면 주님처럼 일하고, 주님처럼 쉬라!

하나님 형상을 회복하면, 하나님 형상을 닮은 인간이 되면서 그에 따른 일이란 하나님의 창조 사역에 대해 여러 회 기록으로 보여주고 있다. "보시기에 좋았더라!"를 포함한 그 외 6회와[80] 1회의 기록, "보시기에 심히 좋았더라"[81]로 보여주고 있다. 그리고 "천지와 만물

78) 사람이 살아가기 위하여 먹는 온갖 것. 본래 '먹을거리'의 비표준어였으나 2011년 8월 국립국어원에서 '먹을 거리'와 뜻에 차이가 있는 것으로 판단하여 표준어로 인정하였다.[고려대한국어대사전-네이버사전]

79) (요한복음 5:17). 80) (창세기 1:4, 10, 12, 18, 21, 25). 81) (창세기 1:31).

이 다 이루어졌다"고 기록하고 있듯이 하나님께서 세상을 아름답게 창조하셨다. 그 감탄사가 역시, 여러 번 기록하며 나타내고 있다. 하나님께서는 자신이 세상의 만물을 창조하시고 그 결과에 대해 탄성(exclaim)으로 자신의 속성까지 드러내셨다. 특히 하나님은 사람을 지으신 날에 다른 날과는 달리, '심히'(over) '기뻐하셨다'(be joyed). 이어서 인류를 향해 "땅에 충만하라 땅을 정복하라!"고 하신다. 하나님이 만드신 세상은 아름답고 완벽했다. 피조 세계는 창조 시엔 완전(완벽)한 창조물이었다는 것은 거기까지였다. 그러나 이후의 사건, 인간의 실채 중 뼈속까지 쑤시도록 절망의 사건은 아름다운 창조세계를 누리고 관리하고 축복의 결실을 거둬야 하지만, 죄(원죄)를 범하고 난 후엔 부패되고 비참하게 망가졌다는 것을 알 수 있다. 인간은 완전하지 못한 세상에서 새롭게 창조의 수준으로 가꿔가야 할 회복의 여지(餘地)를 우리에게 일임하셨다는 것을 볼 수 있다.

Chapter 8

일은 단순한 기능이 아니다 최상의 자유자로 만든다(2)

Work is not just a function make someone the best free man-2

5. 우리 인간은 일하면서 행복감을 느낀다

하나님께서 그 사람, 아담을 이끌어 에덴동산에 거주하게 했다. 그리고 농작물을 경작하며 지키게 했다. 피조된 인간에게 땅에 충만하고 땅을 정복하라고 했지만, 인간은 그 명령을 실천하지 못했다. 인간은 그의 선악과를 금한 명령, 선악과를 취하므로 명령에 부합(附合)하지 못하여 인간 스스로 타락한 결과에 이르렀다. 이어서 완전한 창조의 본질에서 벗어나 타락하므로 하나님 형상을 상실하고 그 결과, 모든 창조의 본질을 상실하고 에덴동산에서 추방당하고 '일'하며 저주 가운데 고통스럽게 살게 되었음을 부정할 수 없다.

에덴동산에서는 근본적으로 고통스럽게 하는 일이 필요하지 않았다. 그러나 인간이 선악과를 범(犯)하여 죄가 세상에 들어왔고, 그에 대한 대가로 인간은 고통스러운 일을 시작하면서 고통이 가중하게 된 것이다. 창세기 3장의 선악과를 범하여 보응으로 인간에게 닥친 징계가 '일'이라고 말한다.

"아담에게 이르시되 네가 네 아내의 말을 듣고 내가 네게 먹지 말라 한 나무의 열매를 먹었은즉 땅은 너로 말미암아 저주를 받고 너는 네 평생에 수고하여야 그 소산을 먹으리라."[82]

인간은 일할 때 행복을 느끼는 것은 하나님이 인간에게 세상에 대한 다스림의 위임권을 주시고 일에 대한 마땅한 충성을 허락해 주신 것을 칙각하면 안 되는 것이다.

"하나님이 그들에게 복을 주시며 하나님이 그들에게 이르시되 생육하고 번성하여 땅에 충만하라, 땅을 정복하라, 바다의 물고기와 하늘의 새와 땅에 움직이는 모든 생물을 다스리라 하시니라"(창 1:28),

창조주 하나님은 세상을 창조하신 후 '문화명령'을 주셨으므로 인간이 선악과를 범하여 얻는 일에 대한 저주 이전에 오히려 일할 때 존재감과 성취감을 느낀다. 일하는 조건은 하나님께서 명령하신 것을 이해하는 것이다. 그러므로 창조세계를 위임받은 인간은 그의 다스림의 능력을 최대로 일로서 표현하는 것이 곧 자신을 하나님께 드리는 수단이며 반드시 그렇게 되어야 하기 때문이다. 인간은 생존을 위해 일하지만, 일, 그것 때문에 하나님께 인간 모든 조건을 드리는 것이다.

6. 일은 선택의 조건이 아니다

사도바울이 성령의 충만함 가운데 하나님 계시의 말씀을 데살로니가 교회 그리스도인들에게 주님의 교훈 중 일에 대한 단호한 명령으로 함축된 진리를 '복음사역-일'을 통해서 편지로 작성해서 보내주었다. 그중 다음 구절을 눈여겨보게 한다. 단 한마디의 말씀 같지만 그 속에 잔잔하게 흐르지만 강한 여운 던져주는 심오한 교훈임을 금방 알 수 있다.

교훈- "누구든지 일하기 싫어하거든 먹지도 말게 하라!".[83)]

위의 말씀 안에서 우리 그리스도인의 마음을 크게 울리는 교훈은 누구든지 하나님 통치 아래서는 '노동-일'은 선택사항이 아니란 것을 교훈으로 깨닫게 된다. 인간은 반드시 생존(生存)을 위해 일하지만, 오히려 그 '노동-일'하는 행위의 실천으로 온전한 인생과 자신의 존재 이유를 깨닫게 해주고 있다.

인간은 '일'을 하면서 만나는 행복과 즐거움을 통해 하나님의 형상이 회복되었음을 자각(自覺)하게 한다. 게으르거나 일하기 싫어한다면, 하나님의 형상이 회복된 것이 아니라, 오히려 하나님 형상을 아직 상실된 채로 머물고 있다는 것을 깨닫게 해 주고 있다.

그렇다고 '일'만이 삶의 유일한 의미가 되어선 얼마나 삭막한 의미

---

82) (창세기 3:17). 83) (데살로니가후서 3:10).

인가? 휴식이나 즐거움, 보람, 성공 등은 땀 흘려 일한 후에 찾아오는 위로 위안 같은 보너스 같은 것으로 그것들을 일터 그리스도인들은 충분하게 만끽(滿喫)해야 한다.

7. 그리스도께서 일 속에서 교제를 목적 삼았다

그리스도께서 3년의 공생애를 통해서 일, 사역을 친히 행하셨다. 일 자체를 목적 삼고 '일하심'으로 교제를 목적 삼으셨다. 일과 쉼의 조화로운 교제 속에서 하나님의 형상을 가장 많이 닮는 법을 스스로 보여주면서 일에 얽매이지 않고 오히려 일에서 진정한 자유를 얻으셨다. 이토록 일을 통해 진정한 하나님의 일을 가르쳐 주신 것이다.

더 중요하고 핵심적인 교훈을 하나 더 주셨다면, 하나님께서 보내신 존재를 믿는 것이 하나님의 일이라고 하셨다. 예수 그리스도를 믿고 의지하며 그분의 일을 행하면 믿음의 길을 걷는 우리 그리스도인에게 그분, 예수님을 믿는 중에 일하심 중에 교제(먹고 마시며)하는 것은 그리스도 영의 말씀으로 사는 것이다. 그러므로 하나님의 일은 쉼과 안식이다. 인간의 가장 복된 삶을 가르쳐 주신 것이다.[84)]

iii.

우리가 하나님의 형상을 닮은 존재라면!

하나님의 패턴을 따라 일하는 것이 마땅하다고 말한다. 하나님이 만드신 피조물 중에 흙이란 생명을 생산해 내는 인간의 생식기와 같다. 씨를 심으면 흙은 생명체를 생산해 낸다. 때문에 인간은 흙과 밀접한 관계를 맺으며, 온전한 생명체를 생산해야 한다. 하나님이 지으신 원재료를 가지고 세상을 널리 이롭게 하는, 특히 인류가 번성하고 윤택해지는 방식으로 재배열하는 것이 흙과 밀접한 관계를 맺고 살아가야 하는 인간의 숙명(宿命)이다. 흙을 이용하여 농사를 짓는 농업과 같이 음악은 음(音)이라는 물질적 소재를 가지고 아름답고 신나게 재배치해서 삶을 풍요롭게 한다. 의류 작업은 물질적 소재를 가져다가 의복을 만들고, 빗자루를 들고 방을 치우고, 기술을 동원해서 전기의 힘을 제어하고, 말씀을 통하여 정돈되지 않은 마음과 뒤엉켜진 관계의 매듭을 풀도록 알려주고 있다. 단순한 재료를 사용해서 감동적인 예술 작품을 만들어내는 그 하나하나가 생육하고 충만하고, 정복하는 하나님의 창조 사역을 이어 가는 조건이 '일-노동'의 행위로서 '일'의 연속이다.

사람과 사람의 관계에서 서로 간 영향을 미치는 세계 역사를 만들고, 정치, 경제, 사회, 문화 등의 이슈를 앞에 두고 이 이슈들의 원재료를 공급하는 주인공은 누구인가? 누가 모든 예술과 문학의 배경이 되는 조화와 형식, 서사 패턴의 근원이 되는가? 누가 지성을 창조해서 철학자와 심리학자로 하여금 무한한 자연과 인간의 상호작용, 아름다움의 실체를 파악하고 이론적으로 정리할 수 있게 하는가? 누가 자연계와 인간의 상호작용, 존재의 조화를 잠시도 차질 없이 유지하는가? 누가 순간순간 지각(知覺) 속에 있는 것과 지성(知性)을 초월한 세계의 실

84) (요한복음 6:29).

재 사이를 연결하는가? 이에 관한 질문사항은 끝없이 딸려 나올 수 있다. 그러나 질문은 달라도 답은 똑같다는 말이다. 이에 대한 증거와 기록은 인간 세계에 원 소스(Original source)를 제공해 주시고 모든 자연의 증거 특별한 증거가 하나님의 계시에서 나온다는 것에 아무도 부인하지 못할 것이다.

> 하나님이 하시고, 지금도 하신다. 예수 그리스도는 천국에서 초림하셔서 하나님의 창조 사역같은, 죄로 망가진 세상과 인간, 이 땅을 새롭게 고치셨다. 그 고친 행위를 재창조 사역이라고 할 수 있는데, 하나님 나라가 임한 것이다.
>
> God did it, and he still does it. Jesus Christ came from heaven Jesus is like a second creative ministry a sin-dead man, earth, and world he fixed it and renewed it.

1. 재창조, '구속사역-일'로 이 세상을 고치려 피 흘리심

향유 옥합을 주님께 쏟아부은 여인에게 "네 죄 사함을 받았느니라"[85]하고, 중풍 병자에게 "이 사람아 네 죄 사함을 받았느니라"고 죄 사함으로 구속을 선포하셨다.[86] 그리고 십자가에서 마지막 피를 흘리신 이유에 대해 최후 만찬에서 말씀해 주신다. "이것은 죄 사함을 얻게 하려고 많은 사람을 위하여 흘리는 바 나의 피 곧 언약의 피니라."[87] 비록 창조세계는 인간의 죄로 인해 일그러진 상태를 유지하고 있었으나 천국과 같이 차츰 회복시켜 나갔다. 가장 결정적으로 하나님

85) (누가복음 7:48). 86) (누가복음 5:20). 87) (마태복음 26:28).

의 창조 사역과 같이 일하신 것은 아담으로부터 비롯된 죄로 물든 세상에 오염된 사람을 건져내는 구원 사역을 이루셨다. 예수님의 십자가는 많은 사람을 죄 사함을 받게 하려고 흘리신 재창조 사역, 즉 일의 결정적 사건이었다. 때문에 우리가 복음을 전하고, 예수님을 알리는 것은 하나님의 창조사역을 닮아가는 길이며, 예수님의 재창조 사역에 동참하는 일이 분명하다. 지금까지 지상엔 일그러진 세계가 존재했지만, 그리스도인이 예수그리스도께서 조성한 '일터를 믿고 그의 일하심'을 따라서 일하게 되는 은택을 이루며 살아야 한다.

2. 고유적 속성을 동원해서 일하도록 지으심

하나님은 자신의 고유적 속성을 동원하여 새 생명으로 가득 찬 온 세상을 지으셨다. 이 환경 속에 인간이 살아가기에 필요한 조건이 무엇인지를 생각하셔서 어떠한 대가(代價)나 위험스러운 조건이 없는 최초의 에덴동산의 환경을 조성하신다면, 새로운 일자리와 새로운 것이 창출되고 삶의 질이 더 나아질 것이라고 말한다. 하나님이 인간 세상에 필요한 투자자가 되신 것과 같이 비즈니스야말로 실질적으로 하나님의 사역을 닮은 일이다.

성경이 가르치는 노동관은 평범한 다수 직장인에게도 심오한 비전과 의미를 가져다준다. 날마다 피조 세계를 가꿔 나가는 건 누구나 감당해야 하고 반드시 필요한 일이므로 세상에서 발생하는 모든 '일'은 나름대로 인간을 위한 크고 작은 요소들이다. 이런 일은 하나님께서 일하신 패턴에서 벗어나거나 이보다 한계를 초월하는 일은 존재하지 않는다. 만약 하나님의 일하시는 패턴에서 벗어난다면, 세계의 질서가 혼돈 속으로 빠져가며, 또 다른 부작용이 유발(誘發)하게 되는 일이다. 우리 그리스도인이 하나님 말씀의 원리에서 벗어난다면, 하나님이 일하신 패턴에서 벗어남과 동시에 죄를 발산하는 결과에 이르게 된다. 혹 공익(共益)을[88] 위한다는 핑계를 댈 수도 있겠지만, 그런 경우 하나님의 계시와 섭리에서 벗어난다면, 세상은 육신의 정욕과 안목의 정욕과 이생의 자랑을 목적으로 살게 된다.

3. 새로운 피조물로서 새롭게 주어짐을 추구하는 피조물

그래서 망가진 세상이 그리스도인에게 가져다 주는 모든 것은, 육신의 정욕과 안목의 정욕과 이생의 자랑이다.[89] 이런 조건들은 하나님께로 부터 온 것이 아니다. 그것은 세상의 조건과 환경에서 온 것이라고 한다. 이에 인간은 정욕과 탐심으로 인해 땅의 지체를 억누르지 못한 삶을 살아갈 뿐이라고 했다.[90] 여기서 하나님의 백성이 된 그리스도인이 해야 할 일은, 그리스도인의 삶의 터전인 지상에서 욕망의 지체를 죽이라고 한다. 그 욕망은 음란, 부정, 사욕, 악한 정욕, 그리고 탐심이라고 했다. 그 탐심은 우상숭배라고 날카롭게 지적한다.[91] 때문문에 하나님이 주신 세상이 죄와 탐욕으로 오염되어 있으면서, 그리스도 안에 속해 있지 않으면 하나님의 형상대로 살아갈 수 없다. 우리가 지상에서 행하는 크고 작은 일 모든 것이 하나님의 영광을 위한 것이 아니라면 구별되지 않아 하나님의 거룩함에 참여할 수 없다.

---

88) 공동의 이익. 예) 마을의 ~을 위해 힘쓰다.
89) (요한1서 2:16). 90) (요한1서 2:16). 91) (골로새서 3:5).

결국, 우리 그리스도인은 먹든지 마시든지 무엇을 하든지 하나님의 영광을 위하는 사도바울과 같이 그리스도 안에 존재해야만 새로운 피조물로 하나님의 창조 사역, 즉 일하는 행위, 새롭게 주어진 일터 사역, 그것을 하나님 영역 안에서 추구해 간다.

"그런즉 누구든지 그리스도 안에 있으면 새로운 피조물이라 이전 것은 지나갔으니 보라 새것이 되었도다."(고후 5:17).

4. 하나님 주신 일은 하찮은 것이 없다

지역 전통교회 밖에서 보는 노동의 의미는 하부(下部) 수준으로 인정됐다. 대부분 하나님의 창조는 위대하지만, 노동은 낮은 수준이거나 대수롭지 않은 가치로 인정하면서 하나님의 존재를 거부하는 모순된 논리를 가지고 있다. 고대 그리스인들은 노동을 축복으로 여기질 않았다. 이탈리아 철학자 아드리아노 틸게르(Adriano Tilgher)에 의하면, 아리스토텔레스는 일하지 않아도 살아갈 능력이야말로 진정한 가치 있는 삶의 첫 번째 요건이라 했고, 플라톤 역시 '파이돈'(Phaedo)이란 대화편에서 육신에 속한 존재는 영혼의 길을 왜곡하고 방해해서 진리를 좇지 못하게 한다고 주장한다. 때문에 그리스 철학자들의 영향을 받은 헬레니즘 세계관의 나라는 지금까지도 근로자를 업신여기는 마음을 지니고 있다.

iv.

성경이 말하는 노동의 가치

<Table-17> 각 주체의 일–노동에 대한 가치[92)]

주체	관념	설명	가치	비고
일반적 철 학	야만적	인간이 노동할 짓이 아님. 인간–최고 본질은 관조하는 철학	노동(일) 낮은 차원	이분법 사고–철학, 일 분리
플라톤	질료 (metter)	형상–높은 차원의 이데아로 본다. 일–낮은 차원의 질료로 본다.	일은 낮은 질료	일손 놓은 상태 –최고 인정
아리스토텔레스	일–목적 아님	한가함(행복) 얻으려 바쁘게 일함. 행복은 여유 제공함, 일과 반대됨	땀이 행복 조건 못됨	한가함 가치–행복 그 자체
하나님	천직 (calling)	Calling–인간, 일하도록 부름받음, 하나님 일을 인간에 위임함	암묵적 계시	인간–일은 파트너

* 각 주체가 일에 대한 노동의 가치를 어떤 관념으로 보고 있는가?

성경에 기록된 노동에 대해 성서학자 데렉 키드너(Derek Kidner)는 동물과 인간을 창조하는 내용을 다루는 창세기 1장에서 심오한 진리를 깨닫는다. 오로지 사람만이 하나님으로부터 일 곧 직무[93)]를 맡았다는 점이다. 식물과 짐승들은 "충만하고 번성하라"는 명령을 받았지만, 유독 인간은 명확하게 일을 부여받았다. 정복하고 지배하며 세상을 다스리라는 지시를 받았다.

"생육하고 번성하여 땅에 충만하라, 땅을 정복하라, 바다의 물고

기와 하늘의 새와 땅에 움직이는 모든 생물을 다스리라 하시니라."[94] 이러한 의미는 하나님이 창조하신 만물을 다스리는 부섭정(vice-regent)이란 왕 또는 정부를 대신하여 권한을 행사하는 부제, 또는 부왕을 뜻한 역할을 부여받은 것이다. 하나님이 창조 과정에서 행하셨던 것처럼 혼돈스러운 세상에 질서를 부여하며, 인간 본성을 사용하여 창의적으로 문명을 세우고, 친히 지으신 만물을 보살피는 일들을 나눠 맡게 되었다. 하나님이 인간을 지으시며 기대하신 가장 큰 역할이 바로 이 역할이다.

개혁주의 신학자나 그 원리에 따르는 보수적인 그리스도인들은 직업이나 일-노동에 대하여 성경적 개념(Biblical concept), 통전적 개념(Comprehensive concept)으로 받아들이고 있다. 인간이 정한 통속적인 관념이나 일을 낮은 차원의 의미에서 전통적으로 이어받은 상식과 규범에 따라서, 일에 대한 모순점이 아니어야 할 것이다. 우리 그리스도인들이 현대 기독교 혹은 교회 일터사역 현장에서 별다른 여과 없이 이런 모순된 진리를 받아들이는 오류가 없도록 교회 지도자나 일터 지도자 혹은 그리스도인들이 경계해야 할 것이다.

1. 낮은 차원의 '질료'와 같은 수준, '일-노동'

또 다른 일의 개념을 말할 때, 플라톤(Plato)의 견해를 소개할 필요

92) 본 도표와 이와 관련된 단락 포함은 '일터교회 영성 성숙도 연구', 김동연, 서울: 러빙터치, 2020, pp.40-42에서 재편집하여 인용함.
93) (창세기 1:26하, 28하; 2:19, 비교; 시편 8:4, 야고보서 3:7). 94) (창세기 1:28).

가 있다. 아담 스미스(Adam Smith), 칼 마르크스(Karl Marx), 막스 웨버(Max Weber), 그리고 벤자민 프랭클린(benjamin Franklin)의 노동과 일에 대한 개념과 주장에서 플라톤(Plato)이 말하는 일의 개념은 '형상'과 '질료'의 차이를 가장 큰 차이를 두고 있었다.

> 플라톤의 관심은 높은 차원에 있었다. 이 차원이 잠깐 있다가 없어질 영역보다 더 우수하다고 믿었다. 플라톤 사상은 자연계인 피조물과 엄격히 구별되는 영적인 세계가 있다고 믿는다. 절대불변의 우주적 진리를 추구했고 그 진리를 두 차원 가운데 더 높은 차원으로 간주했다. 이 높은 차원을 플라톤은 영원불변한 이데아인 형상(form)으로 불렀고, 낮은 차원을 질료(matter)라고 명명했다. 낮은 차원은 잠깐 있다 없어지는 것이요, 육적인 것이다.

고대 철학자 플라톤은 일에 대하여 높은 차원의 영적인 세계를 비교하여 낮은 차원의 질료와 같은 수준의 '일-노동'으로 간주했다. 이 영적 세계는 성경에 기록된 '하나님 나라'를 염두에 두고 말한 것과 다르다. 플라톤이 말하는 영적세계는 단지 철학을 바탕으로 하는 관념적(觀念的)[95] 차원의 세계를 말하고 있다.

2. '노동-일'을 야만인이 하는 일로 여김

여가(閑暇)와 무위(無爲)는 경제적인 활동이나 정치적인 활동에서 벗어난 상태, 아무 일도 하지 않는 상태를 플라톤은 철학의 전제로 삼고 있다. 사람은 일손을 놓고 한가로운 상태에서 비로소 육신의 욕구에서 벗어나 사물의 본질을 관조(觀照)하는 철학을 할 수가 있다는 것이 그의 논리이다. 물론 이 논리는 일반적 세계관 차원의 개인 철학사상 정도를 말할 수 있다.

그외 오늘의 학교(school, schule)는[96] 그리스의 여가(schole) 에서 나오고, 이론(therory, theorie)은 헬라어의 관조(theoia)에서 유래한 것이다. 그런데 흥미 있는 것은 우리가 '여가'를 '일을 하지 않는 상태' 또는 '일손을 놓는 틈'을 비노동의 상태인 '무위'(無爲)로 여긴 나머지 그것을 개념화하고 있었다는 사실이다.

3. '노동-일'을 생존과 하나님 형상 회복하는 선한 일

이와 반대로 폴 스티븐스는 "생존을 위한 일은 일의 귀천을 떠나서 귀하고 선한 일이다"라고 했다. 그는 이어서 "생존을 위한 일은 경건한 일이다. 하나님께서 함께하시는 일이다. 생존을 위한 일은 자신의 가족을 위한 사랑으로, 혹은 이웃을 사랑하는 마음으로 할 수 있는 일이다"고 했다. 일이 인간의 무료함을 달래주고 여가를 제공해 주는 개념과 상충되는 일-노동은 생존 그 자체요, 선한 일이라 했다.[97]

---

95) 관념적 (觀念的)세계: 구체적 현실에 따르지 않는 추상적인 관념과 표상에 치우치는 (것).

96) 학교는 인간 세계에서 가장 기본적인 교육 기관이다. 현대적인 의미로는 교육 목적만을 위해 지어진 건축물, 그 중에서도 '일정한 목적 · 교과 과정 · 설비 · 제도 · 및 법규에 의하여 교사가 지속적으로 학생에게 교육을 실시하는 기관'을 의미한다. 교육의 역사를 되짚어보면, 최초의 학교는 고대 그리스 때부터 젊은 청년을 교육한 시설은 신체를 단련할 수 있는 체육관이었다. 체육관은 우수한 군인을 양성하는 것이 주된 목적이었으며 체조, 격투, 레슬링, 검술, 마장술 등을 익혔다. 대표적인 예로, 뜀틀은 말에 올라타는 기술을 익히기 위한 실내운동이었다. 그렇게 체육관이 생기자, 자연스레 땀을 씻을 목욕탕과 책상, 의자 같은 교육에 필요한 도구와 시설도 필요하게 되었다. 또 숙련된 기술을 가르칠 수 있는 사람, 즉, 교사가 필요하게 되었고, 더욱 우수한 군인을 양성하기 위해서 역사, 군사학, 철학, 예법, 언어, 문자, 문학, 종교 등도 같이 교육해야 했다.

97) 폴 스티븐스, 일의 신학-즐거움+삶과 소명을 혁신시킬 새로운 일의 관점, 서울: 도서출판 CUP, 2012, pp.33-36.

<Table-18> '일-노동'의 근원이 하나님으로부터 비롯됨

일-노동의 근원
노동의 근원이 하나님으로부터 비롯 되었다. 하나님은 모든 종류를 창조(유일무이한) 사역으로 '일-노동 '을 했다. 흙으로 인간을 빚어 몸에 생기를 불어넣고, 천지만물을 만드는 데 〈모범적-방법〉, '일-노동'을 했다.
The source of labor came from God. God did 'work-labor' with all kinds of creation (unique) ministry. He makes a man out of the soil and brings his body to life, He did "exemplary-method" and "work-labor" to make all things.

이제는 그리스 사상가들 같이 인간의 노동을 하류 인간 등, 심지어 짐승 같은 수준으로 전락시키는 행위가 아니라 성경이 기록하여 증거하는 교훈을 소중히 여겨야 하며, 성경 진리를 외면하는 오류가 없어야 한다. 하나님의 숭고한 창조의 행위의 교훈에서 얻는 인간창조가 존엄(尊嚴)한 요소로 성경의 증거를 긍정적으로 받아들여야 한다.[98)]

'일-노동' 자체가 존엄성을 지니게 된 것은 일 자체가 존엄할 뿐 아니라, 모든 종류의 일이 고귀하다. 물론 여기서 언급하는 일의 밸류를 무시하는 것이 아닌, 거룩성과 순수성을 지닌 일-노동을 말하는 것이다. 그런 이유로 노동의 근원이 하나님으로부터 비롯되었기 때문이다. 하나님이 모든 종류를 창조-유일무이한[99)] 사역으로서 '일-노동'을 하셨고, 흙으로 인간을 빚어 몸에 생기를 불어넣고, 정원을 만들고 천지만물을 만드는 데 있어서 '일하는 모범적 방법'으로 '일-노동'을 하셨다. 여기서 밝히 증거되는 사실은 '일-노동'은 근원적으로 생명을 창조(만드는)하는 일, 그가 세상의 주역(위임받은 자)이 되어 운영해 가는 문화명령의 임무를 수행하는 주도적 역할을 하는 것이어야 한다. 이 사실들은 오직 하나님의 계시, 성경에 적나라하게 기록으로 증거하고 있다.

98) 일-노동에 관련된 성경의 증언은 이루 다 말할 수 없을 만큼 많다. 그리고 성경의 관련 구절들은 한사코 일에 대한 노동의 가치의 숭고함, 고귀함을 선언하듯 표현된 하나님의 신중한 의미를 발견할 수 있다.

99) 유일무이(唯一無二)는 "둘도 없이 오직 하나뿐인 것"을 의미하는 사자성어로, 특별하고 독특한 존재나 능력을 강조할 때 사용되고 있다.

Chapter 9

일터 사역의 4중적 직무와 기능
왕의 도, 백성의 도, 죄악의 도, 행위의 도(1)

The ministry of the workplace of Quartet jobs and skills

The King's work, The People's work,

The Sinful's work, The Behavior work-1

i.

일터 사역의 4중적 직무와 기능[100)]

1. 왕의 도(The King's work)_통치(Reign)

2. 백성(성도)의 도(The People's work)_섬김(Service)

3. 죄악의 도(The Sinful's work)_배격(Rejection)

4. 행위의 도(The Behavior work)_성찰(Insight)

〈일의 주체_인간 중심 / 인간 중심_일을 수행할 직무 / 수행의 결과_책임 여부에 따라 상급이 따름〉

100) 베드로전서 2:9.

<Table-19> 일터사역의 4중적 직무와 기능

일의 시작	왕의 도	백성의 도	죄악의 도	행위의 도	일의 진행
창세기	| 통치 |	| 섬김 |	| 배격 |	| 성찰 |	현대사회
Beginning Genesis	The King's work	The People's work	The Sinful's work	The Behavior work	Progress Modern

1. 일의 시작은 창세기 부터이며, 지금은 현재 진행형이며, 천국까지 이어감
2. 일의 시작에서 인간의 역사가 형성되고, 하나님 구속역사가 발생함
3. 일의 주체는 왕의 도, 백성의 도, 죄악의 도, 행위의 도로써 4중적 기능 요구됨
4. 4중적 기능은 인간 역사에서 주어진 일을 수행하면서 그에 따른 결과를 인정함

ii.

일터 사역의 4중적 기능

Rule Service Reject Insight

일터 사역에서 4중적인 직무는 인간에게 주어진 일에 대하여 고유의 주체로서 그 역할을 찾을 수 있다. 그로부터 인간에게 일의 시작에 대하여 소급해 가면, 일에 대한 근원은 하나님의 창조사역 현장이었던 에덴동산, 하나님의 피조물들을 오묘한 섭리의 역사로 진행하시던 구약의 역사 현장, 그리고 하나님의 구속역사가 진행되던 신약의 역사 현장에서도 찾아볼 수 있다. 인간은 일을 운명처럼 시작했으며 지금도 계속 행(行)하고 있는 일은 멈추지 않고 이어지고 있다. 결국, 일을 진행하다가 종말에 지상의 일터 교회와 하나님 영역 주권에서 하던 일을 멈추고 안식에 '올-인'한다고 성경은 증언하고 있다. 그러므로 일의

결국은 무엇인가? 그것은 '안식'(쉼, Eternal rest)으로 결론지을 수 있음을 성경의 마지막 책, 나중 되어 질 일을 기록된 요한계시록은 말하고 있다.

iii.

일터 사역에 적용하는 직무의 적용

<Table-20> 일터 사역의 '일'의 직무의 주체 :
왕의 도/ 백성의 도/ 죄악의 도/ 행위의 도의 정체성

직책-기능	일터 사역에 적용
1. 왕의 도 (The King's Work)	하나님이 세운 다스림의 역할 주로 정치적 권력과 관련된 일 "왕 같은 제사장이요"(벧전2:9)
2. 백성(성도)의 도 (The People's work)	인간이 생존을 위한 다스림의 역할 생계를 유지하기 위한 일 "택하신 족속이요"(벧전2:9)
3. 죄악의 도 (The Sinful's Work)	인간 죄를 통해 고통을 감당하는 역할 죄로 인해 발생하는 일 "어두운 데서 불러내어…"(벧전2:9)
4. 행위의 도 (The Action Work)	사람이 선과 악의 결과에 따라 상급 누구나 신분과 일을 결과에 결정하는 일 "아름다운 덕을 선포하게…"(벧전2:9)

인간에게 '일'(work)은 생존하는 동안 따로 떼어 놓고 생각할 수 없다. 일은 인간에게 일상(日常)이 되었고, 인간이 생명을 유지하고 주어진 조건을 누려가기 위해서, 본질적인 생존을 위하여 '일은 생존하는 동안 절대적 조건'(Work is an absolute condition for survival)임을 부인할 수 없다.

'왕의 도', '백성의 도', '죄의 도', 그리고 '행위의 도'는 일터 사역을 수행해 가는 데 4중적인 기능을 수행하기 위한 직무로서 일터 사역을 일터 공간에서 효과적으로 적용해 갈 수 있는 필요성을 요구하고 있다.

4중적 기능을 수행하기 위한 직무를 살펴보면, 각각 다른 의미를 던져주고 있다. 사람에게서 일의 정체성은 일반적으로 인간의 노동과 역할의 근본적인 이유와 목적을 탐구하는 주제가 된다. 이에 근거하여 여기서 언급된 '왕의 도', '백성 도', '죄의 도', 그리고 '행위의 도'는 각 주제별로 일에 대한 정체성과 의미를 설명하고 있으며, 그에 근거가 되는 성경을 제시하면서 개념과 정체성을 다음과 같이 말할 수 있다.

> "그러나 너희는 택하신 족속이요, 왕 같은 제사장이요, 거룩한 나라요, 그의 소유가 된 백성이니, 이는 너희를 어두운 데서 불러내어 그의 놀라운 빛에 들어가게 하신 이의 아름다운 덕을 선포하게 하려 하심이라"(벧전2:9).

iv.

일터 사역의 영역 주권에서의 직무의 관계

<Table-21> 일터 사역의 영역 주권에서의 직무의 관계

'왕의 도'(The King's work) : "왕 같은 제사장이요"

'백성(성도)의 도'(The People's work) : "택하신 족속이요"

'죄악의 도'(The Sinful's work) : "어두운 데서 불러내어"

'행위의 도'(The Action work) : "그 놀라운 빛에 들어가게"

▣ 네 가지 직무에 대한 설명

1) **'왕의 도'**(The King's work) : "왕 같은 제사장이요"

사랑의 덕목으로 정의롭게 세상을 다스리고 봉사하도록 부여받은 '왕의 도'의 직무를 다하는 기능을 말하고 있다. 주로 정치적인 권위와 관련된 일로 국가(나라)의 대소사, 국내외를 통치, 운영하는 역할을 가리키고 있다. 특히 구약 이스라엘 왕국에서는 하나님과의 교류도 담당했다.

2) **'백성(성도)의 도'**(The People's work) : "택하신 족속이요"

세상의 하나님 나라를 위해 중보적인 기도의 사명을 담당해야 하며 동시에 하나님과의 관계를 깊게 교류하는 직무를 가리킨다. 또 복음을 전하고 진리를 변론하는 직무를 충성스럽게 섬기며 최선을 다하는 것이 '백성(성도)의 도'라고 한다.

3) **'죄악의 도'**(The Sinful's work) : "어두운 데서 불러내어"

'죄악의 도'에서 적극적인 직무를 수행하는 것은 죄악을 타파하며 저주에서 벗어나도록 배제하는 직무를 다하는 역할 수행을 말한다. 이런 자세로 결행한다면 그 직무와 스킬대로 수행해야 한다는 것이다.

4) **'행위의 도'**(The Action work) : "그 놀라운 빛에 들어가게"

'행위의 도'는 행한 대로 결실을 맺어 주어진 상급을 얻기 위한 역할의 직무와 스킬을 가리키고 있다. 이 기능은 성찰하는 자세로 사는 것이 주요 관건으로 꼽힌다. 어떤 방향을 향하는 것은 합당한 결과를 도출하는 결과로 성찰하는 마음의 자세로 순응하는 것이 주요 포인트이다.

이상과 같이 네 가지 직무는 하나님의 교회공동체로서의 역할과 그 직무를 성실하게 수행하는 것을 말하면서 그리스도인(성도)이 세상 속에서 주어진 사명을 실천하도록 돕는 기본적인 패러다임을 말하고 있다. 혹시 이 개념을 더 깊이 이해하고 싶거나, 실제 삶에서 어떻게 실천할 수 있을지 궁금할 수도 있다. 예를 들어 직장, 가정, 사회에서 왕의 도를어떻게 적용할 수 있을지 함께 생각해볼 수 있다.

위의 도표〈Table-21〉은 인간의 일에 대한 근거로서 4가지 직무와 함께 일터 현장에서는 그에 대한 적용 문제를 생각해야 한다. 일터사역의 역할, 즉 직무의 관계를 말하면서 일터 사역을 주도해 갈 직무를 밝혀줄 가장 기본적 설명으로서 각 직책에 대한 직무를 이해할 수 있겠다.

다음은 일터 사역의 공간에 대한 개념으로서 하나님 영역 주권을 말하고 있다. 4가지 직무를 가진 기능은 어떻게 적용하고 있는지는 중요한 이슈일 수밖에 없다.

V.

4가지 직무로서의 기능적인 현장 적용

1. '왕의 도'(The King's work)로서의 현장 적용–통치

이 주제는 주로 정치적 권력과 관련된 일로, 국가(나라)를 통치하는 역할을 의미하며, 이는 왕이나 지도자가 수행하는 일로서 국가의 부흥과 발전을 위해 필요한 다양한 정책과 결정을 포함하고 있다. 또한 '왕의 도'는 하나님이 세우신 통치의 역할에서 그 직무의 기능으로 현장에 적용하는 것을 말하기도 한다. 이는 인간이 하나님을 대신하여 세상을 다스리는 책임을 다한다는 것이다. 성경에서는 '하나님이 인간에게 땅을 다스리는 통치 명령의 말씀'이 바로 하나님의 문화명령이다(창1:28).

이러한 개념은 인간의 존재와 일의 의미를 사려 깊게 이해하는 데 도움을 준다. '왕의 도'에서의 교훈은 '하나님이 일하심'에서 그 진리를 찾을 수 있다. 성경적 맥락에서 하나님이 어떻게 왕국을 세워가시고 어떠한 지도자를 선택하시는가의 통치적인 이슈를 다루고 있다. 이 주제는 구약 성경에서 이스라엘의 왕들이 어떻게 세워졌는지, 그리고 하나님이 그 과정에서 어떤 역할을 하셨는지를 탐구하는 데 중점을 둔다. 하나님은 사울, 다윗, 솔로몬과 같은 왕들, 그리고 그 이후 이스라엘 왕과 유다왕국의 왕을 통해 선민(選民)이던 이스라엘을 어떻게 통치하셨으며, 이들은 각각의 시대에 하나님이 주신 사명을 받아 그 행위를 어떻게 수행해 갔는지를 말한다.

'왕의 도'는 단순히 정치적 권력의 변화가 아니라, 하나님의 뜻과 계획이 이루어지는 과정으로 이해될 수 있다. 왕의 도는 하나님이 일하심을 보여주면서 통치하시는 하나님에 대한 교훈을 주고 있다. 사무엘상 16장 1절에서 13절까지는 하나님이 사무엘에게 다윗을 왕으로 세우기 위해 그를 선택하는 장면이 묘사되어 있다. 하나님은 사람의 외모(外面)가 아닌, 마음(內面)을 보신다는 메시지를 전달한다. 또한, 시편 75편 6-7절에서도 "높은 자의 권세는 동쪽이나 서쪽에서 오는 것이 아니요, 오직 하나님께서 이 사람을 낮추시고 저 사람을 높이신다"

는 기록은 하나님의 통치의 속성은 지상에서의 절대 권력자이며 인간의 왕이지만 그를 세우고 낮추는 주권(God's sovereignty)을 강조하고 있는 것이다. 하나님의 주권은 하나님께서 인간인 왕을 스스로 통치하는 존재임을 부각하고 있다. 과연 왕의 도를 이어갈 인물을 세우시는 과정에서 어떻게 통치하고 운영하는지를 창조주(Creator) 하나님으로서 피조물(Creation) 인간에 대하여 협력대상이 아니라 명령하고 통치하는 대상이라는 것을 현장에서 적용하면서 그 직무와 기능을 보여주고 있다.

2. '백성(성도)의 도'(The People's work)로서의 현장 적용 –섬김

'백성(성도)의 도'는 '왕의 도'에 이어 나라 전체적인 직무가 아니라 평범한 백성의 삶의 직무에 충실하는 것이다. 백성의 도는 한 사람 한 사람 각자가 생계를 유지하기 위한 일로, 일반적으로 농업, 상업, 산업 등과 같은 경제적 활동을 포함하고 있다. 이는 개인이나 가정이 생존을 위해 필요한 기본적인 노동을 의미하며, 사회의 경제적 기반을 형성하게 된다. 백성의 도는 인간이 생존을 위해 필요한 일을 의미하면서 그 저력(底力)을 지니고 있으면서, 농사, 상업, 수공업 등 다양한 형태로 나타난다. 그러므로 섬김의 자세(Servantship)로 하나님이 인간에게 땀 흘려 일하라고 명령하신 부분과 관련이 있으며, 수직적으로는 하나님을 섬기며 수평적으로는 주변 일터 공동체와 지인 등 이웃을 섬기는 데 있다.

세상의 하나님 나라를 위해 중보적인 기도의 사명을 담당해야 하며 동시에 하나님과의 관계를 깊게 연결하는 직무를 가리킨다. 또 복음을 전하고 진리를 변론하는 직무를 충성스럽게 섬기는 일에 최선을 다한다.

3. '백성의 도'로서 수행해야 할 직무수행 –8가지 능동적 삶

<Table-22>[101] 백성의 도–직무수행 8가지 능동적 삶

종류	주 제	요구 사항	교훈 근거
1	Follow 선을 따르라	누구에게든지 악으로 갚지 말고 모든 사람을 대할 때, 항상 선을 따르라	살전5:15
2	Joyful 항상 기뻐하라	언제든지 어떤 상황 속에서도 기뻐하기를 주저하지 말라	살전5:16
3	Praying 계속 기도하라	하나님께 드리는 기도를 쉴 새 없이 기도하라	살전5:17
4	Thankful 범사에감사하라	범사에 감사하는 것이 그리스도 안에서 너희를 향한 하나님 뜻이다	살전5:18
5	Fill 성령 충만하라	성령님을 소멸하지 말고 그 충만을 유지하라	살전5:19
6	Value 예언, 소중히 여기라	말씀의 예언을 멸시하지 말고 중요하게 여기라	살전5:20
7	Thoughtful 사려 깊게 행동하라	모든 일에 사려깊은 생각을 하며, 좋은 것을 선택하라	살전5:21
8	Throw 악한 형상을 버리라	악한 것은 어떤 모양이라도 버리고 그 생각 자체를 버리라	살전5:22

1) 일터공동체는 '생각하고', '느끼고'의 내면적 보다는 외면적 성격이 강하다 이렇게 하고 나면 다음에 따라오는 주제는 '기도'와 '감사'이다.

2) 기도와 감사하는 삶은 시냇가에 심은 나무처럼 '성령 충만으로'

가능하다. 이 결과는 한 사람의 몫이 아니라 열 사람, 백 사람 이상을 뜻하고 있으므로 일터공동체는 치유상담자, 피상담자가 되어 성령 충만의 덕목을 위해 최선의 삶을 위해 건강하게 능력 있게 그 길을 가야 한다.

3) 예언에 대하여 선견지명[102]을 갖는다는 것은, 먼저 말씀을 멸시(간과)하지[103]않고, 보물을 다루듯 말씀에 대하여 흥미를 느껴야 한다는 주문이다.

4) 모든 일에 사려 깊게 행동할 수 있는 것은, 거룩하지 못한 것, 선한 영향력을 주지 않는 것 등을 구별하고 긍정적인 마인드를 가지고 처세(處世)해 가야 한다.

5) 세속성(Secularity)에서 거룩성(Holiness)으로 살아가려면, 오직 생각 자체를 주변의 상황, 형편, 그 시간대와는 반(反)하는 자세로 살아가야 할 것을 요구하고 있다. 바로 그런 태도와 각오가 하나님의 영역 주권하에서 그분의 지배를 받으며 성(聖)스럽게 일터공동체를 다듬어가면서 존재하는 것이 된다.

4. '죄악의 도'(The Sinful's work)는 성경에서 중요한 주제 –배경

'죄악의 도'는 도덕적 또는 윤리적 관점에서의 일로, 잘못된 행동이나 범죄와 관련된 활동을 의미한다. 이는 그 영향력은 개인이나 사회

101) Table-28은 개역개정 신약 데살로니가전서 5:15-22을 추출하여 작성했다.
102) 어떤 일이 일어나기 전에 미리 앞을 내다보고 대비하는 지혜.
103) 깊이 유의하지 않고 예사로 내버려두거나 방치하는 것이다.

에 부정적인 영향을 미치는 행위로, 죄의 기운은 다수에게 종종 법적 처벌이나 사회적 비난의 대상으로 나타나기도 한다. 잘못된 행동, 부정적인 영향력 그리고 비난의 대상, 이 세 가지 개념은 인간의 다양한 활동과 그에 따른 결과를 이해하는 데 중요 역할을 보여준다. '일의 기원'과 죄악의 도는 성경에서 중요한 주제이지만 그에 관하여 배격하는 태도로 일관해야 할 것을 요구하고 있다.

죄악의 도는 인간의 죄로 인해 발생하는 일들을 의미한다. 이는 하나님과의 관계가 단절되면서 생기는 고통과 갈등을 포함하여 일의 주체를 혼란에 빠뜨리기 일수였던 사례를 수없이 찾아볼 수 있다. 실제로 성경에서는 죄로 인해 인간이 고통받는 모습을 여러 차례 언급하고 있는데, 다음 구절은 그에 대한 죄의 결과로 고통받는 것을 말해준다.

"죄의 삯은 사망이요 하나님의 은사는 그리스도 예수 우리 주 안에 있는 영생이니라"(롬6:23).

5. '죄악의 도'로서 수행해야 할 직무수행-배격

성경이 계시하는 죄의 주제로서 수행해야 직무에서 두 가지를 병행하는 직무를 수행할 것을 교훈하고 있다. 하나는 소극적인 직무와 적극적인 직무를 말하고 있다. 소극적 직무에서 죄악이 영향력이 끼치는 것에서 죄악을 극복하지 못하고 그에 지배당하는 것이라면, 적극적인 직무는 죄악을 타파하며 죄가 옮겨다 주는 저주에서 단연코 벗어나게 하는 직무(職務)를 다하는 역할이므로 본연의 직무와 스킬을 다해야 한다.

“거짓으로 끈을 삼아 죄악을 끌며 수레 줄로 함같이 죄악을 끄는 자는 화 있을진저”(사5:18).

“거짓으로 끈을 삼아 죄악을 끌며 … 화 있을진저”, 사람들에게 다가오는 ‘죄악의 도’는 하나님의 의로운 행하심을 신뢰하거나 따르지 않는 근본적인 불법을 가리키고 있다. 죄악의 도의 심각성은 간간이 하나님의 의로움은 오히려 대담하고 뻔뻔하게 불법을 저지르는 사람들에 대하여 심한 경종을 울리거나 보응을 예고한다. 그럼에도 죄악의 도를 행하는 장본인들에게 선지자가 비유로 말하면서 드러내고 있다. 그것은 ‘굵은 밧줄로 마차를 끄는 모습’에 비유하면서, ‘거짓의 끈’은 죄인들이 그들의 죄악을 합리화하고 정당화하는 교묘한 궤변이나 그릇된 논리를 가리킨다(J. Calvin). ‘끈다’로 번역된 ‘마솨크’는 그 외에 ‘견고하게 하다’는 뜻도 내포하고 있다. 이로 미루어 볼 때, 본문의 의미는 자명(自明)하게 드러나는 데 즉, 거짓된 지식과 언변(言辯)으로 진실을 왜곡하고 불법을 합법화시키고 악의 기운, 영향력으로 지배하려는 것을 말하다. 바로 여기서 일터 교회는 성경의 권위로 배격하면서 거기서 탈피하고 극복하는 것을 요구하고 있다.

후반부의 ‘수레 줄’에서 한층 강화된 비유적 표현으로 반복된다. ‘수레 줄’ 즉 마차의 밧줄을 말하고 그 줄로 끌고 가듯, 죄악의 도를 행하는 그들이 무시하고 조롱하는 하나님의 심판에 의해서만 소멸될 것을 성경은 증거한다. 또 일터 교회 공동체는 세상 속의 거룩성으로 ‘죄악의 도’에 경고하고 나서야 할 것이다. ‘죄악의 도’의 속성을 지닌 그룹은 강한 영향력으로 죄를 행하고 퍼트려도 절대 죄악의 기운에 지배당하지 않고 오히려 그들에게 다음과 같이 경고하는데, 반드시 그 길에서 끊어지고 멸절(滅絕)될 것을 주지시켜야 한다.

세속사회 속에서의 일터 교회는 다음 7가지의 경고, '죄악의 도'의 본질을 깨우치는 직무의 기능과 이에 대한 경계의 수위를 높여야 한다.

1_불법이라고 증거한다. "죄를 짓는 자마다 불법을 행하나니 죄는 불법이라"(요일 3:4). 죄란 하나님의 율법을 지키지 않는 것이다. 예수 그리스도께서는 이것을 불법적 행동에만 국한하지 않고 그 동기와 생각까지 불법이라고 확대시켰다(마 5:21-48). 일터 교회로서 죄는 불법이며 거기서 조금도 달라질 것이 없는 멸망할 불법을 일깨우는 직무를 다한다.

2_불의를 말하고 있다. "모든 불의가 죄로되…"(요일 5:17). 불의를 정의하는 것도 성경이라고 증언하면서, 불의를 좋아하지 않는 것도 불의라고 하므로 "불의를 기뻐하지 아니하며 진리와 함께 기뻐하고…"(고전 13:6)의 기록을 내보인다. 일터 공동체는 불의는 거부하고 진리와 함께 동행할 줄 알아야 한다.

3_불선(不善)이라는 한자어로 표현하고 있다. "사람이 선을 행할 줄 알고도 행치 아니하면 죄니라"(약 4:17). 사람은 당연하게, 사람으로서 본질적인 선한 행실을 행해야 하는 것을 요구하고 있으니, 이를 행동으로 나타내지 않으면, 즉 불선(不善)하면 죄악이라고 말한다. 선을 행하지 않는 대상은 죄와 동승(同乘)하는 것이므로 선을 행하는 일터 공동체가 되어 주어진 직무를 다해야 한다.

4_불신이다. "죄에 대하여라 함은 저희가 나를 믿지 아니함이요"(요 16:9). 결론적으로는 하나님과 예수 그리스도를 믿지 않는 것이 곧 죄

라고 단호하게 맺는다. 여기서 무신론자이거나 신론자 그 누구이더라도 자신이 믿고, 신뢰하고, 내맡기는 대상이 있다. 일터 공동체는 그 대상이 하나님, 예수 그리스도가 아니라면 그 자체도 죄라고 한다.

5_믿음으로 하지 않는 것이다. "믿음(혹은 확신)으로 좇아 하지 아니하는 모든 것이 죄니라"(롬 14:23). 확신없는 것, 의심을 마음에 품으면서 한 행위도 죄가 된다고 말한다. 일터 교회공동체는 모든 사역을 믿음으로 행하는 것에 흔들리지 않는 직무의식을 가져야 한다.

6_약한 양심을 상하게 하는 것이다. "이같이 너희가 형제에게 죄를 지어 그 약한 양심을 상하게 하는 것이 곧 그리스도에게 죄를 짓는 것이니라"(고전 8:12). 이 구절의 올바른 해석은 '자신 때문에 다른 사람이 양심에 가책을 받게 되거나, 양심(마음)이 상(傷)하게 되는 것도 죄라서 그 사실을 일깨우는 일터 공동체의 직무를 행해야 한다.

7_하나님을 떠나서 자기만이 인생을 꾸며간다는 것이다. "그런즉 네 하나님 여호와를 버림과 네 속에 나를 경외함이 없는 것이 악이요 고통인 줄 알라"(렘 2:19). 과연, 인생이 자신만의 독립적인 삶을 마음대로 이뤄갈 수 있을까?에 대하여 성경의 계시는 단호하게 답하는데, 그것은 절대 불가능하다고 증언하고 있다. 일터 공동체는 경외의 대상을 떠나지 말 것을 선포해야 한다.

이로써 죄악을 타파하며 죄가 옮겨다 주는 저주에서 단연코 벗어나도록 주어진 직무(職務)를 다하는 역할은 일터 교회공동체의 몫이므로 이에 최선을 다해 완수해야 한다. '죄악의 도'는 인생을 망가뜨리는 마지막 불행한 죽음의 나락으로 빠지게 하는 장본인이므로 일터 공동체는 주어진 고유의 사역인 4중적 직무 중 '죄악의 도'의 직무를 효과적으로 완수하기 위해 적극적으로 죄악을 타파하며 저주에서 벗어나도록 맡겨진 직무를 다하는 역할 수행을 감당하는 것이다. 이런 자세로 하지 않으면 소극적인 직무 수행으로 빠지게 된다.

6. '행위의 도'(The Action work)로서의 현장 적용-성찰

'행위의 도'와 관련된 조건으로 임마누엘 칸트는 행위의 옳고 그름을 따져보기 위해서 '도'에 해당하는 동기적인 부분(선한 의지)을 판단해야 한다고 했다. 또 도덕적 행위가 감정적인 원인에 의하여 판단된다면 그에 대한 책임도 따른다고 한다.i인간은 누가 강제하지 않아도 자율적으로 욕망의 유혹에서 벗어날 수 있다.i자신의 의지를 옳은 행위를 위해 사용할 수 있어서 인간만이 특별한 존엄 자체라고 한다.i자기의 행복을 포기하더라도 도덕법칙에 따라 행동할 수 있는 유일한 존재인 것이다.

따라서 인간은 이성이 없는 동물과 달리, 존엄한 존재라서 수단이 아니라 윤리적 존재로 목적을 따라 사는 존재 그 자체라는 것이다. 이런 증거를 볼 때, 임마누엘 칸트가 하나님을 따라 사는 영적인 존재라서 일반인들의 시각에도 그렇게 비춰졌다는 논리가 맞는 말이다. 인간은 '행위의 도'의 기능에 따라오는 직무에서 자신의 행위 결과에 대해 책임있는 존재이므로 성찰하며 행동을 낳아야 할 것이다. 바로 이것이 하나님 영역 주권하에 일터 공동체로서 고귀한 품성의 행위의 도를 낳게 되는 것이다.

일터 사역에 있어서 사회적으로 영향을 미치게 되는 '행위의 도'를 생각하면서 막스 베버의 견해를 살펴 본다. 그는 인간 행위를 "의식적이고, 목적이 있고 의도적인 것"이라 했다. 여기서 '행위의 도'는 개인이 사회적 상황 속에서 선택한 행동의 이유와 의미를 잘 간파해야 한다고 한다. 법률적 의미는 '행위의 도'가 불법적일 때, 반사회적(불법)일 때, 원천 계약까지 무효로 하게 된다고 규정하기도 한다.

'행위의 도'는 가장 일반적으로는 행동을 촉발하는 주관적 이유를 의미하지만, 윤리와 철학에서는 도덕적 평가 기준, 사회적으로는 사회적 행위 분석, 법률에서는 계약에 의한 행위의 유효성을 좌우하는 불법 여부로 각각 구별된다고 한다. 즉 행위의 도는 그에 따르는 파장 여부를 예측할 수 없음을 말하고 있다. 더욱 이런 논리라면 '행위의 도'는 그 결과에 의해 어떤 책임이라도 떠 안을 수 있는 자세라야 한다. 바로 이런 자세가 일터 공동체로서 일터 사역을 감당하는 일꾼을 요구하는 것에 응답하면서 성찰하는 자세로 일관해야 할 것을 말하고 있다.

Chapter 10

일터 사역의 4중적 직무와 기능
왕의 도, 백성의 도, 죄악의 도, 행위의 도(2)

The ministry of the workplace of Quartet jobs and skills

The King’s work, The People’s work,

The Sinful’s work, The Behavior work-2

vi.

하나님의 문화명령을 수행 ‘왕의 도’로 일터를 위한 변화 시도

성경의 여러 부분에서 하나님이 인간에게 부여한 권한(권위)과 책임, 그리고 하나님과의 관계를 다루고 있다. 특히 창세기 시작 부분에서 “땅을 정복하라!”, “모든 생물을 다스리라!”의 의미이다. 이것은 문화명령(The Cultural Mandate)으로서 한 번쯤 짚고 넘어갈 이슈이다. 하나님께서 왜 인간에게 세상을 운영해 갈 수 있는 절대적인 명령을 주셨으며, 그와 함께 인간이 기능적으로 응답하지 않으면 안 될 수밖에 없도록 설계(창조)된 것은 본질적인 주권에서 살펴야 한다고 본다. 세상을 다스리고 운영할 때는 그에 합당한 수단이 필요하지 않겠는가? 그러므로 영적 차원에서의 덕목(Virtues in the spiritual dimension)이라 할 수 있는 주제를 몇 가지로 생각해 본다. 그에 대한 합리적인 응답으로 다음의 주제를 살펴보면 여러 함축된 교훈을 찾을 수 있을 것으로 사료된다.

1. Authority – 권위에 대한 응답이다.

물론 이에 대한 본질적인 권위는 영적인 근거에서 차출(差出)할 수 있겠다. 각각의 인간이 존재하게 되는 것은 그 주어진 위치나 근거에서 찾을 수 있는 데, 그것은 바로 어떤 권위를 부여받았느냐?가 관건임을 알 수 있다. 여기서는 두 가지 측면에서 권위에 대한 근거를 살펴보면서 '일반적 권위'와 '영적 권위'를 말할 수 있다.

2. Responsibility – 책임에 대한 응답이다.

창세기 1:28에서는 하나님이 인간에게 땅을 정복하고 모든 생물을 다스릴 권한을 주신 것은 주어진 권한의 주체가 지게 되는 것이며, 인간이 창조의 일부분으로서 또 그 주체로서 책임을 지고 있다는 의미이다.

창세기 2장 15절은 하나님이 인간에게 에덴동산을 경작하고 지키도록 위임하신 내용을 담고 있고 인간에게 주어진 자연을 어떻게 관리하고, 그에 대한 책임을 지는 것을 말하고 있다. 하나님께서 창조하신 세계를 보살피고 관리해야 한다는 중요한 메시지를 전달한다. 인간의 역할이 단순히 존재하는 것에 그치는 것이 아니라, 창조물에 대한 관리와 보호의 책임이 있음을 강조하는 말씀으로서 인간의 책임을 교훈하고 있다.

3. Relationship – 관계에 대한 응답이다.

하나님의 창조 세계에서 인간은 본질적으로 피조물에 불과하므로 '창조주와 피조물'(Creator and Creation)의 관계는 절대적인 관계일 수밖에 없다는 것을 전제하면서 그에 대한 응답을 살펴 봐야 한다.

4. Function – 기능에 대한 응답이다.

우리가 '기능'에 대한 용어를 기본적으로 이해함에 있어서 공통적으로 어떤 일이나 목적 등을 달성하기 위한 상호 작용이 이루어지는 과정에서 발생하는 능력을 의미하는 용어이다. 역할과 작용을 뜻하면서 생체나 기계, 전자제품 등 시스템 내부에서 특정 물체나 주체가 어떤 현상을 발휘하는지를 설명할 때 대부분 이 기능이라는 용어를 사용한다. 국립국어원에서 언어의 사회적 기능으로서 언어가 사회라는 시스템, 구조 안에서 어떤 기능을 발휘하는지를 나타내는 문장이나 언어가 가지는 자체적인 능력보다는 그것이 '기여하는 역할'(Contributing role)이나 능력을 더 중시한다고 적어 놓았다.[104)]

VI.

현장을 변화시키는 8가지 원리 '백성의 도'로 일터에서 수행

삶의 현장, 일터에서 생존의 도를 가지고 세상을 변화시키는 8가지 원리와 그와 관련된 말씀에서 진리로 빛나고 있는 교훈은 '하나님 제일이다'(God first)로 강조된다.

<Table-23> '백성의 도'로 현장을 변화시키는 8가지 원리

원리_1	대속하신 주님 With the Lord of the Redemption
원리_2	최우선권 Top priority
원리_3	정직한 헌신자 Honest servant
원리_4	사역의 통찰력 Insight of ministry
원리_5	안식과 재충전 Recharge and Rest
원리_6	바른 관계의 영향력 Right relationship
원리_7	소명 의식 갖기 Having conscious of calling
원리_8	재정관리 책임감 Financial bailiff
삶의 현장에서 나타나는 원칙	

원리_1. With the Lord of Redeemer

대속하신 예수 그리스도와 함께 일하는 정체성을 유지하라.

골로새서 3:17절에서 "무슨 일을 하든지, 말이나 일에 다 주 예수의 이름으로 하고, 그를 힘입어 하나님 아버지께 감사하라". 그리스도인의 정체성은 예수 안에서 제대로의 권위와 활동을 인정받는 것이다. 혹 자신을 구속하신 주님이 예수님이 아니라면 그리스도인이라는 정체성이 아예 잘못된 것이다.[105)]

예수님의 구원으로 하나님의 백성이 되고 그의 공동체에서 자신의 정체성을 얻는 것이다. 그러므로 나를 구속한 주 예수 그리스도와 함께 일터사역자의 정체성을 인식하고 근거를 확인하고 고백하는 자세를 견지(堅持)해 나가야 한다.

104) https://namu.wiki/기능
105) https://www.google.com/search?q, AI의 개요, 생존을 위한 일.

원리_2. Top priority

하나님께 최우선권의 근거를 두는 것은 당연하다.

주어진 일과 현장에서 일터 공동체의 정당한 포지션을 잡고 일터 사역자로서 자신에게 맡겨진 그 현장이 하나님의 영역 주권의 현장임을 생각해야 한다. 정직과 성실함으로 일터사역을 하는 주인공은 모든 일을 하나님께 영광을 돌리는 마음으로 하는 것에서 조금도 예외가 없다.

"너희는 먼저 그의 나라와 그의 의를 구하라. 그리하면 이 모든 것을 너희에게 더 하시리라"(마6:33).

원리_3. Honest servant

일터 현장은 정직한 헌신자를 요구한다.

일터에서 정직하고 성실하게 행동하라 "정직한 자의 길은 평탄하거니와 악인의 길은 험하니라. 사랑과 봉사하는 자세를 지니고 주변인과 형제를 사랑하고 섬기는 마음으로 대하라"(사26:7). "서로 사랑하라. 내가 너희를 사랑한 것 같이 너희도 서로 사랑하라"(요 13:34). 지혜롭게 일하라.

원리_4. Insight of ministry

통찰력은 일터 사역자의 기본 덕목(德目)이다.

지혜를 동반한 통찰력, 그것도 사역에 대하여 간파하는 힘은 대단한 것이어서 그 능력을 가지고 일을 처리하는 통찰력을 발휘해야 한다.

"지혜는 금보다 귀하고, 명철은 은보다 나으니라"(잠3:14).

원리_5. Recharge and Rest

안식과 재충전: 일과 쉼의 균형을 이룬다.

누누이 말해도 일 만큼이나 우리 인간에게 중요한 조건은 없다고 과감하게 말할 수 있다. 일하는 것은 곧 생명을 유지하는 것이나 다름 없었기 때문이다. 그러므로 적절한 휴식과 안식의 필요성을 인식한다. 쉼을 통해 재충전하고, 일상 속에서 하나님의 임재를 경험하며 영적인 생기를 유지하면서 재충전하여 다시 나아가는 것을 말하고 있다.

원리_6. Right relationship

바른 관계 형성: 사랑과 용서를 실천한다.

우리의 Life는 평안할 때보다는 문제와 갈등이 자신에게 닥쳐왔을 때 그 Life는 진가(The very high quality of life)가 나타나게 된다. 이때, 대부분 성경적 원리에 따라 발생한 문제를 해결하거나 좌절하게 되는 경험을 하게 된다. 다양한 경험과 밀도있는 상황을 잘 수습해 가는 덕목으로서 주변인을 사랑하고, 실수나 잘못을 용서하며 화평을 만드는 자의 역할이 바른 관계에 서 있는 사역자가 이에 대한 효과적 결과를 낳게 된다. 중요한 것은 바른 관계를 유지하는 일은 예고 없이 닥치는 문제 속에서 인내하면서 대처하면서 자신감 있게 나아가는 것이다.

일터 사역자로서 자신과 상대하는 데는 상식적인 관계 속에서 관계가 유지되어야 한다. "바른 관계는 온전한 일을 이루는 첩경이며, 또 인내를 이르게 되는 비결이다"(약1:4).

원리_7. Having conscious of calling

소명의식 갖기: 나의 일은 하나님의 부르심이다.

단순한 생계 수단을 넘어, 자신의 직업이 하나님께서 각자에게 주신 고유한 사명이라는 것을 인식한다. 직업을 통해 하나님의 선한 뜻을 이루고, 하나님 나라를 확장하는 통로가 될 수 있음을 믿는다. 모든 일에 감사하며 긍정적인 태도를 유지하라. "범사에 감사하라. 이것이 그리스도 예수 안에서 너희를 향하신 하나님의 뜻이니라"(살전5:18).

원리_8. Financial bailiff

재정의 청지기로서 소유를 넘어 관리의 책임감을 갖는다.

돈을 벌고 쓰는 모든 과정에서 하나님의 뜻을 구하며, 물질의 청지기 정신을 잊지 않아야 한다. 자신에게 맡겨진 물질을 주님의 영광과 이웃을 위해 사용하는 지혜를 구하는 태도는 진정한 하나님의 백성으로서 바른 자세이다.[106] 하나님의 은혜 안에서 생존하는 도를 발하는 것은 백성(성도)의 도를 가지고 성자 예수 그리스도께서 우리 죄를 대속하게 하신 위대한 구속사로서 이것은 성부 하나님의 뜻을 실천에 옮기는 책임감을 수행하는 일터 사역자임을 밝히는 것이다.

106) https://www.google.com/search?q. AI의 개요. 일터 사역자의 자세.

viii.

삶의 현장에서 '백성(성도)의 도'로 일터 사역 섬기기 8가지 주제

삶의 현장에서 하나님 '백성(성도)의 도'(The People's Work)로 일터사역을 섬기는 8가지 주제는 기독교적 가치관을 직업에 적용하여 일의 의미를 재발견하고, 하나님의 영광을 드러내는 삶을 살기 위한 지침이다.

1_소명의식 갖기. Calling consciousness

나의 일은 하나님의 부르심이다.

단순한 생계 수단을 넘어, 자신의 직업이 하나님께서 각자에게 주신 고유한 사명이라는 것을 인식하는 것이어야 한다. 직업을 통해 하나님의 선한 뜻을 이루고, 하나님 나라를 확장하는 통로가 될 수 있음을 믿는다. "오직 부르심을 받은 자들에게는 유대인이나 헬라인이나 그리스도는 하나님의 능력이요 하나님의 지혜니라"(고전1:24).

2_탁월함으로 일하기. predominance

최선을 다해 하나님의 영광을 드러낸다.

자신의 맡은 바에 최선을 다하며, 전문성을 향상시키는 일에 게으르지 않는다. 세상의 기준을 뛰어넘는 탁월한 실력과 성실함으로 세상 사람들에게 그리스도인의 모범을 보인다. 이러한 그리스도인의 모범을 보인다는 것은 이 모든 것을 더해주시는 그의 능력으로 덧입혀 주시기 때문이 아닐까? 하나님께서 그리스도인에게 모든 것을 더해주시는 것은 그 보다 더한 탁월함은 없다. “너희는 먼저 그의 나라와 그의 의를 구하라. 그리하면 이 모든 것을 너희에게 더하시리라”(마6:33).

3_정직, 성실로 일하기. Honesty, sincerity

신뢰를 바탕으로 공동체에 기여한다.

세상적 성공만을 좇지 않고, 정직, 윤리 조건을 최우선 삼아 일한다. 자신이 속한 조직과 공동체에 진정한 신뢰를 구축하며, 선한 영향력을 끼친다. “정직한 자의 길은 평탄하거니와 악인의 길은 험하니라”(사26:7).

4_섬김, 태도 유지하기. Attitude of service

서로 간에 섬김의 대상임을 잊으면 안 된다.

기업의 오너(지도자)와 일터 교회의 사역자에게는 ‘서로 섬기는 대상이다’(Serving each other)라는 흔들리지 않는 헌신 된 마음으로 챙기는 것은 그리스도인의 가장 기본적인 마음과 태도이다. 나 외에 다른 사람은 지배하는 대상이 아니라 섬기고 존중하며 섬겨야 하는 대상일 뿐이다. 예수 그리스도가 보여주신 섬김의 리더십을 실천하는 일이 일터 사역자의 본질적 자세일 것이다. 직장에서의 동료, 상사, 고객을 존중하며 그들의 필요를 채우고 섬기는 일에 집중한다면 그보다 더 잘한 일이 없을 것이다. “인자가 온 것은 섬김을 받으려 함이 아니라 도리어 섬기려 하고 …”(마20:28).

5_바른 관계 형성하기, Right relationship

바른 관계를 원하면 성경적 근거로 극복하라.

교회공동체 일터 사역자로서 주변인과의 바른 관계법은 서로 사랑과 용서를 실천하는 데 있다. 인간 집단이 한 장소, 한 그룹으로 모이게 되면 갈등이 생기고 그 부정적인 속성이 발생할 때 오로지 성경적인 근거에 따라 문제를 해결해야 한다. 그러나 동료를 사랑하고, 실수나 잘못을 용서하며 화평을 만드는 자의 역할은 어떤 부정적인 조건 속에서도 바른 관계를 형성하고 부정적 문제를 극복하고 어려움을 감당하게 된다.

"그들이 하는 일을 생각해서 그들을 사랑하고 극진히 공경하라. 그리고 서로 화평하게 지내라"(살전5:13).

6_재정 청지기로 헌신하기, Right relationship

소유를 넘어 관리의 책임감을 갖는다.

이것은 일반적인 사명과 책임감을 넘어서서 특별한 청지기 태도를 발견할 수 있다. 돈을 벌고, 소비하는 과정에서 하나님의 뜻을 구하며, 물질의 청지기 정신을 잊지 않아야 한다. 자신에게 맡겨진 물질이지만 그것으로 조물주(Creator)의 영광과 이웃을 위해 사용하는 지혜를 구하는 것은 무엇보다 중요한 일이다. 그것이 바로 초연함의 법칙을 깨닫고 실행해 가는 것이백성의 도로 일터 사역에 헌신하는 일이다.

"새 계명을 너희에게 주노니 서로 사랑하라 내가 너희를 사랑한 것 같이 너희도 서로 사랑하라"(요13:34).

7_안식과 재충전하기. Right relationship

안식은 일과 쉼의 균형과 영적 생기를 유지하는 일이다.

우리 그리스도인이 제일 간과하기 쉬운 덕목은 'I'm very busy now!'(나는 너무 바쁘다!)를 연상 외치면서 삶을 이어가는 행위를 말한다. 하기야 현대인에게 멋있는 덕목은 '바쁨'(busyness)에 있다. 할 일도 별로고 한가한 사람은 뭔가 한심한 구석이 있게 보인다. 그렇다고 너무 바빠서 자신의 리듬이 아예 깨질 만큼이라면 매우 우려스러운 일이 아닐 수 없다. 우린 그리스도인으로서 일의 중요성만큼이나 적절한 휴식과 안식의 필요성을 인식하고 시간을 분배하면서 재충전해 가야 함은 두 가지 사이의 균형을 조율해 가는 일이기에 중요한 원칙으로 세워야 한다. 쉼을 통해 재충전하고, 일상 속에서 하나님의 임재를 경험하며 영적인 생기(dynamic)를 유지해야 할 것이다.

"…안식 후 첫날이 되려는 새벽에 막달라 마리아와 다른 마리아가 무덤을 보려고 갔더니"(마28:1).

8_학습하고 성장하기. Learningandgrowing

학습과 성장은 불가분 관계이다.

잠시 눈을 돌려보면, 이 세상에는 꽃과 나무와 새, 동물들에게서도 배울 것이 많다. 하지만 학습하는 자세가 되어 있지 않다면, 지식, 지혜가 없어서 바르게 공부하지 못한다. 그럼, 어떻게 학습과 성장이라는 두 마리 토끼를 잡을 수 있을까? 곰곰이 생각하면 학습과 성장은 함께 공부한 결과로 얻어야 삶에 큰 보람을 얻는 결과를 도출할 수 있다. 끊임없이 학습하고 성장하려는 자세를 유지하는 덕목이 중요하다. 그러므로 일터 현장에서 백성(성도)의 도로 섬기는 마음과 태도를 갖추고 나간다는 것은 중요한 덕목이라고 말하고 싶다.[107]

ix.

'왕의 도' 직무를 행한 다윗과 동행한 하나님의 스킬과 구속사적 공식 산출

1. 하나님의 스킬, 형용사 같은 공식

<Table-24> 하나님 스킬, 공식
하나님은 큰 손을 지님–Has Great hand God
하나님은 큰 손으로 다윗을 감쌈–Wrap God's Great Hand David
하나님은 다윗을 주도함–Controlled by God, David
큰 손–Great hand / 감싸기–wraping / 주도함–controlled

1) 그의 큰 손이 위대한 것처럼, 우리 곤란을 넉넉함으로

하나님께서 구속사를 진행해 가는 데는 그 사용 방법이 따로 정해진 바는 없다고 말할 수 있다. 큰 틀에서의 원리는 변함없지만, 세밀한 방법은 상황에 따라 다소 다를 수도 있다. 다만 그의 독특한 속성으로 본다면, 구속사에 대한 스킬로 드러내는 그의 일하심은 과연 위대한 형용사같이 무한하다. 하나님의 큰 손은 우리 그리스도인들을 그냥 방치하

107) https://www.google.com/search?q

지 않는다. 고난 속에서나, 위기를 당한다거나, 성가심을 겪는다든지, 불안에 떨며 어쩔 줄 몰라 하든지 절대 모른 체 하지 않는다. 그의 큰 손은 우리가 이 지상에서 천국을 향한 여정을 가는데 흔히 처해질 수 있음을 훤히 알고 계시므로 시도 때도 없이 큰 손을 준비하고 있다. 그런 하나님의 큰 손으로 우리가 온갖 성가심과 위기 속에서 빠져나왔던 일이 어디 한두 가지인가? 하나님께서는 우리가 아픔이나 곤란에 노출되었을 때, 그의 큰 손은 위대한 것처럼, 우리의 곤란을 넉넉함으로 능히 대처하도록 큰 손을 예비하고 계신 그 사실을 우리가 굳게 믿을수록 일터 공동체로서 사명을 아낌 없이 감당할 수 있다.

2) 가엾던 순간을 무한 능력으로 감싸주심

하나님의 스킬 중에 그의 감싸기(wrapping)를 제쳐 놓을 수 없다. 그의 사랑의 속성을 표현하면서 당신의 자녀, 당신의 백성을 곤란 중에서 감싸 주신다는 것은 당연한 표현이다. 하나님의 큰 손은 우리를 감싸는 그런 모습은 성경 전면(全面)에 누누이 흐르는 강처럼 기록되어 있다. 이런 사실을 누가 부인할 수 있을까? 생각해 보면, 지나온 날들에 대하여 우리가 돌이켜 볼 때, 그냥 '나 몰라라!' 하면서 생략할 사례가 하나도 없다. 얼마나 감격했던 순간이었던가? 그 가엾던 순간을 능력이 무한하신 하나님은 외면하지 않고 깊은 관심으로 인도해 주셨다. 하나님께서 위해(危害)를 가하는 사람들로부터 다윗을 감싸주시는 보호를 취해 주셨다(From the enemy, to God's protection). 이렇게 하나님께서는 그의 영역 주권에서 우리를 위기에서 보호해 주시는데 단호하고 빠르셨던 분이었다.

3) 구속사의 역량으로 주도하심에 영광을

하나님 앞에서 떳떳하거나 자신감 있는 인간의 존재로 나서기가 어디 쉬운 일인가? 그분께서 특별히 허락한 경우가 아니라면…! 우리 그리스도인들이 사나운 폭풍 속에서, 비난과 질투 앞에서, 그리고 곤란과 성가심 속에서 여기까지 별 탈 없이 지내온 것은 순전히 내 힘 만으로 여기까지 이른 것이 아니다. 하나님의 강력한 드라이브가 없었다면 가당키나 한 일일까? 성경의 수많은 기적, 기사들은 그 이면(裡面)에서 하나님의 주도하심, 그분의 간섭하심이 있었기에 가능한 일이었다.

> "너는 별자리들을 각각 제 때에 이끌어 낼 수 있으며 북두성을 다른 별들에게로 이끌어 갈 수 있겠느냐"(욥기38:32).

세상천지를 주도하시되 천공에 떠다니는 별을 미옴대로 움직이시는 그 역량으로 나를 주도하신 하나님이셨다. 그의 영역 주권에서 일터 공동체로 주도하신 역량에 대해 영광을 무한 감사로 올려드린다.

2. 하나님의 스킬, 그의 본심을 드러냄

<Table-25> 하나님 스킬, 본심

하나님은 의인 찾음–God seeks righteousness

하나님은 진심의 회개를 요구–God's sincere repentance

하나님의 원하는 것 하나만–God wants just one thing

의인 찾음–Find righteousness / 회개 요구–Demand repentance raping / 원하심–Wants just one thing

1) 10명의 의인을 찾고, 5만 명을 살리심

소돔과 고모라 성에 의인(Righteous man) 10명이 없어, 그 성의 백성 전체 5만 명이 불의 심판을 받게 되었다. 의인 10명은 5만 명에 비하면 너무 작은 수이다. 그러나 하나님께서 5만 명의 죄가 밉고 싫어도 지극히 소수라 할 수 있는 10명의 '의(義)로움' 하나를 보시고 그들을 살리시려 한다. 의로운 자를 찾으시는 하나님의 본심(One's heart of God)을 알 것 같다. 이 순간도 그의 본심으로 일터 공동체를 찾으시고 그들을 그의 영역 주권 속에서 인도해 주신다.

2) 하나님 앞에 굴복한 행위를 요구함

탕자는 아버지에게 불효했고 세상 범죄에 빠진 자였다. 그러나 다른 것 다 미워도 그가 아버지께 돌아온 것 회개 하나만 가지고도 아버지는 아들을 조건 없이 온전히 맞아 주시고 아들의 신분을 회복해 주셨다. 야곱은 부모 형제 의리까지 이용해 가며 자신의 형통을 꾀했던 허물 많은 자였다. 그러나 그 행위는 원수 갚음 당하고도 남는 것이지만, 야곱이 얍복 강가에서 하나님 앞에 굴복한 행위(Surrender to God) 하나 보시고 이스라엘 12지파의 조상을 삼으셨다. 다윗은 신하를 죽였고 그의 아내까지 빼앗은 치한(癡漢)이다. 정말 다윗같이 명명백백한 죄가 많아도 그가 하나님을 향해 침상이 썩도록 진심 어린 회개하며 죄악에서 돌아선 것을 보고 대왕으로 이스라엘 군중 앞에 떳떳하게 다시 서게 하셨다.

3) 하나님이 원하는 것 하나만

우리가 잘못한 것 어디 한두 가지인가? 하나님 앞에 설 때 이런 것들을 내놓으라고 한다면, 정말 수치스러워 단 한 사람도 그 앞에 설 수 없다. 그러나 지은 죄가 아무리 크고, 진하고, 많아도, 하나님이 원하시는 것 하나만 제대로 하면, 하나님께서 절대로 우리를 그냥 지나치시지 않는다. 뿐만 아니라 더욱 갑절의 축복으로 채워 주시되 이른 비와 늦은 비, 축복의 장마비로 부어주신다. 이런 축복을 뭐라고 할까? 아마 전천후 축복(all-weather blessing)이라고 싶다. 하나님께서 이런 축복을 일터 공동체에게 주셨다. 이들이 왜 이런 축복과 돌보시는 혜택을 받을까? 하나님이 원하는 것 하나만 제대로 한다면, 하나님은 절대 그냥 방치하지 않는다. 이 얼마나 풍부한 긍휼과 자비로운 분이신가?

Chapter 11

존재 됨
일터 사역 공동체에 부과된 일(Work)

Existence-in the workplace ministry community Work imposed (Work)

i.

존재됨-일터 사역 공동체에 부과된 '일'(work)

하나님 영역주권 + 일터 사역공동체 형성
구속사 라인은 세계사를 품고 있다

1. 위임자는 구속사를 성취하는 방편이 세계사라고 믿는다

하나님 나라 백성(The People of God's Kingdom), 그리스도인들이 세상 가운데 있는 일터공동체는 하나님 영역주권의 은혜의 혜택을 멕시멈으로 누리고 대변하는 일터 사역 공동체의 존재를 드러내는 공동체[108]로 나타났다. 여기서 시공간을 한참 뛰어넘어 구약의 역사현장에서 신약의 역사 현장과 기독교 초대, 중세 역사를 건너서 현대 기독

교 역사 현장의 세상 한 가운데서 직장과 일반적 일터 현장이 전통적 교회현장과 교차하는 가운데 서 있다. 여기서 하나님 백성을 향한 공동체는 그의 절대적 보호와 여전한 은총이 절대적으로 요구되고 있다.

그러므로 하나님의 백성은 일터 사역 공동체로 형성되고, 세계사 안에 구속사 과정이 진행되는 라인이 존재했었다. 하나님께서는 그의 구원 계획에 따라 펼쳐지는 일터 사역 현장을 자신의 영역주권 하에 두면서 구속사를 신비롭게 운영해 가셨다. 그러나 여기서 일터 교회공동체에 요구하는 것은 세계관을 바라보는 정체성이 업그레이드 되어야 한다. 그것은 구속사도, 세속사도 하나님께서 운영하시는 방편에 속하기 때문이다.

우리는 하나님의 백성으로서 일터사역 현장에서 근본적으로 부여된 '사명을 성취해 가는 위임자'(Delegator with a mission)이다. 위임자는 분명히 확인해야 한다. 훤하게 하나님의 구속사 라인이 드러나면서 그와 함께 세계사가 드러나는 것이다. 이젠 그 구속사 라인과 함께 세계사가 어떻게 운영되어 가는지 확인할 수 있는 분명한 길은 '기독교 세계사'(Christian world-view)의 정체성을 갖는 일이다. 세계사(세상사)는 구속사를 이루는 방편이다. 지금까지 세계사 속에 구속사가 일부 역사하는 방편으로만 알고 있었다. 이 기독교 세계관의 정체성 전환하 일터 사역자로서 주어진 사명을 수행하는 올바르고 탁월한 '위임자'의 자세를 가져본다.

---

108) S. Y. Pae, The Redemptive Activity of God, 같은 책, pp.82-85.

2. 세계사 안에 하나님의 구속사 초점 맞춤

우리 그리스도인들은 일터사역에 대한 비전을 이루기 위하여 우리를 향한 일반적인 역사 선상에서 하나님의 구속사를 살펴보는 것이 좋다. 즉 현대교회 공동체가 일터사역 현장 속에서 어떠한 비전으로 그 사명을 수행할 것인가 찾는 것이다. 하나님께서 세속의 역사를 진행하시는 것은 궁극적으로 하나님께서 구속사(God's Redemption)를 친히 이끌어가셔서 세속사 가운데 성취하기 위한 수단이라고 생각하면 된다. 구속사는 세속역사 가운데 큰 그림으로 펼쳐져 있다.[109] 그의 구속의 계획은 그가 운영하는 세속사 안에 펼쳐진 섭리와 그의 구속의 성취는 창조해 놓은 세계사 속에서 세상의 모든 일과 구속의 초점(Focus)이 맞춰져 있는 원리이다. 사도 바울은 이 구속(God's Redemption)에 대해 에베소에 보내는 서신으로 그리스도인들에게 다음과 같이 말하고 있는데,[110] 구속사의 궁극적 목적은 자신의 영역 주권을 행사하므로 교회 일터 사역 공동체의 존재가 형성될 뿐만 아니라 드러나는 것으로서 하나님께서 구속사에 일터 사역 공동체 존재를 형성해 가면서 성취하는 것에 초점을 맞춰 놓았다.

1) 믿음–하나님 허락하시는 태도

인간이 취해야 할 태도, 다만 하나님의 허락 안에서 받는 것이다(엡 2:8). 하나님의 장대한 계획과 오묘한 섭리 가운데서 하나님께서 구원에 대하여 허락하신다는 조건 하에서 얻는 조건이 믿음이다. 그러므로 구원 이전에 구속사적으로 우리에게 주어진 절대적 조건이라고 보면 된다.

<Table-26> 구속사 주제 3가지 진수

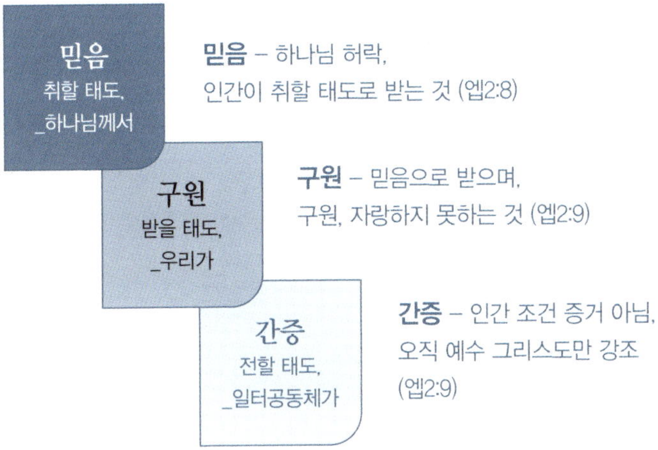

2) 구원–인간이 받을 태도

하나님이 주시는 은혜이다. 믿음으로 받게 하면서 구원 얻게 하는 것이다. 하나님께서는 구원의 주체자로서 그리고 인간은 구원의 대상자로서 “행위로 난 것이 아니니 이는 누구든지 자랑치 못하게 함이라”(엡2:9). 구원은 믿음이 선행되면서 믿음으로만 받을 수 있다. 그 믿음이 조건이 강렬하든지 약하든지 인간이 받을 태도를 구원의 주체자이신 하나님께서 판단하시고 구원을 허락하신다. 구원받은 그리스

---

109) Pannenberg, W. ed., Revelation as History, London,1969, p.132. 판넨베르그는 하나님의 구속사를 더 큰 틀인 일반적인 역사를 이용하며 구원이 성취되도록 간섭하시고 계시는 것으로 말씀하신다. 즉 History of Redemption을 History of The World와 동일하게 다루고 계신다. 이렇게 되면 신학자들이 주장하는 것처럼, 이스라엘 역사에서 과거와 현재, 혹은 현재와 미래 사이의 두 그림 간의 과격한 분리를 더 이상 주장할 수 없게 된다.

110) Jesuah, Kwak, Lectureship, Church Growth in Korean Context, Fuller Theological World Mission Campus, 2001, 10. 18.

도인으로서 구속이라는 과정이 얼마나 참혹 했든지 대속물로 희생하신 예수 그리스도를 기리며 그 앞에 경배해야 마땅하지 아니한가?

3) 간증–일터공동체가 전할 태도

일터 공동체가 자랑할 것은 오로지 예수 그리스도를 믿는 믿음으로 구원받은 것이지, 우리 각자의 능력이나 행동이나 지식이나 수단이나 요령으로 구원을 받은 것이 아니라는 것을 강조하는 것이다. 복음증거 현장에서 실제적으로 간증하는 그리스도인은 자신이 예수 믿게 된 과정, 꼭 그럴 수밖에 없었던 일에 대해 20, 혹은 30% 이상을 넘으면 자기자랑으로 흘러갈 공산이 크다. 그리고 나머지 70, 혹은 80% 정도의 분량을 조정하면서 내가 예수님을 어떻게 믿게 되었으며, 오로지 예수님, 하나님을 자랑으로 증거하는 것이 마땅할 것이라 본다.

3. 구원의 완성을 향한 일터 공동체

그렇다면 구속사의 과정 속에서 구원받은 교회공동체는 어떻게 그 구원을 완성 시키면서 그에 따른 사명을 이루어 가야 할까? 이제 하나님의 구원의 백성이 되어 하나님의 명령으로서 사명을 이루기 위해 일터교회 현장의 사역 가운데 서 있다. 과연 그 사명을 수행해 가는데 장애물이 없을까? 아니다. 분명히 있다. 그것은 '젖과 꿀이 흐르는 가나안 땅'이어야 하는데 천신만고 끝에 다다른 가나안의 조건은 아직 경계해야 할 상황이다.

하나님께서 직접적으로 명령하신 것은 이스라엘 백성이 시간과 힘을 다 탕진해 버린 40년을 지나 죽음이 턱까지 차오르는 상황에서 입성한 것이다. 그들이 그토록 피폐한 것은 절망과 죽음이 도사리는 광야에서 온갖 시달림으로 인한 것이다. 이제 하나님은 약속대로 이스라엘 백성을 광야에서 가나안으로 환경을 전환시켜 주셨다. 젖과 꿀이 흐르는 환경에 젖어들면서 그들을 유혹한 것은 세속성 문화, 즉 이방 문화, 혼합 종교사상이 이스라엘 백성으로서 경계하라고 하나님께서 명령하셨다. 세속성 문화는 이스라엘 백성에게는 본질적으로 감수해야 할 정서와 문화였다면, 원주민에게는 그 문화에 조상대대로 익혀온 환경이었다. 이방(이질) 문화는 이스라엘이 섬기는 신이 하나님과 근본적으로 다르다. 이스라엘은 근본적으로 하나님을 섬기는 신앙을 가진 채 부모에게서 태어나고 하나님이 늘상 옆에서 동행하며 삶과 생명, 그리고 비전까지 달랐다.

그러므로 철저하게 경계해야 할 세속성 문화는 이스라엘 백성에게는 자신들의 존재 자체까지 위협하는 대상으로 다가오고 있었다. 이스라엘 백성에게는 생명에 대한 두려움을 넘어서 가나안에 상주(常駐)하는 데 근본적인 어려움까지 가중되었다. 하나님께서 직접적으로 이스라엘 백성에게 명령하신 것은 이런 장애물들에 대한 신천신지(新川新地)의 신(新) 백성의 자격을 갖추기 위하여 경계할 대상을 리마인하게 하고 있다.

ii.

확대교회-세속성 문화의 도전 극복

전통교회의 정체성 – 모이는 교회 = 핵교회Nuclear Church였다.
일터교회의 정체성 – 흩어지는 교회 = 확대교회Expanded Church이다.

<Table-27> 일터(확대) 교회-세속성 주시

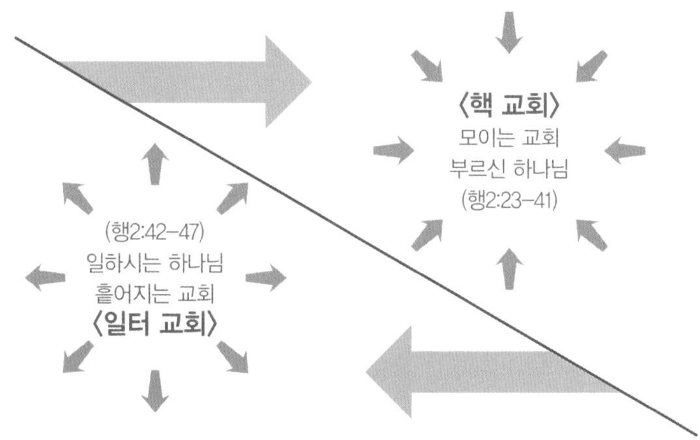

모이는 교회(핵 교회)에서 일터 교회(흩어지는 교회)로
하나님 왕국 건설

1. 모이는 교회/흩어지는 교회[111)]

오늘 우리의 교회 정체성은 '모이는 교회'에 있다. 이는 지역적으로 위치한 '핵교회'로 형성되어 온 전통교회의 본 모습이었다. 거기서 일터교회의 정체성을 갖는 '흩어지는 교회'로, 그리고 일상적인 삶

터 속으로 퍼져가는 '확대교회'로 이루어져 간다. 일터교회로 모인 공동체가 놓여진 상황은 세속성(Secularity)이 강한 곳이라서 주변 상황은 새로 입성한 이스라엘 백성에게는 도움이 아니라 도전이고 경계하고 극복의 대상[112]이다. 일터교회 역시, 본연의 정체성으로서 거룩성(Holiness)은 스스로 깨끗해지지 않는다. 계속 지키고 보전하고 이어가야 순결해 진다. 왜 그럴까? 그것은 거룩성이 세속성의 기운 가운데 처(處)해 있기 때문이다. 거룩성의 특성은 무얼까? 세속성 가운데 서 있을 때 거룩성 그것은 더 강해져야 하고 더 역동적으로 활동해야 구별된 신앙으로서 거룩해 진다.

2. 일터교회(확대교회)-"타협 No, 적응 Yes!"

1) 확대(일터) 교회로서 세속성 주시

오늘, 우리의 교회는 모이는 교회이다. 그 정체성은 일터교회이지만 모이는 교회로서 흩어지고 확대되는 교회의 정체성을 지녀야 한다. 구원의 하나님을 전혀 알지 못한 상태에서 예수 그리스도 십자가 대속의 은혜로 죄 가운데서 속죄의 은총을 통해 구원받아 십자가 아래로 모인 '모이는 교회'이다. 이미 지역적으로 분산되어 형성된 '핵교회'(nuclear church)에서 '흩어지는 교회'로, 그리고 일상적인 삶터 속으로 퍼져가는 '확대교회'(extended church)로 이뤄져 가는 정체성을 지니고 복음의 확장성을 다해 가야 한다. 일터교회로 모인 공동체의 상황은 세속성이 강한 곳이다. 하지만 타협하는 조건에는 'No!'라고

111) 김동연, 일터교회-영성 성숙도 연구, 서울: 러빙터치, 2020, p.79.
112) 창세기9:18-22.

해야하며, 적응하면서 복음 증거의 조건 앞에서는 'Yes!'라고 해야 할 것을 망각해서는 안될 것이다.

2) 확대교회-일터사역 공동체의 각오

일터 사역 공동체의 의무로서 세속사회와 타협 앞에서 'No!'라고 하는 일터교회 공동체요, 일터교회 공동체의 거룩성을 지키고 성장하며 적응하는 일 앞에 'Yes!'라고 하면서 복음으로 세상을 극복하고 이겨야 한다. 일터 사역 공동체는 주어진 의무를 성실하게 이행하므로 주변의 세속사회와 엄격한 구별이 되어야 한다. 이것은 주님께서 새로운 사역 공동체로서 주어진 의무와 구별로서 누려야 할 축복을 온전히 누리게 하려는 것이다. 주어진 의무와 구별됨은 누려야 할 축복이 비례(比例)된다는 것을 말하고 있다.[113)]

3) 세속성을 주시하면서 거룩성의 일터 사역 성취함

일터사역, 일터교회 공동체는 그동안 모였던 전통적 지역교회로서 지역적으로 분산되었다가 다시 이루어진 '핵교회'에서 이제는 흩어지는 교회, 일상적인 삶터 속으로 퍼져가는 '확대교회'로 번성하는 교회의 사명을 감당해야 하므로 우리의 자세를 바로 견지(堅持)해야 하겠다. 일터사역이 처한 상황, 세속사회의 세속성, 이방 이질문화의 가운데서 거룩성의 일터 사역의 고유의 속성을 성취해 가야 한다.[114)]

그러므로 우리가 추구하는 교회는 전통교회의 '핵교회'의 그 자리에

113) 김동연, 일터교회-영성 성숙도 연구, 서울: 러빙터치, 2020, pp. 80-82.
114) 김동연, 일터교회-영성 성숙도 연구, 서울: 러빙터치, 2020, pp. 80-82.

서 안주하는 것이 아닌, 일터교회의 '확대교회'로서 세속사회 현장 가운데로 역동적으로 나아가고 도전하고 확장하는 것이 세속성 문화를 극복하고 결국은 승리하는 하나님의 영역주권 안에 일터교회로서 본연의 목적을 다해 가는 것이다.

iii.

세속성의 도전 속에서 일터 교회 백성으로서 의무

가나안에 입성한 그의 백성들에게 하나님께서 특별한 명령이 하달된다. 가나안의 사회 구성이나 종교적 분포, 그리고 주류(主流) 종족의 구성에서 보듯이, 절대적으로 이러한 면을 잘 간파하고 계신 하나님께서 가나안의 원주민에 대하여 말씀하신다. 이스라엘이 그 세속의 정책을 조심하고 경계하여 그 의무를 잘 이행할 것을 주문하신 것이다.

1. 일터사역 공동체의 구별 됨

이스라엘이 경계하는 정책으로서 원주민에 대한 조심스럽고 , 세속과 타협하지 말 것과 그 유혹에 맞서서 극복해야 한다. 거룩한 선민으로서 구별됨이 있어야 한다(고후 6:15). 거룩한 하나님의 백성인 이스라엘 민족은 새로운 가나안 땅을 정복한 후에 주어진 계명들을 지키는 조건은 '경계'와 '극복'과 '구별'됨을 지키는 것이다.

일터사역 공동체는 이와 같은 원리 속에서 가나안과 같은 세속성을 상대로 지키는 조건들은 '경계'와 '극복'과 '구별'됨이다. 세속성을 경계하지 않으면 세속화되는 것은 당연지사이다.세상의 유혹과 시험은 항상 순결한 신앙을 유지하려는 그리스도인을 상대로 거세게 밀려오는 것을 깨달아야 한다. 이를 극복하는 것만이 순결을 유지하고 복된 기업(천국)을 받는 것이다. 또 하나님의 백성은 세상나라 사람들의 기질이나 속성을 닮지 않고 모든 면에서 구별되는 것이다. 이것이 바로 일터교회 공동체로서 그리스도인 된 새 백성으로서 세속에 대한 타협을 단절해야 하는 의무이다.

그들과는 타협이나 협상이 가능치 않다. 이교 사상으로 가득 찬 그들의 영향은 거룩하고 구별되려는 선민인 이스라엘에게 조금도 화합할 수 있는 기미나 조건이 엿보이지 않았다. 그러나 원주민들의 관능적이거나 쾌락적인 것이 이스라엘 백성들이 극복해야 큰 산이었다. 그러므로 그들과 어울릴 때는 하나님 백성들이 큰 타격을 입을 것은 뻔한 일이었다.

2. 거룩한 선민으로서 구별

죄와 어울리는 아름다움은 그것은 이미 진실한 아름다움이 아니다. 악과 조화되는 선이 어디 있는가?[115] 구역질나는 향기는 이미 향기가 아니다. 흉한 모양을 가지고는 아름다움 모습이라고 할 수 없다. 그래서 하나님의 백성은 구약이나 신약의 개념에서도 반드시 구별됨이 없

115) (고린도후서 6:15).

이는 하나님의 거룩한 백성이나 교회가 되지 못한다는 것이다.

3. 하나님의 구속사를 간파하는 것이다

1) 일터사역 공동체 거룩과 세속사회의 세속성

이스라엘 백성이 천신만고 끝에 광야에서 가나안으로 입성한 것과 그들 원주민의 속성과 이스라엘 백성이 가지고 있는 속성이 서로 이질성을 겪으면서 나타나는 현상이다. 그것은 일터사역 공동체로서 세속사회 가운데서 세속성에 거룩성의 이질성을 간파하는 것이다.

2) 일터사역 공동체의 거룩성의 진가

일터사역 공동체로서 믿음을 가진 구원의 백성이 지닌 거룩성은 신약의 그리스도인들이 예수 그리스도를 통해서 값없이 얻은 구원이고 그것은 믿음에 의한 것이다.

믿음을 가진 근본적인 원인에 대한 축복은 우리에게 있었던 것이 아니고, 하나님께서 예수 그리스도를 통하여 주신 선물이다. 그것을 결코 자랑하지 못한다는 것이다. 그런데 믿음을 가졌으니 죽음이 아니라 심판이 아니라 구원이고 영생이라는 것이다. 얼마든지 자랑할 만하지만, 우리 스스로 이룬 것이라고 자랑할 것이 하나도 없다는 것이다.

3) 구속사 위해 세속사를 간섭하심

하나나님께서 새 생명의 구속역사를 위해 세상역사를 친히 이끌어 가셨기 때문에, 이 구원은 세상 무엇과도 바꿀 수 없다. 이것이 우리 일터사역자에게 주어진 것을 깨닫는 것이 중요하다. 왜 동일한 믿음을 가진 천국백성으로서 천국의 소망에 대하여 감사와 불평이 엇갈리게 나타나는가? 그것은 본질적인 구원과 믿음에 대한 새로운 성찰이 없기 때문이 아닐까 생각해 본다. 일터 사역 공동체는 천국에 대한 소망을 강하게 열망하면서 소망으로 세속의 파고를 이겨가야 할 것이다.

4. 하나님의 명령을 수행하는 것이다.

이스라엘 백성이 새로운 가나안에 입성하여 젖과 꿀이 흐르는 축복을 마음껏 누리기 위해서 필히 지켜야 할 것은, 하나님의 명령을 수행하는 것이다. 이스라엘 백성을 유혹한 것은 이방 문화, 혼합 종교사상의 위협이었다. 하나님은 이런 장애물들에 대한 신천지의 새로운 백성으로서 삼가 조심할 것을 당부한다.

가나안의 상황을 주시해야 할 것은 농경문화 속에 이어져온 원주민의 종교 사상이었다. 바알, 아스다롯 신에 대한 우상숭배가 팽배했던 것이다. 또한 원주민으로서 그들은 주류 종족으로서 함 계통 원주민이 이스라엘의 타민족, 유랑 민족을 심하게 배척했던 것이다.

iv. 확대교회로서 일터공동체 주변의 세속성 주시

오늘 우리의 교회는 모이는 교회, 지역적으로 분산되었다가 다시 이루어진 '핵교회'에서, 흩어지는 교회, 일상적인 삶터 속으로 퍼져가는

'확대교회'로 이루어져 가는 것을 요구하고 있다. 일터교회로 모인 공동체가 놓여진 상황은, 세속성이 강한 곳이라서 주변 상황을 늘 주시해야 한다. 세속사회가 도전해오는 이질성이, 계속적으로 일터사역 공동체를 도전하고 억압하는 것은, 종교혼합주의 사상을 경계하라는 것이다.

1. 새로운 백성으로서의 의무이다.

새로운 백성으로서 일터 사역 공동체의 의무는 가나안에 입성한 그의 백성들에게 하나님께서 특별한 명령이 하달되었듯이, 새로운 일터 사역 공동체로서 그 의무를 잘 이행할 것을 주문하신 것이다.

1) 일터사역 공동체의 구별 됨

세속의 성책에는 적응하는 것이지 세속과 타협하지 않는다. 예수님께서 제자들에게 세상과 타협하지 말라고 하셨지, 세상에 살지 말라고 하지 않았다. 세상에 잘 적응하는 것이야 말로, 일터사역 공동체가 영적으로 거룩한 선민으로서 구별되는 것이다(고후6:15).

2) 확대교회–타협하지 말고 적응

일터 사역 공동체의 의무로서 세속사회와 타협하지 말고 적응하면서, 복음으로 세상을 극복하고 이겨야 할 것이다. 일터 사역 공동체는 주어진 의무를 성실하게 이행하여 나가므로 주변의 세속사회와 엄격한 구별이 되는 것이다. 이것은 주님께서 새로운 사역 공동체로서 주어진 의무와 구별로서 누려야 할 축복을 온전히 누리게 하려는 것이다. 주어진 의무와 구별됨은 누려야 할 축복이 비례된다는 것을 말하고 있다.

V.

일터사역 공동체가 각오하는 몇 마디

1. 의무 불이행은 축복을 상실하는 조건

세상에 하나 밖에 없는 축복은 에덴동산의 축복이다. 그 축복을 누릴 주역은 인간이다. 그러나 인간은 오직 하나밖에 없는 축복을 상실해 버렸다. 원인은 축복을 누릴 만큼의 의무이행 여부에 달렸다는 것이다. 이스라엘 백성이 가나안 안에서 광야에 비교할 수 없는 축복을 온전히 누릴 수 있는 조건은, 그들에게 주어진 하나님의 명령의 이행 여부였다. 그렇다! 일터사역 공동체에게도 반드시 주어진 하나님의 명령이 있다. 그것을 잘 성찰하고 의무를 이행하는데 우리의 자세가 되어야 할 것이다.

2. 일터사역 공동체의 각오

일터사역 공동체는 그동안 모였던 교회, 지역적으로 분산되었다가 다시 이루어진 '핵교회'에서 이제는 흩어지는 교회, 일상적인 삶터 속으로 퍼져가는 '확대교회'로 번성하는 교회의 사명을 감당하는 것이다. 여기서 중요한 역할을 몇 가지로 살펴보았다. 그리고 우리의 자세를 바로 견지해야 하겠다. 일터사역에 처해진 상황, 세속사회의 세속성, 그 가운데서 거룩성의 일터 사역의 고유한 속성을 이루어 가야할 것이다.[116]

---

116) 김동연, 일터교회-미래구원사역의 뉴 패러다임, 서울: 도서출판 러빙터치, 2020, pp.85-98

Chapter 12

일터 현장에서 그리스도의 매뉴얼대로 일하는 것이 최선이다

According to Christ's manual at the workplace It's best to work

i.

하나님의 문화명령과 달란트 비유

1. 문화명령-영역주권을 세상에 확장시키는 일

"땅에 충만하라!", "땅을 정복하라!"의 말씀이 기록된 창세기 1:28은 하나님의 '문화명령'으로서 말씀 한마디로 생육하고 번성하게 하는 일을 하실 수 있지만, 문화명령을 통해 인간들이 하나님 주신 세상을 확장(보전)시켜 인간 삶의 복지를 세워 나가는 일을 맡기셨다. 이는 마치 예수님의 달란트 비유와 일맥상통(一脈相通)한다. 먼 나라로 떠나면서 주인은 세 종에게 각각 다섯, 둘, 한 달란트씩을 맡긴다. 그리고 맡긴 돈으로 장사하도록 명령하신다. 일을 하도록 맡기신 것이다. 그런데 이 일은 단순노동이 아니라, 이윤을 남기는 것은 쉽지 않은 일이었다. 주인이 맡긴 일은 하나님이 아담과 하와에게 맡기신 문화명령과 그 성격이 같다.

첫 번째, 하나님은 인간에게 번성하고 문명을 만들라는 명령에 이어,

두 번째, 다스리며 정복하라고 하셨다. "정복하라!"는 히브리 말로 "카바쉬"이다. 이 뜻은 짓밟다, 부분적으로 멸시하란 의미와 긍정적으로 복종시키란 뜻이 포함되어 있다. 아담은 아내 하와의 유혹에 '먹지 말라!'는 선악과 열매를 먹고 말았다. 결과는 저주를 가져오게 되었으며, 땅이 저주를 받았다. 인간은 죄를 짓는 장본인이지만 저주는 인간과 창조된 하늘과 땅, 그리고 세상이 함께 받는 결과로 나타났다.[117)]

2. 일-땀, 노력, 힘을 힘껏 쏟을 것을 요구함

저주의 세밀한 표현을 빌리자면, '땅이 우리에게 가시덤불과 엉겅퀴를 낼 것이다. 우리가 먹을 것은 밭에서 생산되는 채소이다. 땅에서 나는 채소를 우리가 흙으로 돌아갈 때까지 채소를 생산, 일하느라 땀, 노력, 힘을 있는 힘껏 쏟아야 먹을거리를 얻을 수 있다. 그리고 우리가 그것을 취함으로 흙이라는 존재로 변하고 죽은 후 흙으로 돌아갈 것이다. 하나님은 인간에게 "네가 그것에서 취함을 입었음이라"고 하신다. 사람이 흙에서 왔으므로 돌아갈 때 흙으로 돌아간다. 사람은 흙과 밀접하게 연결되어서 죄를 지으면 흙과 함께 오염되고 저주를 받는다. 하나님의 "정복하라"는 말씀의 "카바쉬"는 인간이 죄를 지으면 땅도 가시덤불과 엉겅퀴를 생산해 낸다. 그러나 인간이 하나님의 문화명령을 수행하여 땅을 복종시키면 거기서 충만함과 함께 영원한 생명, 복음의 결과를 얻고 하나님 백성이 되며 그의 통치로 그의 왕국이 확장된다는 말씀이다.[118)]

ii.

회사 내 직장 신우회와 그리스도인

직장 내 신우회 참석에 만족하지 말라

세상 이야기 중 사람이 살아가는 삶의 현장 일터에서 일어나는 일거수일투족(一擧手一投足)은 아름다운 하나님의 계획된 구성을 가지고 있다고 봐야 한다. 그런 의미에서 살펴보면 다음 같이 말할 수 있다.

첫 번째, 현재의 상황이 어떻게 흘러가야 마땅한가?
두 번째, 오늘 같은 상태를 불러온 문제점은 주로 어떤 것이 있는가?
세 번째, 이에 대한 해결책으로서 어떻게 그 해법을 실현할 수 있는가?

이러한 이슈를 기독교적 관점으로 바라보고 대체하면 '기독교 세계관'(Christian world view) 또는 '복음적 세계관'Evangelical world view이라 말할 수 있다. 복음적 세계관의 큰 틀은 하나님과의 관계의 단절로부터 회복에 따른 솔루션의 문제이다. 하나님이 인간과 교제하기 위해 인간을 지으셨는데 인간이 창조주를 외면하고 거룩한 관계를 깨뜨렸다면 오로지 하나님만이 인간을 용서하고 관계를 회복시켜 주셔야 인간의 존재인 우리가 궁극적으로 살게 된다.

---

117) (창세기 3:17~19). 118) (창세기 3:18).

iii.

기독교 세계관의 삶의 의미와 이해

<Table-28> 기독교 세계관을 중심하여

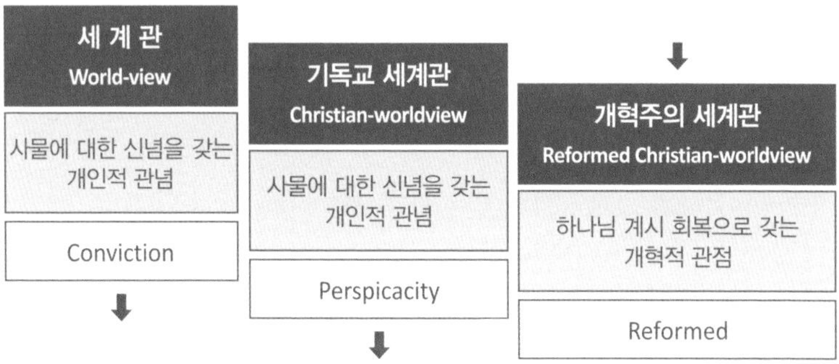

- **세계관**(World-view)은 개인이 세상에 존재하는 사물(事物)의 신념을 갖는 것에서 그 정의하는 패러다임(틀)으로 보는 콘텐츠를 말한다.
- **기독교 세계관**(Christian-worldview)은 그리스도인이 하나님 계시, 성경을 통해 세계를 통찰하는 관념에서 그 세계를 이해하는 콘텐츠를 말한다.
- **개혁주의 세계관**(Reformed Christian-worldview)은 그리스도인이 성경의 관점에서 세계가 하나님 계시로 회복을 위해 개혁해 가는 콘텐츠이다.

사람들의 요즘 관심사를 심플하게 표현하자면, 사회적 네트워크(연결)을 통한 모임과 취미 등의 커뮤니티 활동을 들 수 있다. 다음 건강,

환경, 지속 가능한 삶의 스타일을 원하며 추구한다. 또 오락에 관한 영화, K-pop(아이돌) 활동, 음악 등 문화적 소비문제에 적극적임을 알 수 있다. 그리고 교육, 커리어 이슈인데, 자격증, 온라인 클래스, 이직 준비, 자기 계발 콘텐츠 등을 들 수 있다.

그러나 정작, 세계관(世界觀, World-view)이란 주제를 지나칠 수 없다. 세계관은 그리스도인이 보는 관점에서 해석한다면, 개인이 세상에 존재하는 사물(事物)의 신념에 대한 정의를 어떻게 하고 있는가?에 대한 패러다임(틀)을 말한다.

세계관을 품는 기독교 세계관의 개념적 이해

세계관은 기독교 세계관에 포함된 전제(前提)에서 보는 것이다. 그리스도인은 하나님께 소명을 받은 것에서 시작하여 자신의 근본적 존재와 이 세계의 운영되는 과정 등 하나님과 자신을 비롯하여 타 피조물과 주변인과의 관계를 이해하면서 긍정적 반응을 하는 것이다. 그렇게 할 때 하나님의 복음의 진리를 바로 알고 증거하여 확장하면서 주의 재림을 고대하는 노력이라고 할 수 있다.

그러므로 그리스도인으로서 자신이 이해하는 이 세상을 활동무대를 삼고 거기서 삶을 이루는데 각종 주제에 대하여 기독교 사상의 영향력 안에서 기업, 정치, 문학, 예술, 학문, 교육, 가정 등에 최대 관심사로 삼고 거기에 열정을 품고 기독교 세계관으로 실천해 가야 할 것이다. 그리고 그리스도인에게 부여된 사명을 이 세상의 삶의 현장에서 일과 노동 그리고 하나님의 일하심을 위임받아 행하는 삶의 열매를 풍성하게 맺어가야 할 것이다.

특히 개혁주의 그리스도인은 하나님 중심, 성경 중심, 교회 공동체 중심, 그리고 일터 공동체 중심의 기독교 세계관으로 일터 교회의 영역 주권을 인정하면서 그에 합한 생활, 일터 속의 하나님 백성으로 살아가야 한다.

iv.

기독교(복음) 세계관에 담긴 교훈

1. 기독교 세계관으로 실천하는 일-노동으로 구원이 가능

우리 인류가 처(處)해 있는 죄의 본질적인 문제는 인간이 존재하는 세계관 안에서 결코 해결할 수 없으므로 반드시 하나님의 직접적인 작정과 섭리가 작용해야 한다. 원래의 창조세계는 아무 흠결(欠缺)이 없었지만, 인간이 세상을 총체적으로 망가뜨렸기에 세상을 다시 회복시키는 해결책을 어떠한 것도 인간에게 찾을 수 없다. 그러나 오직 하나님에게서만 찾을 수 있다. 그래서 통째로 오염된 세상에 대해 인간이 정의하는 세계관으로는 영원한 생명을 살리는 구원(해결)이 불가능하다.

오직 세상이 회복되는 과정으로서 하나님의 형상이 회복되는 것인데, 일반적인 경제적 수입과 행복한 삶을 우선순위를 사는 인생목표, 그 조건으로 근본적 영혼구원이 불가능하다. 기업의 생존 본질, 이윤 창출로도 권력의 수단으로도 영혼구원이 불가능하다. 즉 세속적 세계관, 인본주의 세계관이 직장과 일터에 확장되는 환경, 그 상태로는 하나님 나라를 형성하는 것도 불가능하다. 따라서 하나님의 통치 역시 불가능하다. 그러므로 기독교(복음) 세계관으로 실천하는 일-노동, 그리고 하나님께서 일하심의 모범을 따라 복음을 증거, 확장하면서 인간과 세계의 구원이 실현되게 해야 한다.

2. 기독교(복음) 세계관의 자세-하나님 의로움으로 임하는 것

우선, 기독교(복음) 세계관의 자세에서 변화를 보여주어야 한다. 그것은 그리스도인이 거짓을 행하거나 이중적 행위, 주어진 일, 조건에 대하여 불성실하게 처세(處世)하지 말아야 할 것이다. 더 나아가 능동적 차원에서 기독교(복음) 세계관의 의미에 걸맞게 일하는 삶의 목적에 합당한 자세가 필요하다고 하겠다. 하나님의 손길이 우리 그리스도인의 모든 분야에서 미치게 되므로 우리는 하나님의 목적을 성찰하는 단계에 도달할 수 있게 된다.

> 그리스도인은 하나님께서 일터에 임하시고 간섭하신다는 객관적인 사실의 수준을 넘어 어떤 관점으로 세상을 바라봐야 하는지에 대한 기독교 세계관을 지녀야 한다. 그리스도인은 하나님 말씀의 기준에 의거하여 공의로운 자세로 일-노동하는 자세로 일터에 임해야 한다.

3. 생명에 부정적 스토리를 긍정적, 낙관적 세계관으로 교체

일과 사람 등에 대한 상대의 조건 등을 우상화하거나 부정적 대상으로 여겨도 안 될 것이다. 다만 그들을 복음적인 생명의 대상으로 대처하는 믿음의 태도를 가지고 접근해야 할 것이다. 하나님의 눈높이에서 그가 원하시는 일과 그 일을 추구하는 인간의 존재를 새삼 깨닫고 의미를 부여하면서 함께 기독교 세계관을 추구해 가야 한다. 특히 기독교 기업과 그리스도인은 일과 인간 등의 상대에 대하여 수입을 궁극적인 가치와 수단으로 여기던 것에서 균형 잡힌 시각, 생명과 인격적인 조건을 동반한 관계로 세계를 영적으로 바라보면서 부정적인 스토리를 긍정적이고 낙관적으로 교체해 가는데 노력을 기울여야 한다. 이것이 타락 상태에 있는 생명을 영원한 생명으로 교체하는 것이기도 하다.

4. 기독교(복음) 세계관은 경이로움으로 인간과 본질적 관계

생명을 살리고 인간의 신체(육체)를 치료하는 것은 의료계 뿐만 아닐 것이다. 의료계는 중점적으로 신체적 치료만을 우선하는 기관이다. 그 의료기관이 모든 생명에 대한 조건을 다 케어할 수는 없다. 인간의 육체에는 정신(혼), 마음, 생각 감정 등 여러 속성이 포괄되어 존재하고 있다. 여기서 기독교(복음) 세계관은 세속적 우월감의 위치에서 벗어나 생명에 대한 경이로움으로 구속적인 '사역-일'을 추구해 가야 한다. 인간의 신체적 차원에서 업그레이드하여 육체뿐 아니라 여러 가지 속성-영혼, 정신(혼), 마음, 생각, 감정 등의 강건함을 고취시키고, 급기야는 '일-노동'을 실천하고 최선을 다하는 그리스도인의 세계관에 영향을 미치도록 하는 것이다.

5. 비그리스도인과 함께 기독교(복음) 세계관에 집착

이러한 노력은 건강한 일터 공동체를 형성하기 위해 전 산업별 분야에서 예수 그리스도의 마음과 사랑을 근간으로 하는 생명 존중 사상과 영혼 구원을 향하여 애통하는 마음으로 상대와 세상을 바라보게 하는데 있다. 인간의 힘에 기대는 능력이 아닌, 성령 하나님의 개입으로만이 가능한 기독교(복음) 세계관으로 세상의 문제를 해결하려는 마음과 의지가 있어야 한다. 특히, 지역 전통교회에 속한 그리스도인이 삶의 현장인 일터에서 청지기적 역할을 잘 감당해 내기 위한 것이어야 한다. 그리스도인과 비그리스도인이 함께 근무하는 공간에서 동일한 신앙인으로 그룹이 결성되고 회사 내에서 직장선교 차원인 '신우회'(Christian Fellowship Group)에 참여하는 선에서 만족하지 말 것을 당부한다.

> 그리스도인이 실천해야 할 사항은 비그리스도인과 함께하도록 다가가고 복음으로 그들과 대화하고 친교하여 교회공동체를 형성하는 것이어야 할 것이다.

V.

이분법 극복-거룩한 일터와 세상 일터 이분법

1. 이분법 극복 거룩한 일터, 세속적 일터

유대인들은 전 세계의 금융은 물론, 병원과 의료혜택, 예술과 문화센터 등 성경의 유산과 신앙에 기대어 "정의를 행하며 인자를 사랑하며 겸손하게 네 하나님과 함께 행하는 것"[119]이란, 하나님 말씀

119) (미가서 6:8).

을 실천하며 살고 있다. 그들은 모두가 그리스도를 좇는 제자들은 아니지만, 하나님의 역사 안에서 인류를 위해 쓰임 받는 것만큼은 분명하다. 그러나 이처럼 하나님의 섭리 안에서 쓰임 받는 이들이 반드시 거듭난 그리스도인 만은 아니다. 하나님은 그를 믿는 사람에 의해 선한 일, 행동을 록 하는데 그렇지 않다. 예수님을 믿는 이들이 어느 곳에서든 빛과 소금으로 세상에 영향력을 끼쳐야 하는 것이 분명하지만 노동 현장의 현실은 전혀 그렇지 않다. 시골의 농부라도 사회가 더 값진 일을 요구하는 데 충족스러운 일을 하거나, 멋진 음식을 만드는 셰프(요리사)는 음식에 얽힌 이웃의 필요를 채워주고, 자동차 정비공은 자동차와 관련해 기술적 도움을 받고자 하는 이웃의 필요를 채워준다.

이들 모두는 하나님의 형상대로 지음을 받았다.[120] 때문에 그리스도인이든 비그리스도인이든 누구에게나 필요한 달란트와 재능을 주셨다. 그러나 비그리스도인이 그리스도인보다 더 훌륭한 일을 수행하는 것에 대해 놀라워할 이유는 없다. 다만 누구든지 그에 합당한 재능을 주셨다는 것을 이해하고 그 결과에 대하여는 서로가 자연스럽게 받아들이면서 만족할 뿐이다. 이분법적인 이해는 양 진영을 분리하여 편 가르기를 위한 것이 아닌, 이에 대한 기독교 세계관의 관점에서 서로를 수용하고 각기 처(處)해진 영역에서 필요한 사명을 추구해 가는 것이다.

---

120) (창세기 1:26~28).

2. 일터 그리스도인은 '일-노동'에서 균형잡힌 삶을 이룸

기독교 세계관에 의하면, 블루컬러 노동자가 하는 일보다 화이트컬러 노동자가 기독교 세계관의 영향을 받은 자보다 국익에 더 큰 기여를 할수 있다. 개인적 자질과 정신에 따라 어느 정도 차이를 가져올 수 있다.

<Table-29> 이분법 극복-거룩한 일터와 세상 일터-이분법

그리스도인 ⇨	⇦ 비그리스도인
궁극적, 하나님에게 영광	궁극적, 사람에게 자랑
새사람-하나님(선한)법 지배	옛사람-죄의 법(악의) 지배
하나님 형상 회복	하나님 형상 상실
일-노동의 가치 무한함	일-노동의 가치 유한함
성경은 그리스도인만 귀한 일, 독특한 일의 재능으로 독단에 빠지지 않도록 경고하고 있음을 깨달아야 한다. 하나님의 형상으로 창조된 이들은 노동에 커다란 가치를 가질 수 있는 균형 잡힌 생각을 지녀야 한다.	

하지만, 이 모두가 비행기 엔진을 만들거나 위대한 작품을 만들어 내는 것이 아니다. 성경은 그리스도인만 한 일이나 전문직만을 소중하게 여길 수 있다는 잘못된 폐단에 빠지지 않도록 경고하고 있다. 하나님의 형상으로 창조된 이들은 노동에 커다란 가치를 가질 수 있다는 균형 잡힌 생각을 갖도록 해 준다.

예수 그리스도를 믿고, 기독교 세계관에 천착(穿鑿)하는 하나님 백성은 그의 형상의 회복으로 '일-노동'에서 영적, 육적 차원에서 균형잡힌 일터의 그리스도인으로 헌신적인 삶을 이뤄야 한다.

예수 그리스도를 믿고, 기독교 세계관에 천착(穿鑿)한다 해도 그리스도인과 비그리스도인의 차별성에 집착하므로 발생할 수 있는 엘리트주의와 파벌주의를 경계해야 할 것이다. 하나님은 뭇사람들을 택하여 자신을 드러내 보이시지만, 그러기 전까지 사람들은 하나님을 인위적 방법으로는 알 수 없다. 성경은 하나님의 택함을 받아 일의 탁월성을 보이는 이들을 기록하여 알려 줄 뿐이다. 다만 기록을 통해 내면(內面) 속에 담긴 일의 의미를 파악해 낼 뿐이다. 거기서 진한 감동과 교훈을 얻어야 할 줄 안다.

하나님은 모든 이들에게 일반은총을 베풀어 하나님과 선을 인식하는 기본적인 지식을 알게 하셨다. 이를 일차적 신념이라 하고 일차적 신념을 가진 이들은 "불의한 행동으로 진리를 가로막는 사람"이란 바울의 표현처럼 얼마쯤은 진리를 중심에 품고 있다. 그러나 이들은 일정한 수준까지는 일차적 신념에 의해 진리를 알게 되지만, 그 수준을 넘어서는 이차적 신념은 그들 자체적으로 알 수 있는 것이 아니다.

3. 일터 그리스도인의 일차적 삶으로 이차적 업그레이드 삶을

하나님의 일반은총 안에 있는 이들을 통해서도 하나님은 뜻을 이루신다는 것을 삶의 모범의 '사역-일'을 통해 깨우쳐주셨디.

하나님의 일반은총에 의해 일차적 신념이 이차적 신념으로 발전하여 더 확장된 신념을 갖게 만들어 준다. 건강하고 균형 잡힌 그리스도인이란 삭막하고 비진리의 세상 문화라 할지라도 그 안에 하나님의 진리를 드러내는 요소가 깃들어 있음을 놓치지 말아야 할 것이다. 사람들은 반쪽짜리 진리 안에서 자신들만의 우상을 만들고, 그것에 만끽하는 좁은 시야를 가지고 세상을 바라보지 말아야 한다. 복음의 광대함 안에 담겨있는 예수 그리스도의 사랑이 얼마나 넓고, 깊고, 높고, 깊은 것인지를 말씀 안에서 날마다 발견해 가야 할 것이다.

> "능히 모든 성도와 함께 지식에 넘치는 그리스도의 사랑을 알고 그 너비와 길이와 높이와 깊이가 어떠함을 깨달아 하나님의 모든 충만하신 것으로 너희에게 충만하게 하시기를 구하노라"(엡3:18-19).

vi.

영혼 구원의 열정-가슴에서 행동으로!

1. 눈앞 이익보다 예수님의 만남이 중요

생산적인 일에 대한 현대인의 자존감이란? 생산성이나 성공이라는 소기의 목표에서 자존감의 가치를 찾는 노력을 하다가 이내 지치고 탈진하고 만다. 예수 그리스도의 제자들은 그의 부름을 받자마자 그물과 배를 버려두고 예수님을 따랐지만, 훗날 그들은 다시 자신의 생업을 시작했다. 바울도 복음 전도자 사명을 감당하면서도 '장막 짓는 일'(Tent Make)을 놓지 않았다. 이들은 예수님을 만났지만, 일에 대한 변화는 일어나지 않았다. 다만, 예수님과의 관계만큼은 예전과 같지 않았다는 것에 예수님을 만난 이후 그들의 변화는 예수 그리스도와의 친밀함에서 찾을 수 있다. 밤샘 하면서도 고기를 못 잡던 제자들은 주님의 명령을 따라서 그물을 던져 엄청난 물고기가 잡혔으나, 그들은 물고기에 연연하지 않았으며, 물고기보다 예수님과의 만남이 더 중요하기 때문이다. 예수 그리스도와 만남을 가진 제자들은 물고기를 수확한 것보다 더 기뻐했다.

2. 하나님을 향한 믿음을 재설정

나아만 장군은 엘리사를 통해 한센병(나병)이 나음을 얻었다. 그는 이스라엘의 흙을 한 짐 실어다가 시리아의 림몬 신전에 들어가 무릎 꿇고 경배할 때 여호와 하나님을 생각했다. 그는 국가를 위해 봉사했지만, 섬기지는 않았다. 믿음의 기업 CEO의 가치는 물질이 아니라, 하나님의 이름을 더 높이는 것이다. 일반기업의 목적은 이윤 창출이지만, 믿음의 기업은 이윤 창출 이전에 하나님을 향한 믿음으로 목적을 재설정하면서 복음으로 힘 있게 나가면서 일의 가치를 정할 때, 큰 힘이 발생한다.

복음은 매우 투명하다. 그 복음은 이렇게 말한다. "하나님을 따르는 그리스도인은 그 믿음의 본질 중 하나인 게으름 없이 부지런하여 열정을 가슴에 품고 예수 그리스도를 섬기라"고 권면하고 있다. 역시 일하는 그리스도인의 열정의 동기와 원인을 하나님께 두고 추구하란 교훈이다.[121] 그리스도인은 하나님께서 의롭게 해 주신 이들이다. 굳이 자신의 의를 증명할 이유가 없다. 굳이 자신의 유익을 증명하는 것으로서 그리스도인은 자신의 기쁨이 아닌, 하나님이 기뻐하시는 것에 초점을 맞추며 사는 것이어야 한다.

vii.

일과 쉼은 공생관계–균형잡힌 일터 삶

몸과 마음의 안식을 누리고 나면, 더 많은 일을 더 잘 마칠 수 있는 힘이 생긴다. 현대인들은 일의 이면(裡面)에 다른 일 때문에 힘들어하고, 인정을 받고 싶어 하고, 이 일을 통해 자신이 평생을 먹고살 수 있도록 달려가기를 원한다. 즉, 일로 인한 구원을 원하고 현대인은 일을 통해 정체감과 가치감을 확보하고자 한다. 일의 이면의 또 다른 이면에 대한 갈등은 복음의 말씀이 아니고서는 해결해 줄 수 없다. 복음이 주는 쉼은 일에서 구원을 찾으려는 갈망으로부터 자유로움을 주고, 끊임없이 근원적인 힘을 채워준다. 복음은 영원한 생명력이 있으므로, '일–노동'의 차원에서 균형잡힌 삶을 살아가도록 영석(靈的)인 시각을 되찾아 주며, 열정을 회복시켜 주는 활력의 원천을 가져다주는 것이다.

<Table-30> '일과 쉼'의 공생 관계

조건		쉼의 원리
1. 안식의 리듬 출 8~11장	⇨	–안식을 하나님의 창조 사역, 원리와 연결된다 –일과 쉼의 리듬이 모든 이들이 안식 리듬을 갖는다
2. 참된 안식 신 5:15	⇨	–일을 마친 후 쉼을 지키는 것, 안식을 얻는다 –안식일은 노예의식, 죄책감에서 벗어난다
3. 평안한 놓임 눅 2:29	⇨	–메시아를 보았으니 지금 죽어도 여한 없다 –그리스도의 구속으로 죄의 구속에서 벗어나다
4. 가벼움 마 11:28~30	⇨	–수고하고 무거운 짐진 사람 주께로 간다 –예수 그리스도의 멍에에 동참하면서 쉼을 얻는다

121) (로마서 12:1).

1_안식의 리듬

안식은 하나님의 창조 사역과 연결된다. 일과 쉼의 리듬이 그리스도인뿐만 아니라, 피조 세계 모든 이들이 누려야 할 안식으로 보고 있다. 일이 너무 많거나, 적은 것은 자연 질서를 침해하고 문제를 만들고 만다. 안식은 사람들이 하나님의 창조 사역의 아름다운 속성을 즐기고 높이면서 하나님의 창조 사역의 아름다움이란 하나님의 구속 사역이다.[122]

2_참된 안식

하나님께서 이스라엘 백성에게 자신의 오묘했던 구속의 섭리를 요구하고 있다. '이스라엘은 기억하라. 애굽 땅에서 종된 상태에서 여호와가 강한 손과 편 팔로 해방을 베풀고 인도해 내었다고 했다. 그와 함께 하나님의 규범, 안식일을 기억하여 안식일을 지키라 했다'. 그러므로 안식일은 죄책감을 느끼거나 노예 개념에서 벗어나지 못하면, 참된 안식을 얻지 못한다. 하나님의 아름다운 창조 사역은 매여 있던 종들이 해방되는 것으로 이스라엘 백성들이 오랜 노예 상태에서의 억압에서 해방되므로 진실로 참되고 행복한 안식을 누리는 것이다. '불의 전차'라는 저서, 에릭 리델(Eric Liddell)은 올림픽 금메달보다 온전한 안식을 즐긴다. 뛰는 일이 즐겁고, 재능을 주신 분을 기쁘시게 해 드리는 게 좋아서 안식일에도 안식의 기쁨을 누리면서 달린다.[123]

3_평안한 놓임

"주재여(데스포테스), 이제는(눈), 말씀하신(레마), 대로(카타), 종을(둘로스), 평안히(에이레네), 놓아 주시는도다(아폴뤼오)"에 약속된

시몬의 외침이다. 시몬은 "메시아를 보았으니 지금 죽어도 여한이 없다"고 한다. 뉘라서 생명보다 죽음을 더 가치 있다고 고백의 외침을 하는가? 그는 종의 매임은 자신을 부자유하게 했으나 이제 자신은 얽매임에서 놓이고, 평안한 놓임을 받고 있으니 설령 죽음이 자유의 기쁨을 앗아 가더라도 만족한다고 했다. 어쩌면 이것이 평안한 놓임이 아닐까?[124)]

4_가벼움

"수고하고 무거운 짐 진 자들아 다 내게로 오라. 내가 너희를 쉬게 하리라. 나는 마음이 온유하고 겸손하니 나의 멍에를 메고 내게 배우라. 너희 마음이 쉼을 얻으리니 이는 내 멍에는 쉽고 내 짐은 가벼움이라 하시니라"(마11:28-30).

이 말씀이 바로 그리스도의 완성된 '사역-일'이며 이 안에서 누리는 쉼이야 말로, 창조주 안에서의 구속의 '사역-일'로부터 찾게 되는 진정한 삶일 것이다. 하나님께서는 그의 통치의 영향을 받는 그의 백성이 '일'과 '쉼'의 균형 속에서 예수 그리스도 품 안에서 누리는 축복 같은 풍성함이 일-노동의 일하는 축복을 보장받고 삶을 이루는 것이다. 이것은 또 다른 일을 통한 가벼움을 경험하고 취하는 그리스도인의 완전한 해결책을 바라봄이다.

---

122) (출애굽기 8~11). 123) (신명기 5:15). 124) (누가복음 2:29).

The Workplace Community Sphere Sovereignty

제 3 부

for Whom
일터공동체가 필요한 사람들

Chapter 13

한직선
한국직장선교연합회 현장소개

Restored to the image of God What is human work?

i.

한국직장선교연합회(한직선) 운영지침-7가지

〈한국직장선교연합회-약칭, 신우회를 '교회공동체'로〉

한국 내에서 직장선교 운동에 평생 헌신한 인물이 박흥일 장로이다. 이미 오래전부터 직장이란 현장에서 '신우회'(信友會)를 세워서 신앙활동을 위해 헌신해 왔다. 그 단체가 오늘날 말하는 세속사회 현장에서의 '교회공동체'라고 할 수 있는데, 기독교 복음 전파에 여러 가지 긍정적 영향을 미칠 수 있는 것이 사실이다. 신우회는 직장 내에서 신앙을 나누고, 서로의 신앙을 격려하며, 직장생활과 신앙생활을 통합하는 중요한 역할을 한다. 이 같은 활동과 책임있는 리더 역할을 할 수 있는 그룹은 '신우회'이며, 영어 표현은 'Christian Friends Group'

이라고 한자. '신우회'를 본서에서는 '교회공동체'라는 새 이름으로 지칭하여 사용해 간다.

1) 교회공동체(신우회) 목적

이 그룹의 목적은 직장 안에서 서로의 믿음을 공유하고 격려하는 공동체를 형성하는 것이다. 직장인으로 구성된 회원들이 힘겨운 직장생활 속에서 함께 기도하고 성경 공부를 통해 영적으로 성장할 수 있는 기회를 제공한다. 직장 내 선교인 신우회를 통해 직장 동료들에게 복음을 전하고, 그들이 신앙을 갖도록 서로 권면하고 격려하는 역할을 하고 있다.

2) 교회공동체(신우회) 운영 방안

교회공동체로서 정기적 모임을 개최하여 기도회, 성경 공부, 찬양 등을 진행한다. 이를 통해 회원 간의 유대감을 강화해 가고 있다. 더 적극적인 활동으로 '특강 및 세미나'를 갖는다. 이것은 직장 내에서의 신앙생활, 직장 내 갈등 해결, 직장 선교 이슈 등에 대한 특강이나 세미나를 개최하여 실질적인 도움을 주게 된다.

3) 교회공동체 봉사 활동

교회공동체로 일단 모였다면, 그 활동에 대한 실제는 직장에 소속하여 각종 봉사 활동으로 지역 사회와 교회, 일반적인 기관과 연계하여 대민(對民) 봉사활동을 진행하는 것이다. 이런 기회는 신앙을 실천하는 기회를 제공해 준다.

4) 교회공동체 회원 모집 및 참여

교회공동체 회원 모집 및 참여는 자발적으로 참여하는 것이 중요하다. 직장 내에서 신앙에 관심 있는 동료들을 초대하거나 참여를 유도한다. 신우회의 활동을 알리고, 회원 간의 소통을 원활히 하기 위해 다양한 홍보 방법을 활용한다. 홍보미디어, 이메일, 소셜 미디어, 포스터 등을 통해 알릴 수 있다.

5) 교회공동체 도전 과제

직장 내에서 신앙을 솔직하게 드러내놓고 표현하는 것이 직장에서 부자유스럽거나 심지어 어려움을 겪을 수 있다. 이를 극복하기 위해서는 신우회가 직장 내에서 긍정적인 이미지를 구축하여 그들에게 선한 이미지의 영향력으로 유익을 얻게 해야 하는 것이 중요하다.

6) 교회공동체 집회 및 프로그램시간 관리

직장 생활과 신앙 활동을 병행하는 것이 쉽지 않으므로 회원들이 시간을 효율적으로 관리할 수 있도록 지원하는 방안을 세워 운영해야 한다. 신우회 리더의 역할로 비전과 방향성을 제시하고, 회원을 격려하고 주도해 가는 역할을 한다.

7) 교회공동체 신앙적 멘토

그에 걸 맞는 조언과 지도를 제공하여, 신앙생활을 긍정적으로 이어가도록 도와줘야 한다. 신우회를 세우는 것은 직장 내에서 신앙으로 친교하고 서로의 믿음을 격려하는 중요한 기회를 제공할 수 있다. 위와 같은 사례와 방법은 박홍일 장로의 경험과 지혜를 바탕으로 신우회가 성공적으로 운영하게 하는 것으로서 직장 내에서 긍정적인 변화와 영적 성장을 이끌어낼 수 있을 것이다.

ii.

직장 신우회와 그리스도인의 자세

〈직장 내 신우회 참석에 만족하지 말라〉

세상 이야기 중 사람이 살아가는 삶의 현장 일터에서 일어나는 하나하나는 아름다운 하나님의 계획된 구성과 사연을 가지고 있다.

첫째, 현재의 상황이 어떻게 흘러가야 마땅한가?

둘째, 오늘 같은 상태를 불러온 문제점은 주로 어떤 것들이 있는가?

셋째, 이에 대한 방법적 해결책은 무엇이며, 어떻게 그 해법을 실현할 수 있는가?

이것을 기독교적인 관점으로 바라보는 것을 기독교 세계관 또는 복음적 세계관이라 말할 수 있다. 복음적 세계관의 큰 틀은 하나님과의 관계의 단절과 회복에 따른 해결책이다. 하나님이 인간과 교제하기 위해 인간을 지으셨는데 인간이 주님을 외면하고, 거룩한 관계를 깨뜨렸다면 오로지 하나님만이 인간을 용서하고 관계를 회복시킬 수 있다.

iii. 한국직장선교연합회(한직선)

한직선 대표 박흥일 장로는 '한국직장선교연합회'의 중요한 인물로, 직장인들이 신앙을 바탕으로 서로 격려하고, 직장 내에서의 선교 활동을 활성화하는 데 기여하고 있다. 박 장로는 직장인들이 신앙과 직장생활을 통합할 수 있도록 다양한 프로그램과 활동을 추진하고 있다. 그가 추진하는 주요 활동 및 기여함으로서 한국직장선교연합회의 리더로서, 조직의 비전과 방향성을 제시하며, 직장인들이 신앙을 통해 서로를 격려하고 지원할 수 있는 환경을 조성하고 있다. 직장인들이 신앙을 실천할 수 있도록 다양한 교육 프로그램과 세미나를 기획하고 운영하여, 직장 내에서의 신앙생활을 지원하고 있다. 이러한 프로그램은 직장 내 갈등 해결, 리더십 개발, 신앙생활의 통합 등을 다룬다.

또 그는 직장인들이 서로 연결되고, 신앙공동체를 형성할 수 있도록 다양한 네트워킹 기회를 마련하고 있다. 이를 통해 직장인들이 서로의 경험을 나누고, 신앙을 격려하는 환경을 조성하고 있다. 한국직장선교연합회는 지역 사회와의 연계를 통해 봉사 활동을 진행하며, 직장인이 신앙을 실천하도록 그 터전을 마련해 주고 있다. 이런 활동을 통해 직장인들이 사회에 긍정적인 영향을 끼치도록 지원하고 있다. 박흥일 장로의 헌신과 노력은 한국직장선교연합회가 직장인들의 신앙생활을 지원하고, 직장 내에서의 선교 활동을 활성화하는 데 큰 기여를 하고 있다. 그의 리더십 아래, 많은 직장인이 신앙을 통해 긍정적인 변화를 이끌어 내고 있는 실정이다.

iv.

설립 연도 및 배경–한국직장인선교회(한직선)

한국직장인선교회(한직선)의 설립 연도 및 배경으로 한국직장인선교회는 1980년대 초반에 설립되었다. 설립 배경으로는 급속한 산업화와 도시화로 인해 직장인들이 신앙생활을 지속하기 어려운 환경에 처하게 되므로 이들을 위한 신앙 공동체의 필요성이 요구되고 있다.

〈한국직장인선교회 조직 구성〉

조직구조로는 중앙 조직으로 한국직장인선교회는 중앙 본부가 있으며, 이곳에서 전체적인 방향성과 정책을 수립한다. 각 지역 지부는 전국 각지에 여러 지역 지부가 있으며, 각 지부는 지역의 직장인들이 자발적으로 참여하여 운영된다. 주요 도시(서울, 부산, 대구, 인천 등)에 지부가 있다.

전체 회원 수는 한국직장인선교회는 수천 명의 직장인이 회원으로 활동하고 있으며, 정확한 회원 수는 매년 변동이 있을 수 있다. 일반적으로 5,000명 이상의 직장인이 교회공동체 일원으로 활동하는 것으로 알려져 있다.

주요 활동으로 정기 모임이 각 지부에서 정기적으로 기도회와 성경공부 모임을 개최한다. 세미나 및 교육 프로그램은 직장 내 갈등 해결, 리더십 개발, 직장 선교 관련 세미나를 운영한다.

봉사 활동에 대해 지역 사회와의 연계를 통해 다양한 봉사 활동을 진행하며, 직장인들이 신앙을 실천할 수 있는 기회를 제공한다.

각종 네트워킹 및 커뮤니케이션은 온라인 플랫폼을 통한 최근에는 디지털 플랫폼을 활용하여 온라인 모임과 소셜 미디어를 통해 회원 간의 소통을 강화하고 있다. 연합 행사 및 연례 행사나 특별한 기념일에 대규모 모임을 개최하여 회원들이 서로 교류할 수 있는 기회를 제공한다.

사회적 영향력으로는 직장 내 신앙 생활에 대해 한국직장인선교회는 직장인들이 신앙을 통해 긍정적인 변화를 이끌어내고, 직장 내에서의 신앙생활을 지원하는 데 중점을 두고 있다. 이로 인해 사회적 기여는 다양한 사회적 이슈에 대한 인식을 높이고, 지역 사회에 긍정적인 영향을 미치는 활동을 지속적으로 전개하고 있다.

V.
한국직장인선교회(한직선) 설립 배경(1980년대 초)

한국직장인선교회(한직선)는 1980년대 초반에 설립된 선교 단체로, 직장인들이 신앙을 바탕으로 서로의 믿음을 격려하고, 직장 내에서의 선교 활동을 활성화하기 위해 만들어졌다. 한직선의 역사로 한국직장인선교회(한직선) 설립 배경(1980년대 초)으로는 당시 사회적 필요에 의해 1980년대 한국 사회는 급속한 산업화와 도시화가 진행되면서 직장 내에서의 신앙 공동체의 필요성이 대두되었다. 많은 직장인이 신앙생활을 지속하기 어려운 환경에 처해 있었고, 이들을 위한 지원이 필요했다. 직장 선교 의식에 대해 직장인들이 자신의 신앙을 직장 생활에 통합하고, 동료들에게 복음을 전파하는 기회를 제공하기 위해 한국직장인선교회가 설립되었다.

vi.

한국직장인선교회 조직, 활동 발전(1980년대~1990년대)

한직선의 조직 및 활동의 발전(1980년대~1990년대)은 정기 모임 및 기도회를 통해 초기에는 소규모 모임을 통해 직장인들이 정기적으로 모여 기도하고 성경을 공부하는 활동이 시작되었다. 이를 통해 신앙 공동체가 형성되었다. 특별히 세미나 및 교육 프로그램운영에 대해서는 직장 내에서의 신앙생활과 관련된 다양한 세미나와 교육 프로그램이 개발되어 직장인에게 실질적인 도움을 주었다.

vii.

한국직장인선교회 네트워킹(2000년대)

한직선의 확장 및 네트워킹(2000년대)은 전국적 확장으로 한직선은 서울을 넘어 전국 각지로 확장되었으며, 다양한 산업 분야의 직장인들이 참여하게 되었다. 이를 통해 더 많은 직장인들이 신앙 공동체에 소속될 수 있었다. 봉사 활동으로는 지역 사회와의 연계를 통해 봉사 활동을 진행하며, 신앙을 실천하는 기회를 제공하였다.

viii.

한국직장인선교회 현대적 변화(2010년대~현재)

현대적 변화(2010년대~현재)에 대해서는 디지털 플랫폼 활용 등으로 최근에는 온라인 모임과 소셜 미디어를 활용하여 더 많은 직장인들이 참여할 수 있도록 하고 있다. 이는 특히 COVID-19 팬데믹 이후 더욱 중요해졌다. 다양한 프로그램 개발은 직장 내 갈등 해결, 직장 선교, 리더십 개발 등 다양한 주제를 다룬 프로그램이 개발되어 직장인들에게 실질적인 도움을 주고 있다.

ix.

한직선의 미래 지속적인 성장

한직선은 앞으로도 더 많은 직장인이 참여할 수 있도록 다양한 프로그램을 개발하고, 지역 사회와의 협력을 강화할 계획이다. 신앙과 직장 생활의 통합: 직장인들이 신앙을 통해 직장 내에서 긍정적인 변화를 이끌어낼 수 있도록 지속적으로 지원할 것이다. 한국직장인선교회는 직장인들이 신앙을 통해 서로를 격려하고, 직장 내에서 긍정적인 변화를 이끌어내는 중요한 역할을 하고 있으며, 앞으로도 그 사명을 계속 이어갈 것이다.

Chapter 14

한국 기독교 기업 12개의 기업 현장소개

Korean Christian Enterprises 12 companies

한국 기독교 기업 12기업

- 고려은단 • 국민일보 • 모나미 • 한만두식품
- 우성에프앤티/우성염지 • 신원(에벤에셀)
- 애터미 • 월드비전 • 뷰티화장품 • 이삭토스트
- 한국컴패션 • FNC엔터테인먼트 등이다.[125)]

세상의 가치와 논리가 지배하는 현실에서 기독교 가치를 우선으로 내세우고 살아남기란 쉽지 않다. 특히 그것이 기업이라면 더욱 힘들 것이라고 생각되는데 오늘은 한국에서 나름 기독교 가치를 내세우면서 크리스천 기업이 되려고 노력하는 회사 13곳 순서는 가나다순으로 편집한 방침을 참고하면 된다.

125) https://renewmystrength.tistory.com/entry/

1. 고려은단

한국 기독교 기업 중, 현존하는 대표적인 기독교 기업이라고 하는 곳이 '고려은단'이라고 한다. 이곳이 기독교 기업으로서 어느 정도 평가를 받고 있는가? 고려은단에서 시중에 판매되고 있는 대표제품인 〈고려은단 비타민〉 제품 포장지에 성경 말씀인 "항상 기뻐하라! 쉬지 말고 기도하라! 범사에 감사하라!"(데살로니가 5장 16절)를 새겨놓을 정도이다. 또 경부고속도로 상 신갈 J.C. 근처에 옥외광고 사이즈도 다른 광고판 보다 큰 광고판이다. 내용으로는 그 광고판에 거의 꽉찰 정도로 'JESUS LOVES YOU'를 문구를 디자인하여 광고하고 있다. 이 한 가지만 봐도 진짜 기독교 기업이라고 인정받을 만한 것은 분명해 보인다.

〈그림-2〉 경부고소도로 신갈 IC 인근 고려은단 옥외광고

2. 국민일보

1987년 '배달신문'이라는 이름으로 창간한 국민일보는 여의도순복음교회와 연관이 큰 기업이다. 크리스천투데이 등등 많은 기독교 언론이 한국교계에 존재하고 있지만 오직 국민일보만 이 리스트에 넣은 이

유는 이 언론사는 기독교 전문 언론기관이 아닌 일반적인 종합지 언론 콘텐츠까지 포함하여 편집되고 있기 때문이다. 그런 이유에서 국민일보를 기독교 기업으로 분류해 본 것이다. 그래서 국민일보는 종교면에 좀 더 진정성(?)이 있기는 하다. 동성애 문제라든가 기독교를 '개독'이라고 무작정 비판하는 여러 이슈에 대해서 기독교 쪽의 이야기도 전문적으로 나름 다루고 있다. 그런 면에서 어떻게 보면 일반적인 세상과 기독교적 논리를 이어가는 다리같이 일간지로서 하나의 언론기관이라고도 생각할 수 있다.

〈그림-3〉 국민일보 사이트 이미지

3. 모나미

모나미 역시 대표적인 기독교 기업 중에 하나다. 프랜차이즈 대표 제품인 모나미 볼펜의 이름은 '모나미 153'인데, 이 153은 요한복음에서 '예수님 말씀하신 곳에 그물을 던져 고기를 잡았더니 그 수가 153 마리였더라' 라는 그곳에서 모티브를 따온 제품이다. "시몬 베드로가 올라가서 그물을 육지에 끌어 올리니 가득히 찬 고기가 일백 쉰 세 마리라 이같이 많으나 그물이 찢어지지 아니하였더라"(요한복음 21:11).

창업주가 독실한 기독교인이다. 하지만 다른 기업들처럼 모나미 역시 중견기업으로 성장하면서 그 본래의 기독교적 마인드가 회사 전체에 가득할 거라 생각치는 않지만, 어쨌든 적어도 '153'이라는 숫자를 궁금해하는 사람들에게 그 의미를 들춰보게 하는 의미는 있을 것이다.

〈그림-4〉 모나미 153 볼펜 이미지 / '국민볼펜' 이라고 불리고 있다

4. 한만두식품

한만두식품은 직원을 행복하게, 고객에게 건강하고 맛있는 먹거리를 제공하는 식품회사이다. 기독교 기업으로서 일터 가운데 일터교회를 설립하여 매주 월요일 전직원 일터 예배와 소그룹 목장 모임을 진행한다. 회사 내 사목은 직원들의 양육과 코칭 및 문화행사를 진행하며 한다.

만두제조유통 전문기업인 한만두식품(주) 남미경 대표이사는 1999년 설립 수제 물만두 전문기업으로 업계에 진출한 후 갈비만두, 주꾸미만두, 투명만두, 콘치즈만두 등 창의적인 제품을 잇달아 개발하며, 대기업이 주종을 이루던 냉동만두 시장에 새로운 바람을 일으켰다. 한만두식품(주)은 매장 없이 만두전문점&프랜차이즈에 제품을 납품하거나 쿠팡 등 온라인 플랫폼을 통해 소비자에게 직접 제품을 판매하는 전략만으로 해마다 10~15%의 매출 성장을 이뤄냈다. 한만두식품이 '2025 한국소비자만족지수 1위' 식품(만두) 부문을 7년 연속 수상했다. 회사창립 26년 전통을 자랑하는 한만두식품은 국내를 넘어 미국, 캐나다, 호주 등 18개국에 다양한 만두 제품을 수출하고 있다. 특히 비건 만두, 현지화된 제품 개발 등을 통해 해외 전시회에서 호평을 얻으며 글로벌 시장에서 입지를 더욱 확고히 했다.

5. 우성에프앤티/우성염직

우성에프앤티/우성염직의 기업이념은 '믿음'과 '사랑'이다. '믿을 것은 오직 품질, 지켜야 할 것은 신용'으로 염색과 가공의 전문성으로 대한민국의 섬유산업과 함께해 왔다. 군용, 기능성, 브랜드 원단과 Knit CPB MAX. Camouflage/NIR(근적외선), 우성은 난연, 발수, 항균, 방오, 날염 등 다양한 기능성 가공 기술을 보유하고 있으며, 원사 단계부터 라미네이팅 공정까지, 니트에서 우븐, 세데니어에서 산자 원단까지 전 범위의 원단 개발과 가공을 수행할 수 있는 토털 솔루션 역량을 갖추고 있다. 우성은 1968년 우성염직 설립, 안산 반월공단에 위치해 있으며 신앙을 바탕으로 한 공동체 기업으로, 일터에서도 사랑과 섬김이 자연스럽게 물드는 문화를 만들어 가고 있는 기업이다. 일터 가운데 우성염직 일터 교회는 경영자와 사목과 함께 투톱의 경영시스템으로 일터 예배를 매주 하나님께 올려드리고 있다.

일터가 단순한 근무 공간을 넘어 '사람과 섬김이 피어나는 공동체의 장'이 되도록 매일의 일과 속에서도 신앙의 향기를 이어간다. 구홍림 선한목자교회 장로 대표이사는 기업이념으로 '믿음으로 끊임없는 도전을 바탕으로 새로운 가치를 창출하여 하나님의 사랑을 실천하는 기업'이 되기를 축복하며 기도한다. 매주 8시 출근해서 예배가 있는 날은 근무시간 1시간을 예배에 할애를 하고 9시부터 일을 시작한다. 특송 및 찬양 등 일터 예배를 섬기는 분들 중에는 믿지 않는 분들도 포함되어 있고 일대일 양육도 믿지 않는 분들이 섬기고 말씀을 통해 삶이 변화되고 구원에까지 이르는 역사를 볼 수 있다.

6. 신원-에벤에셀

1973년에 신원 통상으로 창립한 신원은 한때 '신원 에벤에셀'로 많은 의류사업으로 잘 나가던 기업이다. SI, 베스띠벨리, 비키 등 다양한 브랜드를 갖고 있다. 국민일보나 극동방송에도 광고로 자주 나온다. '주일은 주님과 함께!'라는 캐치프레이즈도 인상적이다. 또한 신원 기업의 쇼핑백에도 '성경구절'이 적혀있다〈신원의 홈페이지의 회사소개 중 일부〉.

7. 애터미

〈그림-5〉 애터미 본사

대한민국 대표적인 공식적 기업(다단계회사), 애터미 역시 신실한 기독교 기업이다. 창업주인 박한길 회장은 현재 많은 정통 개신교 교단 및 단체와 선교기관에 기부하고 기독교학교를 설립하는 등 개신교 내에서 왕성한 활동을 하고 있다. 현재 많은 정통 개신교 교단 및 단체에 봉사와 헌신하면서 기독교학교를 설립하는 등 개신교 내에서 영향력있게 활동하면서 애터미를 통해 얻은 수익으로 많은 사회사업을 진행하고 있다.

8. 월드비전

〈그림-6〉 월드비전의 로고

'컴패션'과 함께 사람들에게 꽤 알려진 큰 단체이기에 기독교기업 리스트에 넣어봤다. 월드비전은 확실히 기독교 정신으로 세워진 글로벌 NGO이다. 월드비전은 사실 비영리단체이기 때문에 목록에 넣을까 고민했지만, 미션은 모든 사람, 특히 어린이들이 잘 살 수 있도록 일하고 있으므로(Working for the well being of all people, especially children) 월드비전은 확실한 기독교기관이다.

대표사업은 아동과 가족 후원, 학교를 짓고 빈곤지역의 환경을 좋게 만드는 것을 진행하고 있다. 한국에는 우리가 가장 어려울 때인

1950년도 6.25 한국전쟁 당시 한국에 들어와 전쟁 고아들을 도왔다. 또한, 우리 대한민국은 원조를 받던 나라에서 원조를 주는 나라로 바뀐 가장 모델 사례로 전 세계에 회자 되고 있다.

9. 뷰티화장품

(주)뷰티화장품은 '예수님이 주인이신 기업'으로 매주 수요일 사업장(일터)에서 전직원 예배를 드리는 믿음의 기업이다. '영혼의 때를 준비하라'는 슬로건으로 전 직원들의 성령 운동을 인도하고 있는 오한선 대표이사(오순절하나님의성회 서울중앙교회 장로)는 회사 사훈으로 "성령이 앞서면 흥하고 육이 앞서면 회사가 망한다"(요6:63)로 정하고 성령의 인도하심으로 회사를 운영하고 있다. 또한 회사의 목적은 '예수믿고 천국가자'로 설정하여 전 직원이 예수 믿는 신앙인으로 성장하도록 하고 있으며 아울러 회사 목표로는 '모든 사업장의 예배 생활화'를 설정하여 모든 사업장(일터)에서 예배 생활화를 통해서 사업장 복음화가 되도록 인도하고 있다.

오한선 대표는 해마다 하나님으로부터 경영방침과 실천목표를 기도를 통해서 받고 있는데, 2026년은 경영방침으로 '예수채움의 한 해가 되자'(빌4:19)를 선포하였으며, 3대 실천목표로는 ①영적채움을 갖자(요4:14) ②인적채움을 갖자(요13:35) ③물적채움을 갖자(마17:27)를 선포하였다. 특히 수요예배와 일상생활을 통해 행복한 삶을 위한 레시피로 '예수로 세팅하자'(JESUS Setting)를 선포하며 예수로 세팅되는 삶 5가지는 가장 복되고 값지며 행복해지는 지름길이라고 강조한다.

뷰티화장품은 세계 35개국에 수출하고 있으며, 주요 고객사들에게

화장품 OEM ODM 생산으로 공급하고 있고 아울러 '뷰그린'이라는 자사 브랜드로도 수출하고 있다. 이러한 경영능력으로 대통령 표창을 수상하였으며 경제부총리 보건복지부장관 산업부장관 충청북도지사 등 많은 표창을 받았다.

(주)뷰티화장품은 경영 목적을 오직 예수 그리스도의 영광을 위한 것임을 천명하고 전 직원들은 복음을 전파하고 증거하는 사역자로서 그 사명을 다하고 있다. 오직예수 오직성령 오직복음이 핵심가치인 회사이다.

10. 이삭토스트

〈그림-7〉 이삭토스트 일부 제품들

'석봉토스트'와 더불어 대표적인 기독교 식품기업이다. '이삭토스트'에서 토스트를 포장할 때 겉 포장지에 이렇게 적혀있다. "이삭이 곡식을 심고 그해에 풍년이 들었는데, 주님이 축복하사 이삭이 크게 성공해서 크게 부자가 되었더라"(창 26:12-13).

이삭토스트의 대표인 김하경 대표 독실한 그리스도인이다. 과거 초기에는 어려운 사람들에게 무료로 레시피를 가르쳐주고 창업하도록 도와주기도 했다고 한다. 또한, 과거에는 그리스도인에게만 체인점을 내어주었다고 하는데, 지금은 종교와 상관없이 체인점이 가능하다.

11. 한국 컴패션

〈그림-8〉 한국컴패션 홍보 이미지

컴패션은 다국적 NGO 단체이다. 그래서 사실 기업이 아닌 비영리 단체이기 때문에 목록에 넣을까 고민했지만, 어쨌든 많은 청년들이 구직활동을 하는 곳이기에 올려봤다. 한국컴패션은 다분히 기독교 가치를 내세우는 단체이다. 실제로 입사 과정에서 목사님 추천서 출석교회 등 굉장히 세부적인 것을 요청하기도 하며, 입사 후에는 성경공부나 예배에 참여하는 것이 거의 필수로 알려져 있다. 홈페이지에 가보면 "아, 이 단체는 완전히 기독교적이구나!"라는 것을 알 수 있다.[126)]

12. FNC 엔터테인먼트

2006년 7월 개업할 당시, 기업 명칭은 Fish & Cake Enter tainment로 성경의 '오병이어의 기적'에서 모티브를 가져왔다고 한다. 이

후 이름을 FNC Entertainment 로 변경했다. 일단 명칭은 그럴싸해 보이는데, 연예기획사로서 그리스도인의 빛과 소금의 역할에 대해 본사 홈페이지에서 자세한 활동이 확인 가능하다.[127]

126) www.compassion.or.kr
127) https://www.fncent.com

Chapter 15

농촌 목회사역
사례별 11개 기관 현장소개

Rural ministry 11 institutions per case

농촌 목회사역 사례_1

농부 목사 박순웅, 30년 동안 강원도 산골에서 자급자족 100%

"자연 속, 농토에서 삶을 실천하는 목회자를 만나다"[128]

• 강원도 산골에 100% 자급자족하는 '농부 목사'

그가 30년 동안 농촌교회를 떠나지 못한 이유는 무엇인가? 농부목사 박순웅에게는 삶이 자연이고 자연을 삶으로 일군, '자기 인생의 철학자들' 자연의 철학자들 62부(KBS 다큐 2023. 06. 23. 방송)에서 소개된 농부목사 콘텐츠이다.

• 가장 아프고 약한 곳으로

강원도 홍천 영귀미면, 자그마한 마을 사락(士樂)골에는 자급자족을 원칙으로 하는 농부 목사 박순웅(62세) 씨가 30년째 한자리에서 농촌교회를 이끌고 있다. 오랫동안 보이지 않다가 돌아온 제비 떼를 반가워하고 새들의 쉼터인 울창한 나무를 쉽사리 자르지 못하고, 덜 자란 작물에겐 부모와 같은 마음을 갖는다. 그는 몸 하나만으로 논과 밭에서 함께 살아가는 곤충들을 만나며 결국 농사는 농부 혼자 짓는 것이 아님을 깨달았다. 자연의 미생물들, 귀농 귀촌 식구들은 모두 박순웅 목사의 소중한 교회 안팎의 교인들이다. 자연 공동체를 이룬 이들의 목표는 하나, 자연과 더불어 모든 생명과 상생하며 순리대로 살아가는 것. 기꺼이 땅에 떨어져 깨지고 썩어 열매를 맺는 밀알처럼, 자연과 사람을 잇는 공동체를 만들어가는 박순웅 목사의 철학은 공동체 식구들의 오가는 웃음 속에서 마을 전체에 울려 퍼진다.

• 훔친 마음으로 시작한 농사

박순웅 목사는 모든 생명은 자연 앞에선 동등한 존재라고 여기며 초조하고 불안하게 사는 약자들의 삶을 위해서도 살아갈 줄 아는 겸손한 농부다. 생명이 건강하게 살도록 돌봄과 책임을 다하고 약속을 지키는 것이 자신이 할 일이란다. 그 때문에 그는 논과 밭에선 한없이 낮은 사람이 된다. 맨발로 엎드려 기어 다니며 작물 하나하나 같은 시선에서 보듬는다. 박 목사의 시선은 작물에만 머물지 않는다. 30년 전 처음 온 교회에는 자연스레 농사를 짓는 교인들이 주를 이뤘고, 농사 짓는 농민들의 마음을 헤아리고 소통하기 위해 진심을 다해 농사를 배우기 시작했다. 풀이 잘 자라는 데서 곡식도 잘 자란다는 어르신들의 말씀에, 약을 치지 않고 손으로만 하는 농사, 그 마음을 훔치고 싶었단다. 박 목사에겐 하나하나 정성으로 키워낸 작물들도, 귀촌으로 만

---

128) https://www.youtube.com/watch?v=6X9Uou2slnk
https://search.naver.com/search.naver?where=nexearch&sm

난 베테랑 농부도 모두 벅차게 다가온 행운이었다.

• 혼자 하는 일은 없다

박순웅 목사에게 자연의 생명들과 아내는 농사를 함께하는 동료요, 마을의 어르신들과 이웃은 자연이 주는 기쁨과 철학을 가르쳐 주는 스승이다. 마을 공동체가 가꾸는 텃밭의 선생님으로 인생 2막을 살고 있다. 작은 공동체의 시작, 그의 교회 앞마당에선 박 목사의 30년 지기 느티나무가 미래세대인 아이들에게 제 몸을 내어 그네를 태워준다. 하늘을 보고, 초록을 본 아이들의 생명력과 생장력은 느티나무만큼이나 강하다는 것을 그는 믿는다. 절기 교육과 함께 자연과 더불어 사는 삶, 돈으로도 살수 없는 재산을 물려주는 것이 그의 목회 철학이기도 하다. 생명을 키우며 만물을 품을지라도 높아지지 않고 여전히 하늘 아래서 할 일을 하는 땅처럼 그도 맨몸으로 가장 낮은 자세로 겸손히 살아가길 희망한다.

농촌 목회사역 사례_2

사과재배 농부 조주용 목사(영월약속교회)[129)]

지속 가능한 농촌과 농촌교회 이루기

우리 동네 농부들의 기후 위기 이야기

• 사과 재배 7000평, 마늘, 생강-3000평

사과 7천평 13년 전 강원도 영월에서 사과농사부터 시작했다, 평소에 부모님을 위로 방문하면서 내심 부모님께서 땀흘리며 쉬지 않고 일하시는 그 모습을 보아 왔다. 조주용 목사의 눈에는 영월 부모님이 깡촌 시골의 영월에서 농사짓는 모습이 애처로워서 그저 계산 없이 노구로 농사하시는 부모님을 돕는 마음으로 내려와서 사과나무를 심기 시작했다. 그리고 기왕 하는 것 농지를 중심으로 환경을 정원처럼 조성해 나갔다. 그에게도 그런 일이 보람이 있었다. 그러나 7000평으로 아기자기한 정원은 넉넉한 정원은 아니었다.

당시 농사를 시작할 때부터 기후변화가 심했다. 예전 2월-7도, 지금은 영하-5~에서 영하-2도까지 기온이 내려갔다. 한국은 한해 생산 사과가 57만 톤인데, 2023년도 47만톤으로 많이 줄어서 가격이 폭등했다. 북향은 사과농사가 안 되고, 남향은 잘 되고 사과재배 결실이 좋았다. 그런데 농약 1회 70-120만원이 소요된다(비가 오면 즉시 다시 뿌려야 한다). 조목사는 데이터를 보는데 수년간 한국의 사과 소비량이 꽤 된다는 것을 알고, 사과 농사는 환경 직불제 도입하면 좋다고 한다.

농촌목회사역 사례_3

농사 도우미 박재관 목사, 강명희 사모(산청 부곡교회)[130]

"우리 같이 오래 사입시더!"

• 신년특집 성령 따라 온 누리로! 농사도우미 우리 목사님!

"우리 같이 오래 사입시더…!" 가을걷이가 한창인 시골에서 노인들의 추수를 돕느라 가장 바쁜 남자, 바로 재관 씨이다. 그는 대학에서

129) 출처: 영상 유튜브주소, https://www.youtube.com/watch?v=xFrUvAPKHu8

130) 경상남도 산청군 오부면-콤바인, 신년특집 성령 따라 온누리로! 농사 도우미 우리 목사님! KBS1 [4328회] 인간극장 2018.11.05 월요일 방영자료, 김영선 기자 k4458@onnuri.org. 문의: 010-5407-6575

전기공학을 전공한 후 사업가로 승승장구했지만 IMF로 어려워지면서 신학대학에 진학하며 제2의 인생을 열었다. 첫 부임지인 산청에서 목사로, 농사로 산지 10년 째이다. 농사도우미 우리 목사님! 산청 부곡교회 박재관 목사와 강명희 사모, 우리가 미처 잘 몰라서 그렇지 섬기고 기도해야 할 농촌 사역지가 너무 많다는 것이다.

• '성령 따라 온 누리로!'를 주제로 회보가 발행

[도움의 손길이 필요한 농어촌교회와 미자립교회, 선교사와 선교사 자녀 등]을 소개한다. 그 첫 번째 주인공은 경상남도 산청군 오부면에 있는 부곡교회 박재관 목사와 강명희 사모다. 그들 부부는 KBS1 교양 프로그램 〈인간극장〉 '우리 같이 오래 사입시더'편에 소개될 만큼 주민들과 지역사회에 긍정적인 영향을 주는 사역을 하고 있다. 경상남도 산청군 오부면에 작은 시골 교회가 하나 있다. 〈산청부곡교회〉이다. 박 목사 부부와 30여 명의 성도들이 함께 예배드리고 있다. 박 목사 부부와 성도들은 오부면(부곡지역) 일대 8개 마을 600여 명의 주민들을 내 가족처럼 섬기는 사역을 한다. 특히 박재관 목사는 농사짓는 목사로 유명하다. 박 목사와 강명희 사모 이야기는 KBS1 교양프로그램 〈인간극장〉에 방영되었다. 박 목사는 농사철이면 눈코 뜰 새가 없다. 공짜로 대가를 바라지 않고 주민들의 농사일을 거들어주고 있기 때문이다. 봄에는 트랙터로 논을 갈아주고, 가을에는 콤바인으로 추수를 해준다. 전도하고 기도하며 이웃 어르신에게 교육(한글) 등을 일깨워 주고 있다.

농촌목회사역 사례_4

'귀농 귀촌 코디네이터', 남해길 목사(삼의교회, 예장합동)[131]

[기독교 귀농귀촌학교], 농촌교회의 성장과 농촌을 변화시키다

• 농사 초보 대도시 목회자, 농사를 시작하다.

대도시 교회에서 목회하다가 농촌 교회로 귀농 후 모범적인 귀농 사역을 제시하고 있는 목회자가 있어서 화제를 모으고 있다. 남해길 목사(삼의교회, 예장합동)이다. 농촌과는 거리가 먼 대구 도심에서 태어나 자랐으며 도시 목회를 해 온 남해길 목사는 지난 10여년 전 목회하다가 은퇴하신 부친의 오가피 농사를 옆에서 지켜보던 간접적인 농촌 경험을 시작으로 2010년에는 주말농장 개념으로 농사에 참여하다가 2012년 8월 농촌교회로 부임하면서 본격적인 귀농 사역을 시작하게 되었다. 농촌교회에 부임 후 농촌 특성에 맞는 귀농 사역을 시작할 때는 담임하던 교회 성도들을 물론이고 주변의 우려와 반대도 많았다. 하지만 남해길 목사는 농촌이라는 환경의 실정에 맞게 농사를 짓는 것이 맞다 확신했다. 목회자가 지역 환경에 맞게 농사에 참여하면 무엇보다 지역 주민들과 공감대를 이루어 전도의 발판이 되며, 생활에도 도움을 주어 목회자가 장기적으로 목회할 수 있다는 장점이 있기 때문이다.

• 삼의교회도 농토도 나의 목양의 터전

처음 삼의교회(청송군 부동면 소재)에 부임하였을 때는 장년교인이

131) 본헤럴드 기자 윤홍식, 2017.01.21., http://www.bonhd.net/news/articleView.html?idxno=1103. 귀농교육, 귀농사역, 상담(후원) 문의 054-873-3955, 010-2504-5870 nampastor@naver.com, 후원 351-0897-8343-03 농협 김연호(회계)

9명이었으나, 현재는 20여 명의 성도들이 함께 예배드릴 정도로 배가(倍加) 부흥했다. 한편, 농촌 교회 목회와 동시에 농사를 시작했다. 그는 오미자 농사(700평)를 비롯해 감자, 고구마, 콩을 약 2000평 규모의 땅에 심어 성공적 농사꾼이 되어갔다. 그러자 지역에서 그에 대한 좋은 소문들이 나기 시작했고, [안동 KBS라디오]에서 1년 동안 귀농 캠페인 고정 출연하기도 했다(프로그램명-귀농속으로, 귀농별곡). 남 목사는 자신의 출연 방송원고를 모아 책을 만들었다. 〈귀농매뉴얼북, 2014 올리브북스〉가 귀농의 발자취를 담은 책으로 많은 사람에게 큰 호응을 받는 책이다. 2015년에는 오디오 북(CD) 제작, 사랑을 받았다. 그의 책은 농촌진흥청 농업과학도서관과 농업계 유력 잡지인 [월간 새농사]에 추천도서 선정, 현재 그의 업적이 인정되어 농식품부 산하 농림수산식품교육문화정보원(농정원)의 '귀농귀촌 코디네이터', '귀농닥터'로, 귀농상담, 강사로 활동하고 있다. 낙후된 농촌을 위해 귀농 사역 프로그램을 만들고 있다.

• 남해길 목사-농정원의 귀농귀촌 상담강사로 활동

귀농 귀촌에 도움을 주는 것이 궁극적인 목적이다. 게스트 하우스(예비 귀농인의 집)을 운영하여 도시교회와 귀농에 관심이 있는 사람들이 귀농을 준비하는 베이스 캠프를 삼고 있으며, 남해길 목사의 모범적인 귀농 및 농촌목회 사례가 오늘날 어려운 현실에 처한 한국의 대다수 농촌교회의 희망의 빛이 되기를 기대해 본다.[132)]

농촌목회사역 사례_5

AD농어촌방송선교회 차재완 회장[133)]

믿음과 사랑으로 든든하게 뿌리를 내린 차 회장 부부와 자녀의 신앙 이야기는 국민일보 홈페이지의 동영상으로도 볼 수 있다.

• 영화 '엽기적인 그녀', '과속스캔들' 주연 차태현(35, 충신교회).

까불까불한 부잣집 아들 같은 이미지의 그지만 선교단체를 이끄는 아버지를 물심양면으로 돕는 착한 아들이다. 그의 아버지 차재완(68, 전성우)씨는 아들과 같은 교회를 섬기며 'AD농어촌방송선교회'를 통해 27년째 자비량 선교를 이어가고 있다. 부자(父子)는 각기 장로와 집사다. 이런 부자를 지난 31일 서울 망원동 선교회 사무실에서 만났다. 태현씨는 오는 9월 개봉 예정 영화 '챔프' 주연으로 촬영에 바쁘나 아버지 요청이 있자 부리나케 달려왔다. 태현씨는 형제 중 차남이다.

• 차재완 장로는 70년대 말부터 농어촌선교를 섬기고 있다.

'하나님의 심부름꾼'이 하고 싶어 시작했다. 1984년 선교회를 해 매달 목회 정보와 설교 등을 담은 테이프와 CD를 700여 농어촌 교회에 발송했다. 선교회 명칭 중 'AD'는 라틴어로 'Anno Domini=우리 주 예수 그리스도의 해'란 뜻이다. 특별히 도(都) · 농(農) 교회 간 가교역할을 감당하는 데 힘을 기울이고 있다. 목회자 부부와 자녀를 이스라엘 선교 여행이나 해외교회 탐방체험을 보내 주는 일도 선교회 사역

132) 귀농교육, 귀농사역, 상담(후원) 문의 054-873-3955, 010-2504-5870

133) https://www.kmib.co.kr/article/view.asp?arcid=0005017059, 국민일보 2011-06-02, 미션라이프, 유영대 ydyoo@kmib.co.kr, 전병선 기자, junbs@kmib.co.kr.

중 하나다. 목회자 자녀에게 장학금도 제공한다. 최근엔 인터넷 라디오 방송국을 만들어 좀 더 양질의 목회 정보를 제공하고 있다. 농어촌 목회자들이 서울에 왔을 때 마음 편히 쉴 수 있는 쉼터 건립을 위해 기도하고 있다. 아직 방 한 칸이 전부다. 하나님이 허락하신 귀한 소명으로 여기고 있다.

차재완 장로는 1978년부터 태현이가 세 살 때, 당시 TBC 공채 성우였다. 선교를 위해 형님과 함께 성경 낭독 테이프와 성경을 드라마한 테이프를 제작, 보급했다. 하지만 6년 만에 손을 뗄 수밖에 없었다. 빚만 3억원 넘게 졌다.

배우 차태현씨는 “아버지가 섬기는 AD농어촌선교회 섬김을 존경한다고 하면서, 아버지께서 이 일을 섬기고 헌신하는 것에 매우 존경스럽다. 대단하신 것 같다. 많은 목회자가 저를 위해 기도해 주시고 무엇보다 제가 한국 영화계에서 유명한 배우가 되지 않았나. 아버지의 선행 덕분이라고 생각한다”고 했다.

• 배우 차태현 집사–매 주일예배에 참석할 것이다

“부모님에 비해 부끄럽지만, 부모님의 신앙유산을 따라 살고 있을 뿐이다. 매일 가정예배와 주일예배에 참석할 것이다. 십일조 생활도 하고 있다. 나를 통해 많은 청소년과 팬이 영향을 받고 있기 때문에 신앙생활을 게을리할 수 없다. 하나님께 쓰임 받는 연예인이 되게 해 달라고 기도하고 있다.”

농촌목회사역 사례_6

김영진 목사(보령 시온교회) 산죽리 수목원,

생태 마을여행 등 농(農) · 도(都)가 상생해야 한다.[134)]

스쿨버스 운전-폐교 막은 농촌 목사, 생태 마을 여행 상생해야….[135)]

• 산죽리수목원을 운영, 카페에서 만남

1968년에 세워진 충남 보령 시온교회에 네 번째 담임목사로 부임하여 30년 가까이 목회하고 있는 김영진(62) 목사를 만났다. 김 목사는 농촌교회의 성장은 물리적인 양적 성장이 아니라, 교회가 마을과 지역에서 어떤 역할을 감당하느냐에 달렸다고 말한다. 보령시 마을만들기 지원센터 이사장을 맡아서 마을여행, 지역 오케스트라, 마을 수목원 등의 활동을 활발히 하고 있는 김 목사를 수목원 카페에서 만났다.

외할아버지 때부터 기독교 집안이어서, 어려서 교회생활이 자연스럽게 몸에 배었다. 광주에서 학교 다니다가 5 · 18이 났다. 5 · 18 현장을 직접 겪으면서 신학을 결심하고 호남신대와 신대원 졸업 후 안수받기 두 달 전 결혼했다. 1993년 8월에 시온교회에 34살 부임하고 30년이 되었다. 학생 때, 연극 극단 활동, 보컬 등으로 예술문화 활동을 한 것이 지금의 농촌 목회에 중요한 밑바탕이 되었다.

---

134) http://www.cnews.or.kr/news/articleView.html?idxno=1266, C 뉴스 김태훈 기자/충남 보령 승인 2021.11.10.

135) https://www.newsnjoy.or.kr/news/articleView.html?idxno=205992, 뉴스엔조이 김재광기자 승인 2016.09.23.

• 지역교회 중심으로 문화마을 즐겁게 조성

1994년 당시에는 수도권 교회에도 빔프로젝터가 거의 없었다. 교회에서 빔프로젝터를 구입했다. 보령 시온교회는 문화사역을 했는데, 극장처럼 빔프로젝터로 영화를 보여주며 마을 분들과 소통하기 시작했다. 또 노회와 농산물 직거래를 하면서 지역 공동체에 필요한 사역을 해 나갔다.

농촌사역 15년 전쯤에 지역에 있는 낙동초등학교 학생 수가 가파르게 줄었다. 2007년에는 전교생이 49명으로 줄어서 교육청으로부터 낙동 초등학교를 폐교한다는 통보를 받았다. 시온교회가 낙동초등학교를 유지하는 일에 교회의 자산(資産)을 동원했다. 교회에서 하던 공부방을 학교로 다 옮겼고, 아내가 피아노 선생님, 장로님이 한문 선생님, 어떤 교우가 영어 선생님을 맡았다. 저는 컴퓨터를 가르쳤다. 스쿨버스 운행을 15년 동안 봉사하여 폐교를 면했다. 이 일들이 KBS 「천상의 수업」 다큐멘터리로 방영되었다. 전교생 합창단을 만들었으며, 1년에 한번씩 음악회를 열었다. 학생들을 9년 음악을 가르쳤다. 농민 오케스트라도 만들었다.

• 신죽리수목원 조성, 공동판매장, 지역 축제-시에 인가함

장로님 사유지로 돼지 축사였다가 방치된 곳을 마을공동체 공간인 수목원으로 조성하여 그 안에 농산물 판매장을 함께 만들어서 지역민들이 할 수 있는 것은 자유롭게 팔게 했다. 보령시에서도 정식 지역 축제로 인정했다. 축제에 참여하는 분들에게 커피, 치즈, 우유 등 먹고 마시는 것은 다 무료로 제공해 드렸다. 하나님이 창조하신 자연세계 가치를 사람들이 와서 다 만끽하고 누리고 가는 모습이 매우 좋았다.

농촌목회사역 사례_7

농촌 현장에서 묵상 박성완 목사(농촌목회 자원)

농촌 목회 25년간 현장에서 써 내려간 묵상자료

8부 능선을 타는 젊은 농어촌 목회자에게…![136]

• KBS FM 1, 노래의 날개 위에, 2007년 9월 9일 방송

그의 농촌 목회 블로그에 기록된 박성완 목사의 묵상자료이다.

주님께서 여러분과 함께 하시기를 바란다. 현실과 이상 사이에서 톨스토이는 심란한 마음을 달래기 위해 늙은 몸으로 여행을 하다가, 1910년 어느 가을 날 아스타보보 어느 역장 관사에서 천상의 계단을 밟고 그가 꿈꾸었던 하늘나라로 올라간다. 그리고 그가 세상을 떠난 아스타보보 역을 이제는 톨스토이 역이라고 부른다. 톨스토이는 [사람은 무엇으로 사는가?] 라는 소설에서 천사에서 잠시 인간이 된 영혼에게 이런 고백을 하게 된다. "모든 인간은 이기심이 아니라, 사랑으로 살아간다는 것을 저는 알게 되었다. 제가 인간이 되어서도 살아갈 수 있었던 것은, 자신의 일을 걱정하고 염려해서가 아니라, 길을 가던 한 사람과 그 아내의 마음속에 깃든 사랑, 그들이 제게 보여준 동정심과 관심 때문이었다." 톨스토이는 바로 인간이 겨드랑이에 보이지 않는 날개가 숨어 있는 천사라고 사람들에게 알려 주었다. 그 날개가 바로 사랑과 관심이다.

다시 이어서 묵상해 갔다. 저는 사도 바울이 이처럼 성도들에게 보낸 편지로 비웃는 글을 처음 읽었는데, 사도에게도 이런 단면이 있는

136) https://lutherfriend.tistory.com/6829, [lutherfriend.tistory.com:티스토리] 블로그에 기록된 박성완 묵상자료 7443호(2021.10.2.토요일), 시 33:13-15. 찬송가 530장.

줄을 미처 몰랐다. “여러분은 벌써 부자가 되었고, 벌써 왕이 되었으며, 우리는 바보가 되었는데 여러분은 현명한 사람이 되었다. 여러분은 강자이고, 여러분은 명예만 누리고, 우리는 이 시간에도 굶주리고 목마르고 헐벗고 매 맞으며 손발이 부르트도록 노동하며 인간 찌꺼기처럼 살고 있다”고 했다. 이런 극적인 대비(對比)는 당시 교회 현상을 짐작하게 한다.

여러 해 전, 완도에서 오신 노 목사님 한 분이 저의 강습회에 찾아오셨다. 자신은 지난 25년간 자원해서 농어촌 목회를 하고 있다고 했다. 그런데 지금은 노인 몇 분만 남아 있는 빈둥지 같은 노쇠한 교회에 남겨 있다고 했다. 생각하고 또 해도 자신은 목회에 실패했다는 말을 이어갔다. 도회지에서 크게 힘쓰지 않고도 시골서 훈련된 일꾼을 공짜로 얻은 동료 목회자가 부러울 때가 있다는 것이다. 그들이 자신을 비웃듯 성공한 목회를(?) 자랑할 땐 더 화가 난다고 했다.

• 회상(回想)해 보면, 박성완 목사가 자신의 고백을 추억하고 있다.

신대원을 졸업하고 금산 농촌에서 목회를 시작했다 연락이 왔다. 그리고 또 몇 년이 흘러 농촌목회의 어려움을 들려주었다. 농촌에 남아 있으려는 젊은이가 없다고 했다. 교회는 늙어 버렸다. 성경을 가르치는 것도, 봉사를 훈련하는 것도 무리하다고 말했다. 남는 것은 자녀에게 미안함과 동료로부터 실패자 낙인이 찍힌 것이라 했다. 그러나 성경은 권면하고 있다. “우리가 선을 행하되 낙심하지 말지니, 피곤치 아니하면 때가 이르매 거두리라”(갈 6:9)라고 말이다. 어쩌면 지금 8부 능선을 오르고 있는 중일지 모르겠다.

농촌목회사역 사례_8

오필승 목사(홍성 신동리교회, 이장)[137]

농촌 마을의 희망스토리

• 냉이 마을에서 도농 교류 마을로 변모하는 신동리

살기 좋은 마을 만들기 오누이 권역사업 추진, 40년째 이어오는 냉이 농사, 냉이 냉면 개발, 마을 유물 한자리에서 보는 마을역사 홍보관, 농장체험과 볼거리 가득한 도농 교류 신동리, 이 마을은 장곡면의 도산2리, 지정1 · 2리와 함께 오누이 권역 단위 종합정비사업에 선정되어 있다. 오누이 권역은 장곡의 홍동저수지를 기준으로 둘러진 4개의 마을로 지역 주민들의 삶의 질을 높이고 농어촌지역의 균형발전을 통해 주민복지 증진을 목표로 하는 사업으로 진행되고 있다.

홍성 산동리 이장, 오필승 목사는 2010년 충남도 농업기술원 귀농대학 1기로 참여해 전북 진안군의 계남정미소가 마을박물관으로 변모한 성공사례를 견학했다. 여기서 강한 인상을 받은 오 이장은 진안 사례를 신동리에 적용해 마을 유물들을 모으면 소박한 마을박물관이 되겠다는 생각을 해왔다. 오 이장은 살기 좋은 마을 만들기를 연구하면서 전남 장성 한마음 자연학교에 마을 주민들 8명과 2011년 2월 견학을 다녀오고 나서 주민토론회를 진행했다. 오 이장은 장곡 저수지권 체험단지 개발에 뜻을 두고 지정1 · 2리, 도산2리의 4개 마을과 추진위를 구성해 '장곡 저수지권으로 살기 좋은 마을 만들기'를 구성했다.

137) http://www.maeulch.net/news/196563 2016.08.31(수) / 홍주신문 기자 44jerubbaal@gmail.com. 주소: 홍성 신동리교회) 홍성군 장곡면 신동리 홍남동로357번길 148-64.

• 홍동저수지의 마을 발전에 신동리교회가 앞장선다

홍동저수지는 90% 이상이 장곡면에 위치해 장곡저수지권이라 이름지었다. 당시 위원장은 도산2리 이장인 임응철 장곡이장 협의회장이 맡았으며 4개 마을의 특성과 개발을 마을회관을 돌면서 주민들에게 설명했다. 위원회는 그해 11월 농어촌공사로부터 농촌 마을 예비권역 사업설명회제의가 들어와서 사업설명회를 거쳐, 군 건설교통과에서 사업계획서를 제출하여 충남도를 거치고 농림부 심사를 거쳐, 2012년 5월 7일 42억 8,000만원의 사업비가 최종 확정됐다.

[오누이 권역 종합정비사업]이 선정되기까지 오필승 목사(이장)의 마을 만들기 노력과 오누이 권역의 이장 및 주민들이 한마음으로 진행하여 홍동저수지와 경관이 수려한 마을로 조성했다. 주민 서영미(76)씨는 "오필승 이장(목사)님 덕분에 우리 마을이 발전되었으며 그동안 열성을 다한 이장께 감사하다"고 했다.

마을 사람들의 노력으로 신동리는 작년 KBS의 6시 내고향과 노장불패에 방영되면서 두 차례 냉이 마을로 방송을 탄 바 있다. 신동리 마을에 들어서면 길쭉한 홍동저수지가 먼저 눈에 들어온다.

홍동저수지는 한국전쟁 전부터 공사가 진행돼 1955년 준공됐다. 만수면적 40만7000㎡인 저수지는 둘레를 걸으면서 산책하기 좋다. 저수지 바로 옆에는 연습지가 조성돼 있다. 마을 홍보관에는 주민들이 모은 경주 이씨, 김해김씨 족보 등 옛날 사진 등 온갖 생필품을 모아 역사홍보관은 만들어 다음 세대에게 생생한 역사교육을 시키고 있다.

농촌목회사역 사례_9

안양호 목사(농부 위봉교회)

"산골 농민들의 '손과 발'이 되어 준 이웃 섬기는 게 은총"[138)]

• 농부를 도와 농사짓는 일에 많은 시간을 쓰는 '농부 목사'

전북 완주군 위봉 마을에서 농촌목회 사역을 하면서 농부이자 위봉교회 담임목사인 안양호 목사가 19일 마을 주민들의 농사를 돕기 위해 농기계를 손질하고 있다. 목회자의 본분은 이웃을 섬기는 것이다. 손과 발을 꼼지락거려서 주변 농사일도 돕고, 농기계 수리도 하고, 마을 가꾸기등을 하고 있다. 그는 "이웃과 나누고 함께 할 수 있다는 것이 하나님의 은혜입니다." 전북 완주군 소양면 대흥리 위봉마을에 있는 위봉교회 안양호 담임목사(60)는 '농부 목사'로 불린다. 목회활동보다 이웃 나이 든 농부들을 도와 농사짓는 일에 더 많은 시간을 쓰기 때문이다. 트랙터를 모는 이도 목사님이고, 고장 난 농기계를 수리하느라 기름 범벅이 되는 이도 목사님이다. 그가 미국 코넬대 박사학위 소지자라는 사실을 아는 이는 많지 않다. 교회가 들어선 위봉마을은 20여 년 전만 해도 길이 뚫리지 않는 첩첩산중의 끝에 있었다. 다행히 소양에서 동상으로 연결되는 산길이 열리면서 그나마 차량이 다니는 시골 마을이 됐다.

안 목사가 이곳에 둥지를 튼때는 지난 2018년. 폐허를 방불케 했던 이 교회에 부임한 후 매주 수요일과 일요일 목회활동을 하면서, 그 외

138) https://www.khan.co.kr/print.html?art_id=202207190826001, 수정 2022.07.19 14:59 경향신문 박용근 기자 전북 완주군 제공.

시간은 주민들 곁을 얼씬거렸다. 밭 갈고, 씨앗 뿌리는 데 힘을 보태니 촌로들에겐 목사님이 아들 같고 친구 같다. 현재 위봉마을에 살고 있는 주민은 37여 가구에 불과하다. 70대 이상인 어르신들이 대부분이어서 안 목사가 부임하기 전까지만 해도 활력을 잃은 오지(奧地) 산골이었다. 가파른 산에 밭이 있어 놀리는 땅도 많았다. 안 목사는 부임하자마자 꽃길을 만들었다. 마을에 활력(活力)을 불어넣는 생각에서였다. 해바라기 6,000주를 심었고, 작년엔 8,500주로 늘렸다. 포토존과 산속 장터인 마운틴 마켓, 버스킹 등을 추진하여 '스토리가 있는 위봉 마을'로 만들었다.

• 안 목사는 척박한 농사로 주민들의 소득 증가에 힘썼다

해발 350m의 분지에 있는 위봉마을의 농사는 척박했다. 악조건에서 밭일하는 농민들을 돕기 위해 그는 사재를 털어 트랙터와 경운기 · 관리기 · 예초기 등이다. 그는 "농기계가 생기면서 무성한 잡초도 제거해 드리고, 경사진 조그마한 밭인 '뙈야기밭'도 갈아드리기가 수월해졌다. 처음엔 풀이 우거진 밭을 갈다가 트랙터가 뒤집혀 병원 신세를 지기도 했다"고 한다. 안 목사는 자신이 지은 농사 수확물로 나눔을 실천한다. 노는 땅 1600㎡에 고구마를 심어 풍작을 일궈냈다. 고구마는 집집마다 한 박스씩 배달됐다. 작년부터는 1300㎡ 규모의 포도농사를 지어 이웃과 함께 나눈다. 제빵 기술로 빵을 만들어 인근의 학교 학생들과 군부대에 나눠먹는다. 그는 "예배와 찬양 만이 목회 활동은 아니며 농부 어르신들이 꼭 필요로 하는 것을 채워주는 것도 목회"라고 말했다.

농촌목회사역 사례_10

상주 구서교회 정병찬 농부목사

희망을 주는 농촌 교회가 되고 싶습니다!

정병찬 목사 (상주 구서교회 담임)

구서교회는 경상북도 상주시 외남면 구서2길 11-3에 있다. '구서'는 옛 서원이라는 뜻이라고 한다. 경북대학교 상주 캠퍼스에서 가로수길로 10여 분을 달려오면 하천 사이에 3개의 마을이 모여 있다. 산자락에 자리한 50여 세대 마을주민들은 대부분 하나님을 알지 못했다. 지금은 20가구가 예수를 믿고 있다. 구서교회는 평균 75세의 연로하신 성도님 40여 분과 함께 하나님의 나라를 확장해 나가는 교회이다. 마을 어르신들은 복숭아, 벼농사, 곶감 농사를 지으시며 생활하고 있다.

시골교회가 노령화로 인해 교회 문을 닫거나 사라지리라 걱정하는 분들이 많다. 저희 성도님들도 20년 후면 교회가 문 닫지 않겠냐며 걱정하시곤 한다. 이럴 때일수록 농촌교회를 살릴 수 있는 가장 좋은 적기가 지금이라 생각하며 최선을 다해야 하지 않을까요. 저는 농촌교회에 희망을 주는 농촌교회를 만들고 싶다. 도시 개척교회도 보고 힘을 낼 수 있는 농촌교회를 세우고 싶다. 지역사회에 선한 영향력을 끼치며 베품을 실천하는 '좋은 소문이 무성한 교회'를 만들고 싶다.

이를 위해 구서교회는 부활절, 추수감사절 같은 절기 때에는 5~6개 마을, 230가구와 관공서에 계란과 떡을 나누며 주님의 사랑을 전하고 있다. 명절에도 제가 모은 폐지와 고물을 팔아 마련한 수익금으로 부침가루를 사 지역 주민들께 나누고 있다. 부활절과 성탄절에는 은퇴 목사님을 모시고 축하예배를 드린다. 겨울에는 여전도회 주최로 고추장 전도를 한다. 맥추감사주일에는 외부 강사를 모시고 전도초청 잔치를 열어 복음을 전하고 있다.

지역 주민들이 교회와 담임목사를 언제나 친근하게 생각할 수 있도록 자주 뵙고 자주 나누고자 힘쓰고 있다. 언제든 달려가도 괜찮은 교회, 교회 이름만 들어도 목사님 이름만 들어도 입가에 웃음이 절로 지어지는 교회가 되기 위해 애쓰고 있다. 또한, 지역사회에 지역 어르신들에게 필요한 게 뭔지 더욱더 헤아려 실천하려고 노력하고 있다. 한국교회의 모판이었던 농촌교회를 살리기 위해 모든 수고로움을 마다하지 않는다면, 하나님께서 분명 길을 열어 주시리라 믿는다.

구서교회의 2021년 표어는 “힘써 여호와를 알자”이다. 구서교회는 하나님 말씀을 사모하며 주일예배, 수요예배마다 성경을 읽고 있다. 한 주에 2~3장의 성경을 읽을 수 있다. 우리에게 놀라운 일을 행하신 하나님을 더 알아가고 하나님을 더 높이며 하나님을 자연스럽게 자랑하는 교회와 성도가 되었으면 좋겠다. 예수님을 높이며 자랑하는 교회로 세워가고 싶다.

또한 후원받는 교회가 아니라 농촌교회를 후원하는 교회, 도시개척교회를 세워가는 교회로 성장하고 싶다. 이를 실천하기 위해 구서교회는 올해 5월 자립화위원회를 결성했다. 작은 몸짓이자 발버둥이지만 하나님은 구서교회를 크게 사용하실 것이라 믿고 기대하며 성도님들과 함께 힘을 모아갈 것이다.

저는 모태신앙은 아니다. 어머니가 교회에서 하나님의 은혜를 경험하신 걸 계기로 유년 시절 교회에 다녔다. 중학생 시절에는 교회 나가기 싫어서 땡땡이도 많이 쳤습니다. 친구들이 찾아와서 교회 가자 권면했지만 가기 싫었다. 어느 해인가, 성탄절 전날에 친형이 "교회 가자." 한마디 한 게 계기가 되어, 정신차리고 지금까지 하나님의 일을 감당하고 있다.

맨 처음에는 선교사가 되고 싶었다. 고등학교 시절, 전도사님께서 선교사에 관해 말씀하시는데, 선교사로 살아가야겠단 소망으로 가슴이 뜨거워졌다. 선교사가 되려면 먼저 신학을 공부하고 목사가 되어야겠지 싶어 고등학교 내내 장래희망을 목사로 적었다. 고등학교 시절 수련회에 참석해 큰 은혜를 받고 목회자가 내 길임을 확증했다. 지금까지 하나님께서 모든 길을 인도하셔서 해외가 아닌 농촌을 선교 현장으로 삼고 열심히 달려가고 있다.

하나님을 믿고 깨달은 가장 큰 은혜는 구원받은 은혜이다. 그리고 지금 구서교회 담임을 맡으며 하나님은 가장 큰 은혜를 부어주고 계신다. 구서교회에서의 4년여 사역 기간에 하나님이 지와 교회에 부어주신 은혜는 정말 측량할 수가 없다. 40여 년 동안 못했던 구서교회 건물 양성화와 토지명의 변경이 2019년에 하나님의 은혜로 일 년 만에 해결되었다.

농촌목회를 택하게 된 건 제가 섬겼던 목사님 영향이 컸다. 농촌목회를 정말 잘하시는 목사님을 섬겼는데, 이분의 영향으로 농촌목회를 꿈꾸게 되었다. 농촌에서 자라 농촌목회를 하는 것이 가장 좋은 것 같기도 했다. 농촌목회를 꿈꾸며 기도하던 중에 지금의 구서교회를 소개받아 하나님의 은혜로 오게 되었다. 하나님께서 지구의 한쪽 구석에 구서교회를 세우셨는데, 이곳에서 제 목회 일생을 마치고 싶은 게 저희 바람이고 소망이다.

또한 소나무처럼 사시사철 흔들리지 않는 목회자가 되고 싶다. 한 번 심겨진 곳에서 끝까지 사명을 잘 감당하며 게으르지 않고 맡겨진 일에 최선을 다하여서 많은 사람에게 희망과 용기를 주는 목회자가 되고 싶다. 열정적인 목회자, 사랑이 많은 목회자, 말뿐인 목회자가 아니라 실천하며 본을 보여주는 목회자로 성도들뿐만 아니라 우리 지역 사람들에게도 기억되고 싶다.

목회열전 정병찬 목사 | 희망을 주는 농촌 교회가 되고 싶습니다!

상주 구서교회 정병찬 목사, 강은주 사모, 2017.7.30~현재까지 상주 구서교회 정병찬 담임목사, 강은주 사모는 상주시 외남면 구서2길 11-3에 소재하고 있는 교회에서 예수를 잘 믿고, 예수 닮은 삶으로, 예수 향기 날리는 아름다운 사람들이 모인 교회, 농촌 & 도시교회 희망을 주는 교회[139]가 되고 싶습니다.

농촌목회사역 사례_11

강기원 목사(전북 남원 갈계교회)

국민일보 선정 아름다운 교회 길(15) 2011. 05. 25. 17:50[140]

• 지리산 두메산골 십자가, 5월 밤하늘에 빛나다

"얼마나 골이 깊었는지 반란군조차 안 들어왔어요. 갈계리는 그만큼 길이 험해!" 전북 남원시 아영면 갈계리 갈계교회 최순남(71) 권사 얘기다. 갈계교회 설립자 최진욱 장로(1984년 작고)의 4남3녀 중 큰 딸. 위로 오빠가 넷이다. 여기서 반란군이란 빨치산을 말한다. 1945년부터 53년까지 지리산을 중심으로 활동했던 공산당 비정규군이다.

53년 9월 남한 빨치산 총수이며 남부군 총사령관이었던 이현상이 사살될 때까지 지리산 일대는 현대사의 비극을 고스란히 안아야 했다. 전북도당 남원군당은 51년 12월까지 활동했다. 28년 전 세워진 갈계교회는 보급투쟁(빨치산이 살아남기 위해 식량 등을 약탈하는 행위) 과정에서도 멀쩡했다. 순교자가 속출했던 상황에서 해방구나 다름없던 동네가 피해를 입지 않다니…, 그만큼 오지(奧地)란 얘기다. 그러나 이 두메산골도 50년 발발한 한국전쟁 기간엔 온전할 수 없었다. 당장 최 권사의 아버지 최진욱 장로가 인민군에게 반동분자로 몰려 뱀사골 쪽으로 끌려갔다. 마을 구장 등도 굴비 엮듯 엮어 데려 갔다. "저도 잡혀 가는 거 봤어요. 훗날 어머니에게 들었는데 찬송가 '하늘가는 밝은 길이'를 부르시며 가셨다고 하더군요. 처형만 남았었지요. 왜정 때 독립운동하면서도 살아남으셨던 분이었대요." 최 장로는 살아 돌아왔다. "인민군과 빨치산이 찬송가를 부르는 아버지의 초연함에 감동을 받았다는 얘기를 어머니에게 들었다"고 전했다.

• 원래 갈계교회에서 53년 갈계서부교회가 분리됐다

그 후 마을엔 동서선교분리선이 암묵적으로 형성됐다. 갈계교회는 미자립교회다. 백두대간에서 흘러내리는 마을 앞 풍천에서 모래로 블록을 만들어 헌당한 교회당이 지금도 옹색하게 마을 동쪽에 자리하고 있다. 15명 남짓 출석하나 70대 이상 할머니들이다. 강기원(43)목사 자녀 예빛(5)과 수빛(2)이 예배 시간에 휘젓고 다니는 것이 반가울

---

139) 출처: 농어촌선교신문/등록일 : 2021.10.14.

140) https://www.kmib.co.kr/article/view.asp?arcid=0004993270. 남원=글 전정희 기자 · 사진 국민일보 곽경근 선임기자 jhjeon@kmib.co.kr. https://www.youtube.com/watch?v=aYVUf2CTxNA. 전라북도 남원시 아영면 동갈길 14-1 (갈계리 383-1) 063-626-5058

정도다. 그런데 이 작은 교회가 민족 분단과 개신교 분열의 현실을 고스란히 안고 역사의 흐름 속에서 지금도 함께한다면, 그리하여 쓰러져 가는 농촌 및 신앙공동체를 살리는 '교회의 참된 터'로서 자리매김한다면 사람의 생각으로 미치지 못하는 예수의 메시지가 30가구 남짓한 마을에 주어지지 않았을까 생각했다. 지난 19일 도착한 마을. 백두대간 시리봉이 멀리 보이고 오른쪽에 청룡산, 왼쪽은 마갑산이 자리했다. 그사이 아늑하게 자리 잡은 갈계리. 풍천을 가운데 두고 논이 펼쳐져 있다. 한데 동구에 서면 작은 마을에 십자가 종탑 2개가 좌우로 유난하다. 직선 거리 100m. 마을을 마주하고 오른쪽은 갈계교회, 왼쪽은 갈계서부교회. 둘 다 장로교회로 1953년 한국기독교장로회가 대한예수교장로회에서 분리되면서 이 시골에까지 여파가 미친 것이다.

그 무렵 장로교는 성장통을 겪으면서 40~60년대까지 4차에 걸친 대분열을 맞는데 이 마을 두 교회는 2차 분열의 결과다. 분열은 신학적 논쟁이 따르기 마련이다. 1885년 언더우드와 아펜젤러 선교사가 복음을 들고 조선에 들어온 이후 한국 개신교는 지경을 넓혔고 대부흥과 자기성찰의 과정에서 종파를 낳았다. 프로테스탄트교회의 특징이다. 건강한 교회공동체가 될 수 있는 장점이 종파이기도 하다. 53년 갈계서부교회가 분리됐다. 그 후 마을엔 동서선교분리선이 암묵적으로 형성됐다.

• 농작물이지만 교회(마을)를 위한 기금마련–기도와 찬송으로

갈계교회에 강기원 목사가 부임한 것은 2005년. "설교 시간에 교회가 자립해야겠다고 했다. '목사가 설교, 기도, 심방에 열심이면 된다.

목사님 손에 흙 묻게 할 수 없다'는 교인의 반발이 심했어요. 몇 개월을 설득한 끝에 청국장을 만들기로 했습니다. 소쟁기로 경운기조차 들어갈 수 없는 콩밭을 갈면서였어요. 이 디지털시대에 말이죠." 이복남(2009년 작고), 박미분(88), 민주식(83) 권사 3인방이 더러 툴툴대면서도 젊은 목사 뜻을 받들었다. 이들이 고령으로 물러난 뒤 최순남 권사를 중심으로 안점옥(80) 박복순(76) 김숙자(75) 직분자들이 열심이다. 요즘은 청국장에 감식초를 추가해 사시사철 생산에 힘쓴다. 가내수공업이지만 연 매출은 300만~400만원 선. 적은 돈일 수 있다. 하지만 교회와 마을을 위한 기금마련이기에 기도와 찬송으로 하루를 연다.

<Table-31> 갈계교회(마을) 찾아가는 길

서울 강남터미널에선 남원행, 동서울터미널에선 인월행 버스 이용. 3시간 소요. 1시간에 1~2대씩 있다. 남원시외비스터미널에서 교회까지 가려면 아영행 버스를 타고 갈계리에서 내리면 된다. 1시간에 1대꼴. 인월버스터미널에선 함양행 버스 이용해 갈계리 하차. 철도는 서울-남원 16회.

· 청국장 및 감식초 주문은 010-9944-6415

· 전북 남원시 아영면 갈계리 383-1 갈계교회 063-626-5058

The Workplace Community
Sphere Sovereignty

제 4부

일터사역의 카페교회 미국기독교기업 이주민 사역현장

Chapter_16
대도시 사역을 위한 카페교회 안내서 & 미국 기독교 기업 대표적 모델 사례

Chapter_17
한국 이주민(다민족) 현장사역에 대하여!

Chapter 16

대도시 사역을 위한 카페 교회 안내서 & **미국 기독교 기업 대표적 모델 사례**

Cafe Church Guide in City &

The case of Christian company in USA

i.

불신자들이 스스로 찾아오는 카페 교회 이야기

저자, 박동준 / 출판사 비전북하우스 / 발행일, 2012. 01. 25. /

사이즈, 153x200mm / 면수, 208p

스스로 찾아오는 교회, 개척이 어렵다고요? 교회가 성장을 하지 않는다고요? 이 책에서 그렇지 않다는 답을 찾으세요! 3,000만 원으로 개척 된 교회, 날마다 불신자가 수십 명씩 찾아오는 교회, 바리스타 목사가 직접 아메리카노를 만들어주는 특별한 교회가 바로, 저자(박동준)가 개척한 '카페 교회'이다.

이 책은 카페 형식으로 교회를 개척하거나 교회 안에 카페를 만들려고 하는 분들에게 실제적인 도움을 드리기 위해 쓴 '카페 교회 매뉴얼'인 동시에 '카페 교회'로 개척해서 목회하고 있는 저자의 개척 이야기이기도 하다. 일반적인 카페를 만들고 운영하는 방법을 다룬 책들은 여러 권 있지만 '카페' 형식을 빌어 교회를 개척하고 운영하는 방법을 다룬 책은 지금까지 단 한 권도 없으며, 이 책이 처음이다. 전문적인 매뉴얼은 아니지만 카페 교회의 개척 시작부터 지금까지 저자의 시행착오와 노하우를 자세히 기록했기 때문에 읽는 분들께 실제적인 도움이 될 것이다. 글 솜씨도 부족하고 카페교회의 개척 경험이 2년도 안 되는 저자가 왜 이 책을 쓰게 되었을까?

그에 대하여 카페 교회를 개척하기 전으로 돌아가 보겠다.

Part 1, 항상 새로운 패러다임의 교회를 생각하고 거기에다 초점을 맞추고 개척 준비를 해 나가기 위해 교회를 사임하다. 어떤 교회로 개척할지 고민하다 '카페'라는 교회에서 아이디어를 얻었다. 그렇다면 '일반 카페'와 '카페 교회'의 차이점은 무엇인가? 왜 하필이면 카페라는 포맷의 교회인가? "니들이 아메리카노를 알어?"하면서 자문자답하면서 카페 교회에 대하여 스스로 고려해 본다.

Part 2, 새로운 패러다임의 교회가 탄생되었다, 교회 장소를 결정하는데 고심을 하다가 결정했다, 문제는 개척자금이었지만 마련되었다, 지방회(노회)의 승인을 받았다. 이것은 교회를 개척하는 교회법으로 중요한 절차이다. 인테리어 공사를 마쳤다. 핸드 드립이냐? 에스프레소 머신이냐? 고민하다 커피를 만드는 머신을 구입하였다. 카페를 오픈하는데 비품을 구입했다, 카페에 관련된 정보는 어디서 구해야 할까? 그에 관련된 책 구입은 어떻게 해야 하는가? 커피 만드는 방법은 어디에서 교육을 받아야 할까? 이 교육을 받아야 할까? 그냥 생략해야 할까? 사업자등록을 마쳤다. 알아볼까? 카페라떼와 카푸치노의 차이점은 무엇일까?

Part 3, 카페 교회의 개념과 정체감을 생각했다. 복음증거를 위한 방법을 직접적으로 세상과 소통하는 길을 택했다. 카페 교회라는 홀로 스스로 찾아오는 사람들의 정체감을 생각해야 한다. 카페에 그치지 않고 교회의 개념을 접목시키므로 유니크한 예배에 전통적 예배 개념을 도입한 독특한 형식의 예배로 지켜야 한다. 방송사역과 결남결녀 모임이 시작되었다. 복음증거의 절대적 대상, 사람들을 모으는 문화사역을 알차게 진행해야 한다. 카라멜 마키아토와 카페모카의 차이점을 생각하면서…!

Part 4, 카페 교회로서 자신만의 노하우를 공개했다. 일반적인 개념을 빌리자면, 교회에서 운영하는 카페, 커피가 맛이 없는 이유가 무엇일까? 카페 교회의 규모는 작을수록 유리하다, 카페는 목(目)이 중요하다고 한다. 자기만의 독특한 메뉴 몇 가지를 개발해 놓아야 한다. 북카페 어린 왕자 메뉴와 가격이라든지, 열 번 먹으면 한 번은 공짜!, 집에서도 커피를 만들자(더치커피) 등.

맺는 말, 카페 교회를 염두에 두고 거기에 꿈을 이루고자 하는 목회자들, 그리고 카페의 경영을 책임지는 평신도 그리스도인들은 교회라는 공간을 생각하면서 개척을 꿈꾸는 분들과 모두에게 이 생각을 바칩니다.

ii.

카페 교회에 날개를 달다!

저자, 최혁기 / 출판사, 새로운 길 / 발행일, 2016. 09. 28. /

사이즈 150x210mm / 면수 216p.

• 카페교회의 새로운 일터 공동체의 이야기 세 번째 책

이제 내년이면 5년 차로 들어가는 시점에서 개척교회 공동체가 어떻게 시작되고 현재 어떤 상태이며 앞으로 어떻게 나아갈지를 명확하게 풀어내고 소개한 책, [카페 교회에 날개를 달다]의 세 번째 내용이 본서이다. 새로운교회 공동체는 7개의 지역공동체가 15개의 사역팀들을 운영하면서 비즈니스라는 방법으로 세상에 카페교회 현장을 날고 있다. 다양한 사입들을 통해서 결국 선교에 집중하기 위해서 걸어왔다면 이제 대안학교를 통해 교육에도 집중하고자 준비하고 있다. 다음 세대의 리더들을 양성하고 그들을 통해 공동체와 사역들이 한 단계 성숙하게 이어갈 수 있도록 하고 있다. 이를 위해 다양한 비전들과 외부 팀들의 연대가 이루어지며 열매들이 풍성해지고 있는 시점이다. 새로운교회로서 카페교회는 일터교회이며 그 모델을 통해서 다양한 교회들과 신학생, 목회자들에게 도움이 되고 도전을 주는 책, 가이드 북이다.

• 카페교회 공동체 예비 멤버들이 모이기 시작

카페교회, 새로운 교회를 개척했을 때, 시간은 매주 흘러가지만, 카페교회는 긴 시간 특별한 변화가 없어 보였다. 그 이후 멤버들을 중심하여 공동체가 구성되면서 교회는 점점 북적거리기 시작하고 다양한

활동과 행사들이 진행되었다. 공동체 멤버들과 나눔을 하며 긴 시간 이야기를 나눌 때마다 즐거운 시간이었다. 그리고 함께 하는 사역자들이 생기면서 교회는 더 전문적으로 여러 가지 사역들을 감당하게 되었다. 이제 교회는 처음과 달리 시간이 빠르게 흘러가고 있다.

• 지금, 카페교회 공동체는 기도와 눈물의 씨앗을….

카페 교회공동체가 사역을 진행하면서 이런 사역을 모두 감당하면서 어떻게 정상적인 삶을 살 수 있냐고 한다. 젊은이들과 함께 이야기를 나누는 것, 그들의 소리를 들으며 공감해 보는 것, 말씀을 쉽고 의미 깊게 눈을 보며 설교하는 것, 페이스북에서 여러 가지 글들을 쓰고 책을 출간하는 것, 이 모든 것들이 우리에게는 즐겁고 의미 있는 일이다. 하나님은 각자에게 특별한 달란트를 주신 것 같다. 그 달란트를 발견한 사람들은 가만히 멈춰설 수가 없다. 지금은 하나님의 일이 우리를 기다리므로 부정적이거나 한눈을 팔 시간도 아까운 지경이다. 지금 바로 뛰어가야 한다. 하나님께서 열어주시는 길로 믿음으로 힘차게 나가는 것이다.

• 하나님께서 역사할 타이밍을 기다리는 요단강에 진입함

하나님께서 함께 역사하시고 도와주실 수밖에 없는 상황이 펼쳐지고 있다. 책으로만 배운 믿음이 아니라 현장 속에서 깨닫는 믿음을 키우는 과정을 믿음으로 가는 것이다. 카페 교회도 그렇다. 절박한 상황과 눈물의 기도가 뿌려진 다음에 믿음의 도전을 하고 난 뒤에 드디어 기도하는 대로, 믿음대로, 꿈꾸는 대로 비전을 향해 길이 열린다. 카페교회 공동체는 절박함으로 기도하고 비전을 꿈꾸며 씨를 심고 있다. "하나님께서 역사하실 타이밍을 기다리며 요단강에 들어가고 있다다."

iii.

굿 비즈니스 현장 스토리

저자, 기독경연연구원(이형재) / 출판사, 맑은나라 / 발행일, 2020. 07. 04. / 사이즈 152x210mm / 면수 289p.[141)]

• 선한 비즈니스 현장스토리, 출간기념 북토크쇼

기독경영연구원(대표 이형재)이 주최하여 [굿 비즈니스 현장스토리]의 내용을 정리하여 출간하는 '기념 북토크쇼'에서 날마다 생사의 고비를 넘기는 치열한 비즈니스 전쟁터 같은 현장에서 하나님이 기뻐하는 방법으로 기업을 경영하여 성공할 수 있을까?를 생각하면서 다음 몇 가지의 콘텐츠에 대하여 연구결과를 작성했는데 그것은 다음과 같다.

혁신기업, 기술기업, 소셜벤처, 소비재기업 등 다양한 콘텐츠를 일터 현장에서 기독경영 원리를 적용하고 실천하기 위해 몸부림치며 이뤄낸 크고 작은 성공 사례와 교훈을 담은 '굿 비즈니스 현장스토리'가 출간됐다.

• 11명 필진(교수), 11개 기독교기업 경영사례 모음 글

[굿 비즈니스 현장스토리]는 기독경영연구원(원장 이형재)이 발행하고 본서의 내용을 채운 필자는 한정화 한양대 특훈교수와 권수라 한양대 교수 등 각 현직 대학 교수 등 8명이 공동 집필로 참여했다. 이어

141) 기독교 일간지 신문 기독일보, 이지희 기자(jsowuen@gmail.com), 입력 2020. 07. 07. https://www.christiandaily.co.kr/news/92186#share.

서 ㈜와디즈 기업을 포함하여 10개 기독교 기업의 기독경영 사례를 구체적으로 소개하고 있다.

• 기독경영연구원의 성경적 경영 핵심 원리

기독경영연구원은 2020년 7월 4일 서울 서초동 네패스 서울사무소 1층에서 7월 기독경영포럼과 함께 '굿 비즈니스 현장스토리' 출간기념 북토크쇼를 진행했다. 이날 포럼에서는 '코로나19 시대의 주요 이슈와 대응'을 주제로 한정화 교수가 발표했으며, '북 토크쇼'는 이형재 교수의 사회로 책에 실린 11개 기업 중 4개 기업 대표인 이병구 네패스 회장, 홍의숙 인코칭 대표, 송영광 디랩 대표, 신혜성 와디즈 대표가 패널로 참여했다.

본서의 주요 내용은 기독경영연구원이 연구한 6가지 성경적 경영의 핵심원리 '기독경영 JUST ABC'(창조 · 책임 · 배려 · 공의 · 신뢰 · 안식)에서 찾아 볼 수 있다.

iv.

미국_크리스천 기업_칙필레이(Chick-fil-A)[142)]

미국을 방문하게 되면, 꼭 들러야 할 식당(Restaurant)을 추천한다면, '칙필레이'(Chick-fil-A)라 이름하는 대중음식점이 그리스도인

142) "Chick-Fil-A named America's NO.1 favorite fast-food chain 4th consecutive year", Christianpost.com, https://ac.cts.tv/search/detail/P368/251085?pid=P368&dpid=&page= CTS 기독교TVwww.cts.tv>news.

이 경영하는 곳이다. 칙필레이는 미국 48개 주, 워싱턴 DC, 푸에르토리코 및 캐나다에 3000개 이상의 매장을 운영하고 있다. 년간 80억 달러의 매출을 기록하는 것으로 알려졌다. 칙필레이의 이러한 성공 비결에는 회사의 기독교적 가치가 꼽히는 몇 가지를 특이한 점을 찾아볼 수 있다.

첫째, 주일을 성수하는 기업이다.

미국을 대표하는 기독교 기업 중 한 곳으로 대부분의 경쟁사가 문을 연 주일에 매장 문을 닫지 않는다. 그러나 회장 '트루엣 캐시'는 '직원들이 주일에 예배할 수 있도록 관행을 지킨다'고 말한다. 기업이 주일을 지킨다는 것은 그 기업 설립자의 신앙관념에 의해 좌우된다.

둘째, 수익을 사회에 환원(還元)하는 것이다.

칙필레 기업(식당)의 수익에 대한 일정한 부분을 기독교 자선 단체나 혹은 교육, 선교단체에 기부하는 일을 원칙으로 세우고 사회에 환원하는 일을 기꺼이 하고 있다.

셋째, 동성애에 대한 반대 입장을 취한다.

칙필레 기업은 동성애에 대한 반대를 공개적으로 밝혔고 그로 인해 친동성애 지지자들의 공격을 받았다. 칙필레는 기독교기업으로서 성경에 근거하여 보수적인 입장을 취하고 있다.

넷째, 봉사와 복지라는 주제에 집중한다.

칙필레 기업의 '캐시' 회장은 젊은이들을 위한 여름 캠프를 제공하고 1973년 이후 도움이 필요한 직원에게 3천2백만 달러 이상의 재정을 지원했다. 이 기업은 다음 세대에 봉사하고 복지를 중요 시하고 그에 대한 사업을 확장시키기 위해 집중한다.

1. 2시간 만에 200만 끼 구호식량 지원

이번 달, 미국의 기독교 기업인 칙필레(Chick-fil-A)의 가맹점 점주 및 직원이 연례회의 기간 동안 2백만 끼의 무료 식사를 단 2시간 만에 포장했다고 미국 크리스천포스트(CP)가 보도했다. 치킨 패스트푸드 체인인 칙필레는 지난 2월 5일 플로리다주 올랜도에서 열린 연례회의에에서 신앙 기반 재난 구호 자선 단체인 '유에스 헝거'(U.S. Hunger)와 '컨보이 오브 호프'(Convoy of Hope)와 협력하여 200만 개의 렌틸콩 잠발라야 식사를 포장했다. "칙필레이와 같은 기업이 굶주리고 가난한 이들에게 봉사하는 것을 보는 것은 고무적이며, 그들과 함께 일하게 되어 영광이다"라고 했다. '컨보이 오브 호프'와 '칙필레이'에 따르면, 100만 끼의 식사는 재난 생존자들의 영양 공급을 위해 전달되며, 나머지 100만 끼는 미국 전역의 도시와 시골 지역에 분배될 예정이다. 컨보이 오브 호프 기업 관계 수석 이사인 다니엘 번스(Daniel Burns)는 "기아와 식량 불안은 미국과 제3세계권 지역에서 심각한 문제"라며, "칙필레이가 그들이 속한 지역 사회 전반에서 다른 이들의 삶을 개선하기 위해 적극적으로 노력한 데 대해 박수를 보낸다"고 말했다.[143)]

143) 출처:https://kr.christianitydaily.com/articles/121598/
기독일보 유진 김 기자(nydaily@gmail.com), 뉴스 사회 입력 Feb 19, 2024

2. 미국의 치킨 전문 패스트푸드 업체 '칙필레이'(Chick-fil-A) 이야기

'매출 KFC의 8배…' 바비큐 치킨 메뉴 개발에 7년째 쏟아붓기도 한, '칙필레이'(Chick-fil-A), 전 세계 치킨 전문 패스트푸드 시장에서 KFC의 8배 가까운 매출을 거두며 시장점유율 1위 자리를 굳건히 지키고 있다. 최대 시장인 미국의 점유율(2023년 기준)은 절반에 가까운 45.5%로 엎치락뒤치락 2위 싸움을 벌이고 있는 파파이스(11.9%), KFC(11.3%)를 합친 것보다 두 배 가까이 높다. 창업자가 독실한 그리스도인이라 주일엔 문을 닫는데도 2023년 매출은 216억 달러(약 32조원)로 전년 대비 14.7% 증가하며 KFC(28억 3,000만 달러)를 멀찌감치 따돌렸다. 같은 해 점포당 평균 매출은 870만 달러(약 128억 7426민원)로 세계 최대 패스트푸드 체인인 맥도널드(270만달러 · 2022년 기준)를 압도했다.

영어 이름인 'Chick-fil-A'는 닭고기를 뜻하는 치킨(chicken)과 뼈를 발라 저민 살코기를 의미하는 필레(fillet) 그리고 A등급 치킨을 사용한다는 의미로 알파벳 'A'를 조합해 만들었다. '작명 의도'를 생각한다면 우리말 발음과 표기는 '칙필레이'로 하는 게 바람직해 보인다(fillet의 영어 발음도 '휠레이'에 가깝다). 칙필레이의 전신은 1946년 새뮤얼 트루엣 캐시가 고향 조지아주에 문을 연 '드와프그릴(Dwarf Grill · 난쟁이 식당)'이다. 칙필레이란 이름은 1967년 애틀랜타 교외에 식당을 오픈하면서 사용하기 시작했다. 현 회장이자 최고경영자(CEO)인 댄 캐시는 창업자의 아들이다. 댄 캐시의 '포브스' 추정 재산은 117억 달러(약 17조 3,136억원)이다.

성공 비결_1. 최고의 맛에 대한 고집

칙필레이는 경쟁 업체에 비해 메뉴를 자주 교체하지 않는다. 한때 메뉴가 140가지가 넘었던 맥도널드에 비하면 구성도 단출하다. 대신 목표한 맛을 구현하기 위해 엄청난 공을 들인다.

성공 비결_2. 가맹 자격을 강화해 서비스 차별화를 꾀한다.

프랜차이즈 창업은 미국에서도 인기 있는 '인생 2막' 아이템이다. 칙필레이는 그중에서도 최고 인기 업체 중 하나다. 1만 달러(약 1,480만원)만 있으면 창업 지원 자격이 된다(참고로 국내에서 맥도널드를 창업하려면 가맹비와 보증금, 인테리어 비용 등 수억 원이 필요하다). 칙필레이는 비용이 저렴한 대신 회사가 지정한 위치에서 매장 하나만을 맡아 온전히 운영에 집중하며, 수개월 동안 계속되는 교육과정도 이수해야 한다. 해마다. 5만 명 이상이 지원하지만, 행운을 잡는 건 500명도 채 안 된다.

성공 비결_3. 최적의 창업 입지와 시기

새뮤얼 트루엣 캐시가 1946년 칙필레이의 전신인 드와프그릴을 창업한 곳은 조지아주 애틀랜타 교외에 있는 조지아주 헤이프빌이었다. 그런데 이듬해 12월 미국 자동차 회사 포드가 드와프그릴 인근에 공장을 설립하는 그때 포드 공장이 문을 열었기 때문에 많은 직원이 고객이 되므로 몇 년에 걸쳐 메뉴를 개발하기는 힘들었을지도 모른다.

성공 비결_4, 행복하고 품격 있는 직원 만들기 위한 노력

'직원 행복이 곧 고객 행복'이란 믿음도 칙필레이의 서비스를 향상시켰다. 1973년부터 '리마커블 퓨처스(Remark-able Futures · 주목할 만한 미래)'라는 이름의 직원 대상 장학 프로그램을 운용해 왔다. 1인당 최대 2만 5000달러(약 3,700만원)를 지급했으며, 지금까지 10만 명이 넘는 직원에게 총 1억 9,100만달러(약 2,826억 4,180만원)를 지급했다.[144)]

V.

한국 크리스천 기업 글로벌 직접판매기업 Top 10_애터미

• 애터미의 신앙(복음) 사경회(Revival Meeting)

직접판매 애터미(주) 창업자 박한길 회장은 드리미재단을 통해 복음사경회를 주최하고 있다. 이 집회는 성경(복음)을 공부하며 모임을 가졌던 1890년 언더우드 목사의 사랑채에서 7명의 성도와 함께 시작된 대한민국 최초 사경회를 근거하고 있다. 이 복음사경회가 필요한 사람은 '한 번도 복음을 듣지 못한 사람', '오랜 시간 교회를 다녔지만 하나님을 믿지 못하는 사람', '하나님의 존재를 믿지만 하나님과 자신과 관계 회복이 필요한 사람'이다.

144) https://economychosun.com/site/data/html_dir/2025/02/14/2025021400022.html, ECONOMY Chosun 이용성 국제전문기자 576호 2025.02.17.

'드리미재단'의 해외 선교사역의 일환으로 복음의 제시가 필요한 세계 여러나라를 직접 방문하여 복음사경회를 진행한다. 온라인 복음사경회 유튜브 채널에서 진행되는 '온라인 복음사경회'는 시공간을 초월한 복음의 확장을 목적으로 기획되어 각국 언어로 번역된 복음사경회를 콘텐츠로 제작해 필요한 대상에게 제공하고 있다.

• 애터미 신앙사경회

–애터미 임직원 및 사업자 대상의 복음사경회

위의 '애터미 신앙(복음)사경회'는 애터미의 핵심 가치교육을 의미한다. '드리미재단' 웹사이트에서도 신앙(복음)사경회 관련 정보를 확인할 수 있다. 애터미 신앙사경회(복음사경회) 특징으로 참석 대상자는 애터미 임직원, 사업자이며 구체적인 내용으로 애터미 핵심가치 교육과 목표로는 예수 그리스도를 통한 진정한 성공과 변화 추구이다.

참석자는 현지 사업설명회에 참여했던 사람들을 대상으로 진행하고, 진행 방식은 국내외에서 다양한 형태로 진행 (ex. 일본 현지 석세스 아카데미 및 사경회 등)이다. 참고 자료로 '드리미재단' 웹사이트에 복음사경회 관련 정보를 살펴볼 수가 있으며, 구체적인 '채널 애터미'에서 애터미 복음사경회 관련 영상을 살펴볼 수가 있다.

그 외에 '한국장로신문'에 기사화 된 '애터미 일본 사경회' 관련 기사와 YouTube에서 '애터미파크 복음사경회' 라이브 영상과 성경으로 설명하는 '애터미의 핵심가치'를 영상으로도 볼 수 있다. 국민일보 '항상 선을 행하라!'의 말씀대로 기업 경영, '정선상략(正善上略)' 정직하고 선한 것이 최상의 전략이다.

2023. 5. 16. 일본서 신앙(복음)사경회 인도 박한길 애터미 회장 삶과 신앙. 박한길 애터미㈜ 회장, 2023.03 성경으로 설명하는 애터미의 핵심 가치 정홍준 목사, 2023. 3. 17. 애터미는 네 가지 사훈을 통해 기업의 핵심 가치를 담아내고 있다. 애터미의 주요 사훈은 세 가지 핵심 가치로 단순한 기업 철학이 아니라, 성경이 강조하는 삶의 원칙과 동일한 가치를 담고 있다.

<Table-32>	애터미 주요 사훈 4가지
	1. 영혼을 소중히 여기며,
	2. 생각을 경영한다.
	3. 믿음에 굳게 서며,
	4. 겸손히 섬긴다.

믿음의 기업 애터미, 일본 현지 석세스 아카데미 및 사경회 개최 2023. 5. 16. 애터미(회장 박한길 장로)는 지난 5월 11일 일본 치바현에서 일본법인(법인장 박한빛) 한국장로신문, 복음사경회의 종류, 국내 신앙(복음)사경회, 2024. 2. 23 '애터미파크 복음사경회'는 LIVE로 YouTube(2024. 2. 22-23일), 드리미재단 '영혼을 살리는 기업, 복음사경회로 생명을 전한다' 애터미 2023. 5. 17 네트워크 마케팅 기업인 애터미가 일본 현지에서 마련한 복음사경회와 함께 전날 사업설명회에서 일터에서 복음을 전하고 있다.

1) 애터미㈜ 실로암안과 학술연구원 건립 및 개안수술에 20억 쾌척

박한길 회장 "하나님 사랑을 느낄 수 있도록 나눔 실천할 것" 표어

를 내걸고, 애터미㈜(회장 박한길 장로)는 9일 충남 보은 속리산 유스타운에서 열린 '석세스아카데미'에서 실로암안과병원(병원장 김선태 목사)과 결연식을 갖고, 학술연구원 건립과 개안수술 지원에 써달라고 20억원을 기부했다. 2016년부터 실로암안과병원에 무료개안수술비를 기부해 온 애터미는 지난해 연말에도 '자선 바자회'를 통해 모은 1억원을 전달한 바 있다. 이날 결연을 통해 애터미는 '실로암안과 학술연구원' 건립에 10억원 기부 외에 2027년까지 10년간 매년 개안수술 및 진료지원을 위해 1억원 씩 기부키로 했다. 실로암안과병원은 이번 결연으로 300만 애터미 회원들에게 실로암안과병원의 우수한 진료 장비와 정직한 진료를 소개, 많은 회원이 병원을 이용, 활성화에 도움될 것으로 기대하고 있다.

한국교회 100주년 기념사업의 일환으로 고 한경직 목사에 의해 세워진 실로암안과병원은 국내외 어려운 이웃을 위한 의료선교병원으로 일터선교사역을 지향하며 선교를 지향하는 애터미와 목표가 같다. 애터미 회장 박한길 장로는 "애터미가 이렇게 성장할 수 있었던 것은 더 많은 사람에게 봉사하라는 하나님의 뜻이 있었기 때문"이라며 "실로암안과병원이 앞을 보지 못하는 사람들에게 광명을 찾아주듯 애터미도 더 많은 사람이 하나님의 사랑을 느낄 수 있도록 나눔을 실천해 나갈 것"이라고 말했다. 실로암안과병원이 의료선교와 안과연구를 위해 건축 중인 학술연구원은 완치불가능한 안질환 연구에 도전하는 산실이 될 예정이다. 주요 난치 안과질환을 집중적으로 연구하게 된다. 실로암안과병원 김선태 병원장은 "애터미는 하나님의 뜻에 따라 이 땅에 사랑을 펼쳐나가는 고맙고 귀한 기업"이라며 "그 뜻을 감사히 받아

예수님께서 이루셨던 실로암 연못의 기적을 현대에 이룰 수 있도록 학술연구원 건립에 더욱 힘쓸 것"이라고 말했다.

애터미는 생활소비재 유통기업이다. 2017년 말 기준 한국을 비롯 미국과 일본, 대만, 캐나다, 싱가포르, 필리핀, 캄보디아, 말레이시아, 태국, 멕시코 등 11개국에서 400만 명이 넘는 회원과 1조원 이상의 매출을 올리고 있다. 좋은 제품을 보다 합리적인 가격에 공급하고 있다.

사회복지 및 나눔활동도 활발히 전개하고 있다. 아동복지와 장애인 복지기관, 국제구호개발기구 등의 기부와 지역사회 취약계층을 돕고 있다. 국내외에 학교재단을 설립하는 등 어린이와 청소년 교육에도 많은 관심을 기울이고 있다.[145)]

2) '산불 피해 기부액' 100억 내놓은 애터미 화세,
어떤 기업이길래…!?

"사랑의열매' 사회봉사단체 통해 100억 기부 박한길 회장", "이재민 분들에 조금이나 보탬 되길" 산불 피해 지원금으로 100억원을 내놓은 기업이 화제다". 세간의 화제의 기업 애터미는 다단계 판매업체로 알려졌다. 지난 28일 애터미 주식회사(회장 박한길)는 사랑의열매 사회복지공동모금회(회장 김병준)에 영남 지역 산불 피해 지원을 위한 성금 100억원을 기부했다. 또 이재민과 산불 진화 인력을 돕기 위한 구호물품(3억 5000만원 상당)을 별도 기탁했다. 애터미의 산불 피해 지원 성금 100억원은 지금까지 사랑의열매 재해재난 성금 가운데 단일

145) 출처 : 국민일보 [원본링크] https://www.kmib.co.kr/article/view.asp?arcid=0012124950&code=61121111&cp=nv, 김무정 선임기자 kmj@kmib.co.kr 입력 2018.02.12.

기부액으로는 역대 최고액이다. 현재 아이돌 가수 지드래곤을 비롯해 방탄소년단(BTS) RM, 블랙핑크 멤버 제니 등 연예인들의 산불 피해 지원 기부 행렬이 이어지는 가운데 국내 굴지의 대기업들도 속속 기부 소식을 전해오고 있다. 하지만 단일 기업이 100억원 수준의 기부금을 사례는 없는 상황이다. 삼성전자는 30억원, 현대차그룹은 20억원을 기부했다.

애터미는 다단계 판매업체로 현재 건강기능식품과 더불어 화장품과 식품 그리고 가정용품까지 약 600여가지의 다양한 생활 필수품을 판매하고 있다. 박한길 애터미 회장은 "역대 최악의 산불로 인해 지금이 시간에도 산불 진화를 위해 사투를 벌이고 있는 분들과 터전을 잃은 이재민 분들에게 조금이라도 보탬이 되기를 바란다"며 "영혼을 소중히 여기는 기업 애터미는 300만 회원들과 함께 앞으로도 재난 및 재해 극복을 위한 나눔을 이어 나가겠다"고 했다. 지난 2019년, 애터미는 한부모가정을 위한 '생명을 소중히 여기는 맘(MOM)' 기금으로 사랑의열매에 중견기업 역대 최고액인 100억원을 기부했다. 이어 취약계층 지원 및 지역사회 문제 해결을 위해 100억원을 쾌척했으며, 이번 산불 피해 지원 기부금 100억원과 물품 기탁으로 누적 기부액은 1,200억원을 넘게 되었다.[146)]

3) "지리산 선교 유적지, 해외 선교사들 재충전 장소로"

보존연합, 관광자원화와 연구 등을 위한 협약 체결,

인요한 박사 "아픔 극복하고 영성 키우던 곳"/ 소강석 목사 "잘 복원돼 국민통합 진원지로"/ 정운찬 전 총리 "선교사들 가슴 저린 사랑…"/ 박성민 대표 "역사적 · 장소적 가치 보여준 곳"/ 지리산 선교 유적지 관련 협약 체결식이 18일 오후 서울 세브란스병원 종합관 세미나실에서 개최됐다. 지리산기독교선교유적지보존연합(이사장 소강석 목사, 이하 보존연합) 주최로 열린 이날 행사에서는,

1부는 박성호 목사(하동군기독교연합회장), 배규현 목사(순천노회 노회장), 김기철 목사(곡성 · 섬진강권 기독교연합회 수석부회장), 서종수 목사(구례군기독교연합회장) 등의 합심기도로 마무리됐다. 2부는 보존연합 이사장 소강석 목사와 인요한 박사, 박한길 회장 간의 협약식이 진행됐다.

예배순서 중 비전을 말하면서, 박한길 애터미 회장은 "조선 말기 어려운 환경에서 풍토병으로 어린 자녀들을 잃고 땅에 묻으면서까지 학교와 병원을 세워 이 민족을 섬겼던 선교사님들의 삶을 되새긴다"며 "한국에 오신 선교사님들의 발자취를 따라, 동남아와 인도에 기독교 학교와 병원을 세우려 한다. 지리산 유적지를 통해 청소년과 청년들에게 가능성과 도전, 꿈을 심고 싶다"고 했다.

보존연합은 애터미와의 협약을 통해 지리산 노고단과 왕시루봉 선교 유적지를 비롯, 이곳에 머물렀던 선교사들의 행적을 스토리텔링화하고, 구례군에 위치한 왕시루봉 유적지를 통해 관광자원화하는 사업을 본격 추진할 계획이다. 다음 구체적인 협약 내용과 함께 지리산 왕

146) 이코노미스트 김정훈 기자, 입력 2025. 03. 29 15:17 수정 2025. 03. 31. 10:06

시루봉 일대 선교사 유적을 관리하고 보존하면서 자원화하여 후손들에게 물려주는 목적이 있다.[147)]

4) 애터미, 중국 취약계층 및 빈곤지역 72억 나눔 기부

애터미 회장 박한길 장로는 성경에서 얻은 지혜로 부(富)를 이루고, 이를 하나님이 원하시는 곳에 흘려보내는 축복의 통로가 되고자 한다. 드리미선교재단을 세워 천안 드리미고등학교를 운영 중이며, 해외에 100개 기독교학교 설립계획을 세우고 캄보디아, 몽골, 베트남에서 실행해 나가고 있다. 애터미는 26개 해외 법인과 60개국 판매물류시스템을 보유하고 창업 10년 만에 연 매출 1조 원, 지난해엔 2조6천억 원을 달성했다. 또한 매출액 대비 기부금 비중이 국내 1위인 나눔의 명가(名家)다.

애터미는 충남 공주에 본사를 두고 있으며, 중국 자사 법인을 통해 중국 지역 취약계층 및 빈곤지역을 대상으로 지난달 연말을 기해 4000만 위안(72억) 상당의 자사 물품을 기부했다고 전했다. 특히 이번 기부로 애터미 중국 법인은 중국식품신문, 중국식품유통협회, 중국소비자보호기금회가 주최한 '중국 식품기업 사회적 책임 포럼'에서 다국적기업 사회책임 실천의 공로로 특별공헌상을 수상했다. 중국식품기업 사회적책임 포럼은 업계 전문가, 학자, 기업 대표들이 참여해 식품 관련 사회적 책임 이행에 대한 수행을 통해 비전과 경영 전략에 대해 방향을 제시하는 식품기업들의 대규모 모임인 단체 구성원이다. 그동안 애터미는 본사를 비롯해 세계 자사 식품유통기업들을 대상해 창의적인 CSR 활동을 통한 대대적인 기부문화에 동참하고 있다. 이를 바탕으

로 중국의 취약계층 및 빈곤지역 18만여 명에게 4,000만 위안(약 72억 원)의 이번 나눔이 지역민들에게 잔잔한 감동을 불어주고 있다.

애터미 자사 중국의 한 관계자는 "나눔을 실천하는 것은 열정과 함께 지속가능에 대한 노력이 필요하다"며 "앞으로 애터미 중국은 정선상략의 원칙으로 사회 발전에 도움이 될 수 있도록 현지에서 자리매김해 나갈 것"이라고 밝혔다.[148)]

147) https://www.christiantoday.co.kr/news/326156, 크리스천투데이 이대웅 기자 dwlee@chtoday.co.kr | 입력 : 2019. 10. 18. 22:30
148) https://www.chungnamilbo.co.kr/news/articleView.html?idxno=75044

Chapter 17

한국 이주민(다민족) **현장사역에 대하여!**

Korean Immigrants (Multiethnic) About Field Ministry!

행안부 누리집(www.mois.go.kr)에서

옆집 사는 외국인 국적은 어디?(2024. 10. 31.)

i.

국내 거주 외국인 246만 명, 대구광역시 인구보다 많다

우리나라에서 3개월 이상 거주한 외국인 거주민이 지난해 기준으로 약 246만 명인 것으로 나타났다. 직전년도 226만 명보다 20만 명가량 늘어난 것으로 2006년 이후 역대 최대 수치를 기록하고 있다. 이는 우리나라 총인구(국적상 내국인과 외국인을 합산한 인구) 5177만 4521명의 4.8%에 해당하는 숫자다. 대구광역시 인구 수(237만 9188명)를 뛰어넘었다. 행정안전부는 10월 24일 이같은 내용의 '2023년 지방자치단체 외국인 주민 현황'을 발표했다. 통계청의 인구주택총조사 결과를 분석해 매년 발표하는 자료다. 이 자료는 외국인의 지역사회 정착을 위한 정책 수립에 활용된다. 행안부 누리집(www.mois.go.kr)에서 누구나 확인할 수 있다. 그 중에서도 외국인 근로자 · 유학생이 크게 늘었다.

분석 결과에 따르면, 2023년 11월 1일 기준 3개월 이상 국내에 장기 거주한 외국인 주민 수는 총 245만 9542명으로 나타났다. 관련 통계가 처음 발표된 2006년 53만 6627명보다 네 배 이상 많은 숫자다. 17개 시 · 도 인구 규모 순위와 비교하면 6위 경북(258만 9880명)과 7위 대구(237만 9188명) 사이에 해당한다. 국내 외국인 수는 2년 연속 최다 기록을 경신했다. 국내 거주 중인 외국인 주민 대다수인 193만 5150명은 우리나라 국적을 갖지 않은 것으로 집계됐다.

한국 국적을 취득한 외국인 주민은 23만 4506명으로 전체의 9.5%에 그쳤다. 이 중에는 중국 동포 출신(43.5%)이 가장 많았고 베트남 출신(23.3%)이 다음이었다. 한편 국내에서 출생한 외국인 주민 자녀 숫자도 꾸준히 증가해 28만 9886명을 기록했다. 특히 지난해 통계와 대비해 두드러지는 특징은 외국인 근로자와 유학생의 증가 추세다. 각각 6만 7111명(16.6% 증가), 1만 6932명(8.9% 증가)이 늘었다.

행안부는 "두 유형의 외국인 주민 증가가 전체적인 증가에 큰 영향을 미친 것으로 보인다"고 설명했다. 외국인 주민이 가장 많이 거주하는 광역단체(시 · 도)는 경기도가 80만 9801명으로 1위를 차지했다. 이어 서울(44만 9014명)과 인천(16만 859명)이 각각 2, 3위를 기록했고 충남(15만 5589명), 경남(15만 643명)이 뒤를 이었다. 이처럼 전체 외국인 주민의 57.8%(141만 9674명)가 수도권에 거주하고 있는 실정이다. 외국인이 가장 많이 사는 곳은? 외국인 주민이 가장 많이 거주하는 기초단체(시 · 군 · 구) 역시 상위 5개 지역이 모두 경기도로 나타났다.

안산(10만 8033명), 화성(7만 6711명), 시흥(7만 4653명), 수원(7만 1392명), 부천(5만 8632명) 순이다. 외국인 주민 수가 증가한 시 · 군 · 구는 217곳이며 감소한 곳은 단 11곳에 불과했다. 증가율로 봐도 서울을 제외한 모든 광역자치단체에서 외국인 수가 지난해보다 7% 이상 늘어난 것으로 분석됐다. 전남(18.5%), 경남(17%), 울산(15.6%) 등의 순으로 비수도권의 증가 폭이 컸다. 인원으로 보면 경기(5만 8294명), 경남(2만 1942명), 충남(1만 9583명) 순으로 늘었다. '외국인 주민 집중거주지역'은 지난해보다 30곳 늘어난 127곳이다. 이 중 28곳은 비수도권이다. 외국인 주민 집중거주지역이란? 외국인 주민이 1만 명 이상이거나 총인구 대비 5% 이상 거주하는 시 · 군 · 구를 뜻한다. 영암(18.6%), 음성(18.1%), 안산(15.2%), 포천(14.1%), 진천(13.9%) 등이 해당 지역으로 총인구 대비 외국인 비율이 가장 높다.

김민재 행안부 차관보는 "외국인 주민은 대한민국 총인구의 4.8%로 명실상부한 우리 사회의 주요한 구성원이 된 만큼 어려움 없이 각 지역에 정착할 수 있도록 관계부처 지방자치단체와 함께 노력하겠다"고 했다.

ii.

한국교회 이주민 사역 30년, 새롭게 재조정(tuning)할 때

제17회 국제이주자선교포럼에서 이대웅 기자(dwlee@chtoday.co.kr, 2024.06.25. 06:36)는 Being과 Doing의 구별과 자기를 부인하는 것을 통한 존재 변화, 그리고 접촉 초점과 인격과 성품, 그외 삼위일체적 교회 세움이라고 기록했다. 한국교회가 '이주민 선교'를 본격 시작한 지 30여 년을 맞이해, 지난 사역의 성과를 돌아보고 향후 비전을 모색하기 위해 마련됐다.

한국 이주민 선교는 1990년 11월 중국어문선교회가 인천항 · 서울역 등에서 중국 동포들을 선교하면서 시작됐으며, 2020년 이주민 사역단체가 1천 곳을 돌파했다. "이주민 수는 지난 3월 말 현재 259만 4,936명이며, 곧 3-5백만 명으로 증가할 것이다. 이주민을 사랑으로 품고 동행하는 역할이 이 시대 하나님이 교회에 주신 새로운 사명"이라며 "이주민들을 품고 갈 영성이 한국교회에 존재하고, 이주민 사역자들에게 그런 큰 그릇이 존재하는가"라고 반문했다. "무엇보다 기본으로 돌아가 보는 것이 중요하다. 이주민 사역의 기본은 이주민들이 예수를 만나 변화되는 것이므로, 그런 이야기들부터 들어봐야 할 것"이라며 "포럼을 통해 그런 이야기를 듣고 관찰해, 향후 30년 사역 방향을 재조정(tuning)하고 나아갈 바를 가늠해 보고자 한다". 사랑의 수고, 새로운 도전이 필요하다.

국제학생회(ISF) 본부장 지문선 선교사는 아젠다 세팅에서 "이주민 선교사(사역자)들은 열악한 상황에서도 한국 생활에 어려움을 겪는 이주민들의 필요를 돕기 위해 수고와 지원을 아끼지 않았고, 신앙이 없거나 어린 이주민들이 올바른 믿음 생활을 하도록 시간과 에너지를 쏟아부었다"며 "뿐만 아니라 귀국한 이주민들이 본국에서 신앙생활을 잘하고 자국 백성에게 선한 영향이 미치도록 심방하며 계속 관계를 이어갔다"고 평가했다.

이주민들의 고백을 통해 드러난 공통점으로,

첫 번째 성공과 꿈을 위해, 특히 돈을 많이 벌기 위해 한국에 온다.

두 번째는 경제적 어려움과 정서적 외로움이 해결되지 않는다.

세 번째 신실한 그리스도인을 만나 도움을 받고 교회에 출석하고, 기도 응답이나 필요 공급, 치유 등 특별한 은혜를 경험한다.

네 번째는 그것도 잠시, 다시 예전 생활로 돌아간다. 그러나 다시 어려움에 직면하면서 다시 교회에 출석한다.

다섯 번째 말씀을 통한 인격적 변화를 경험하고 온전한 그리스도인으로 신앙생활을 제대로 시작한다.

여섯 번째는 예배와 양육, 훈련을 통해 이주민 사역자와 후배들을 돕고, 자국 영혼 · 공동체를 섬기는 지도자로 활동한다. 등을 소개했다.

지문선 선교사는 "포럼을 통해 이주민들의 회심과 변화에 주목해 앞으로의 이주민 사역에 중요한 전략으로 삼고, 이주민 사역자들과 한국교회가 지난 사역을 돌아보는 기회가 되길 바란다"며 "우리가 이주민들의 변화를 위해 사역하고 있는지, 사역의 목적이 무엇이고 달성을 위해 어떤 노력을 하고 있는지 확인함으로써, 혹여라도 단체를 살리기 위해 사역을 하는 것은 아닌지 냉철하게 돌아보자"고 권면했다. 한국 이주민 사역 초점 재조정이 필요하다. 몽골 이주민 사역을 하고 있는 이해동 목사(다하나 국제교회)는 '한국 이주민 사역 초점 재조정(Tuning)'을 주제로 "1990년대 초반 고용허가제 도입 전 법의 보호를 받지 못하는 많은 외국인들이 교회로 몰려왔고, 교회는 그들을 사랑으로 돌보는 역할을 했다"며 "고용허가제가 실시된 2004년부터는 양육 중심으로 방향 전환이 요청됐지만, 이주민 사역은 오히려 퇴보해 전도의 열정마저 식게 됐다"고 전했다.

이해동 목사는 "이후 2019년 한국이주민선교연합회(KIMA)가 설립했다. 이제 과거 30년과 달리 이주민 사역의 좌표를 새롭게 설정할 때"라며 "현재 이주민 사역단체들의 설립 목적은 복음전파가 80%, 사회봉사가 17%이나, 실제 행동은 예배 · 양육이 20%, 그 외 사역이 80%이다. 이주민들의 절박한 현실을 섬기는 것도 중요하지만, 진정한 영혼의 터치가 부족하고 영적 훈련 등을 시행하지 못한다면 건강하고 균형 잡힌 사역이라 보기 힘들다"고 지적했다.

이 외에도 이주민 사역의 질적 쇠퇴 원인에 대해 변화하는 시대에 맞는 새로운 역할을 찾지 못했다. 외국인 공동체들의 약진으로 교회 공동체가 굳이 필요 없어진 상황에 대응하지 못했다. 전도만 하고 목양을 하지 못해 영성 있는 이주민 신앙 리더를 양성하지 못하는 등 사역 방향성 설정에 실패했다. 이주민 사역자들의 신규 유입도 적어 양적으로 부족해지고 고령화됐다 사역자의 영적 성숙도 부족했다 등을 꼽았다. 이 목사는 "향후 이주민 사역도 과거 30년 사역의 연장선이다. 하지만 초점을 어디에 두느냐가 중요하다. 목양에 초점을 두고, 이주민들 영혼이 진정으로 변화되는 것에 목숨 걸고 달려가길 소망 한다"며 "이주민 사역의 미래는 창조적 · 열정적 목양이 돼야 하고, 사역자로서 소명을 갖고 버텨내야 하며, 주님과 같은 곳을 바라보며 자전거 페달을 밟듯 지속적으로 사역해야 한다"고 강조했다.

iii.

이주민 사역을 위해 5가지 제언

첫째, '존재'(Being)와 '실행'(Doing)의 구별에 대해 "이주민들의 필요에 대응하다 보면 실행(Doing)사역에 익숙해진다. 그러면 이주민들의 행동이나 일시적 순종, 감정적 복종으로 그들의 신앙을 판단하기 쉽다"며 "그러나 변화되지 않은 존재(Being)는 그들이 자국으로 돌아가면 본래 모습을 드러낸다. 그러므로 이주민의 존재(Being)의 변화에 먼저 집중하고, 실행(Doing)은 꼭 존재(Being)와 함께 짝으로 파악해야 한다"고 밝혔다.

둘째, '자기 부인'에 대해선 "이주민 사역자가 하나님을 사랑해서 죄된 모습이 드러나고 이것을 인정하며 자기를 부인해야 하고, 이것이 이주민들에게로 흘러가야 한다"며 "성공 중심의 이주민들이 돈의 중독에서 헤어 나와 거룩해지는 것은 쉽지 않다. 이주민들이 자기 부인을 통해 거룩해져 존재(Being), 존재가 변화되고 세계관과 관심사가 바뀌었다는 간증들이 많아지도록 목양해야 한다"고 강조했다.

셋째, '사역자의 인격과 성품'에 대해 "이주민들과 접촉하기 위한 여러 도구들이 있지만, 최고의 접촉점은 사역자의 성품과 태도이다. '우리 목사님의 성품과 인격을 통해 예수님을 만나기 시작했어'라는 고백을 들을 수 있어야 한다"며 "우리는 이주민들의 문제를 직접 해결해주는 영광의 메시아가 아니라, 고난 받는 십자가의 메시아가 되어 진정으로 그들을 사랑하면서 우리가 아닌 하나님께서 문제를 해결하심을 보여줘야 한다"고 말했했다.

넷째, '삼위일체적 이주민 교회 세움'에 관해선 "그동안 이주민들과 사역자들은 수직적 관계였지만, 이제 수평적 관계를 형성해야 한다.

일대 일 관계와 더불어 교회 공동체로 세워져야 한다"며 "쉽게 말해 김치가 죽어 육수와 햄을 받아들이면 명품이 되는, '부대찌개 공동체'가 돼야 한다. 삼위일체적 관계는 교회의 원형이자 타인과의 관계의 원형으로, 긍휼한 마음으로 상대를 도와주는 것도 귀하지만 수평적 관계 형성은 삼위 하나님 간의 본래적 관계"라고 설명했다.

끝으로, 그는 "이주민과 사역자들이 모두 자기 부인을 통해 온전한 존재(Being) 변화와 이에 따른 실행(Doing)으로, 교회가 신적인 삶의 순환인 페리코레시스(Perichoresis, 그리스어로 '회전')적 기독교 신학에서 삼위일체 하나님의 세 인격(성부, 성자, 성령)이 서로 맺는 관계를 뜻하며 하나 됨의 모형을 따라 하나님의 교회를 이루기를 소망한다"며 "30년 넘은 이주민 사역을 새롭게 튜닝(tuning)해서 새롭게 들어오는 이주민들을 따뜻하게 환대하면서 하나님과 함께 아름다운 사역의 하모니를 이룰 때가 됐다"고 정리했다.

iv.

이주민 사역의 외국인 근로자들에게 실질적인 도움 제공

일터 교회가 미래 구원 사역의 뉴 패러다임으로 자리 잡기 위해, 외국인이 많이 거주하는 3D 업종에서 목회자, 선교사, 그리스도인들이 외국인 근로자들에게 도움을 주는 방법은 영적 지원과 상담 제공에 있어서 정기적인 예배 및 모임을 통해 외국인 근로자들을 위한 정기적인 예배와 성경 공부 모임을 개최하여, 그들이 신앙을 유지하고 성장할 수 있도록 기회를 제공해야 한다. 그중에서도 개인 상담 부분에 대해서는 목회자나 그리스도인들이 외국인 근로자들과의 개인 상담을 통해 그들의 영적 갈등이나 고민을 들어주고, 필요한 영적 지도를 제공한다. 이들이 문화적 이해와 적응 지원에 대해서도 문화 교육 프로그램을 활용한 한국 문화와 언어에 대한 교육 프로그램을 제공하여, 외국인 근로자들이 한국 사회에 잘 적응할 수 있도록 돕는다. 연례 다문화 행사를 통해서도 다양한 문화적 배경을 가진 사람들을 위한 다문화 행사를 개최하여, 서로의 문화를 이해하고 존중하는 기회를 제공해야 한다. 사회적 연결망 형성에 대해 커뮤니티 구축을 하는 것이다.

외국인 근로자들이 서로 연결될 수 있는 커뮤니티를 형성하여, 소속감을 느끼고 정서적 지지를 받을 수 있는 환경을 조성한다. 외국인들이 봉사 활동에 참여토록 지원하고 지역사회의 봉사 활동에 외국인 근로자들이 참여하도록 유도하여, 그들이 지역 사회에 기여하고 소속감을 느낄 수 있도록 한다. 경제적 지원과 자원 제공에 대해 직업 훈련 및 교육이 필요하며 외국인 근로자들에게 직업 훈련이나 기술 교육을 제공하여, 그들의 직업적 능력을 향상시키고 경제적 자립을 도울 수 있다.

특히 법적 지원 안내가 요구되며 외국인 근로자들이 한국에서의 법적 권리와 의무를 이해할 수 있도록 지원하고, 필요한 경우 법률 상담을 제공하는 프로그램을 운영한다. 정서적 지지와 멘토링 제공을 한다. 외국인 근로자들이 겪는 외로움이나 스트레스를 이해하고, 그들에게 정서적 지지를 제공하는 프로그램을 운영한다. 개별 및 집단 멘토링 프로그램을 통해 경험이 풍부한 그리스도인들이 외국인 근로자들에게 멘토링을 제공하여, 신앙적인 질문이나 고민에 대해 도움을 줄 수 있다. 기독교 복음으로 선교적 접근은 선교 활동을 실천하여 외국인 근로자들을 대상으로 한 선교 활동을 통해, 그들에게 복음을 전하고 신앙 공동체에 초대하는 기회를 제공한다. 다양한 다국어 서비스를 통해 다양한 언어로 예배나 프로그램을 제공하여, 언어 장벽을 극복하고 더 많은 외국인들이 참여하도록 돕는다.

이러한 방법들을 통해 일터 교회는 외국인 근로자들에게 실질적인 도움을 제공하고, 그들이 한국 사회에서 영적으로 성장할 수 있는 환경을 조성할 수 있다. 이는 궁극적으로 외국인 근로자들이 신앙을 통해 삶의 의미를 찾고, 한국 사회에 긍정적인 영향을 미치는 데 기여할 것이다. 외국인이 제자 훈련 및 성경적 훈련을 받은 후 본국에서 실천이 매우 중요하다. 제자 훈련의 중요성이 강조되며 신앙의 기초 다지기에서 제자 훈련을 통해 신앙의 기초를 다지고, 성경에 대한 이해를 깊이 있게 할 수 있다. 이는 본국에서의 신앙 생활에 큰 도움이 된다. 리더십 개발에 대해서도 훈련 과정에서 리더십과 봉사 정신을 배워 본국에서 교회나 공동체 내에서 리더로서의 역할을 수행할 수 있는 기반이 된다. 자국인 본국에서의 실천으로 교회 활동 참여를 복제하는 과정에서 많은 외국인 성도들은 본국에 돌아가서 자신이 훈련받은 내용을 바탕으로 교회 활동에 적극 참여한다. 예배 인도, 성경 공부 그룹 운영, 봉사 활동 등을 통해 신앙을 실천한다. 각종 멘토링 및 지도에 대해서도 제자 훈련을 통해 배운 내용을 바탕으로 다른 성도들에게 멘토링을 하거나, 신앙 교육을 제공하는 경우도 많다. 이는 공동체 내에서 신앙의 전파에 기여한다. 결국 선교 활동에 대해 일부는 본국에서 선교 활동에 참여하거나, 한국에서의 경험을 바탕으로 국제적인 선교 프로젝트에 참여하기도 한다.

많은 도움과 지원에 대해 각 부문의 네트워크 형성이 필요하고 한국에서의 훈련을 통해 형성된 네트워크는 본국에서도 유용하게 활용된다. 같은 경험을 가진 사람들과의 연결은 신앙 생활에 긍정적인 영향을 미친다. 지속적인 교육부문에 본국에서도 성경 공부나 제자 훈련 프로그램에 참여하여 지속적으로 신앙을 성장시키려는 노력을 기울이는 경우가 많다. 새로운 도전과 어려움에 반드시 문화적 차이를 극복하여 본국으로 돌아갔을 때, 한국에서의 신앙 생활과는 다른 문화적 배경으로 인해 신앙을 실천하는 데 어려움을 겪는 경우도 있다.

사회적 압박에 대해서도 일부 외국인들은 본국에서 신앙을 실천하는 데 사회적 압박이나 반대에 직면할 수 있다. 이러한 상황에서 신앙을 고수하는 것이 도전이 될 수 있다. 외국인들이 한국에서 받은 제자

훈련과 성경적 훈련은 본국에서의 신앙생활에 긍정적인 영향을 미치며, 많은 이들이 이를 실천하려고 노력하고 있다. 그러나 각자의 상황에 따라 그 실천의 정도와 방식은 다를 수 있다.

V.

2023년도 3개월 이상 국내에 장기 거주한 외국인 총 245만 9천 542명

외국인 주민들은 다양한 배경과 문화, 직업을 가지고 있으며, 한국 사회와 경제에 중요한 기여를 하고 있다. 외국인 주민의 주요 특징 및 기여로 다양한 직업군에 종사하며 대부분의 외국인 주민들은 제조업, 서비스업, 농어업 등 다양한 분야에서 근무하고 있다. 특히 3D 업종에서 많은 비율을 차지하고 있으며, 이는 한국 경제의 중요한 부분을 형성하고 있다. 그러므로 각 국가의 문화적 다양성이 있고 외국인 주민들은 한국 사회에 다양한 문화적 요소를 가져오며, 이는 한국의 문화적 풍요로움에 기여한다. 음식, 언어, 전통 등 다양한 문화가 교류하며 상호 이해를 증진시킬 수 있다.

경제적 기여 측면으로 외국인 근로자들은 한국의 노동 시장에 중요한 역할을 하며, 경제 성장에 기여 한다. 그들의 소비는 지역 경제에 긍정적인 영향을 미치고 있다. 사회적 연결망으로 외국인 주민들은 한국 내에서 새로운 사회적 연결망을 형성하며, 이는 지역 사회의 다문화적 통합을 촉진하는 데 기여 한다. 도전과 기회 측면은 외국인 주민들은 한국에서의 생활에서 다양한 도전과 기회를 경험한다. 언어 장벽, 문화적 차이 등으로 인한 어려움이 있지만, 이를 극복하며 성장하는 모습은 많은 이들에게 영감을 준다. 이러한 외국인 주민들의 존재는 한국 사회의 다문화적 발전과 글로벌화에 중요한 역할을 하고 있으며, 이들을 위한 정책과 지원이 더욱 필요하다. 이를 통해 외국인 주민들이 한국 사회에 잘 적응하고, 서로의 문화를 존중하며 살아갈 수 있는 환경을 조성하는 것이 중요하다.

2023년 기준 외국인의 전체적인 숫자는 약 245만명 이상이다. 한국에 거주하는 외국인 숫자는 유학생, 외국인 근로자, 결혼 이민자, 그리고 기타 비자 소지자들을 포함한다. 특히, 외국인 근로자는 제조업, 농업, 서비스업 등 다양한 분야에서 활동하고 있으며, 유학생들은 한국의 여러 대학에서 학업을 이어가고 있다. 정확한 숫자는 매년 변동이 있을 수 있으며, 정부의 통계청이나 출입국관리청에서 제공하는 최신 데이터를 참고하는 것이 좋다. 한국은 다문화 사회로 발전하고 있으며, 외국인들의 기여가 점점 더 중요해지고 있다.

한국에 외국인이 가장 많이 사는 곳으로 안산(10만 8033명), 화성(7만 6711명), 시흥(7만 4653명), 수원(7만 1392명), 부천(5만 8632명) 순으로 많이 거주한다. 주로 이들이 한국에서 하는 일은? 한국에 거주하는 외국인들은 다양한 분야에서 활동하고 있다. 주로 제조업, 서비스업, 건설업, IT 및 기술 분야에서 일하는 경우가 많다. 특히, 안산, 화성, 시흥 등은 산업단지가 밀집해 있어 외국인 근로자들이 제조업 관련 직종에서 많이 일하고 있다. 또한, 서비스업에서는 음식점, 소매업, 관광 관련 직종에서도 외국인들이 활발히 활동하고 있다. 이

외에도 일부 외국인은 교육, 연구, 예술 등 다양한 분야에서 전문직으로 일하고 있다.

한국에 거주하는 외국인이 주로 하는 일과 관련된 비자는 다음과 같다.

제조업에서 주된 직무는 생산라인 근무, 품질 관리, 기계 조작 등이며, 비자 E-9 비자(비전문 취업 비자) 또는 E-7 비자(전문직 취업 비자)이다. 서비스업 직무는 음식점 직원, 호텔 서비스, 소매업 종사자 등이며, 비자 E-7 비자(전문직 취업 비자) 또는 D-4 비자(어학연수 비자, 일부 경우 취업 가능)이다. 건설업 직무는 건설 노동자, 기술자, 현장 관리자 등이며, 비자 E-9 비자(비전문 취업 비자)이다. IT 및 기술 분야 직무로는 소프트웨어 개발, 시스템 관리, 데이터 분석 등이며, 비자는 E-7 비자(전문직 취업 비자)이다. 교육 및 연구 직무는 외국어 강사, 연구원 등이며, 비자: E-2 비자(외국어 강사 비자) 또는 E-5 비자(전문직 비자)이다. 각종 예술 및 문화 직무에서는 아티스트, 공연자 등이며, 비자 D-1 비자(예술가 비자) 또는 E-6 비자(문화 예술 비자)이다. 이 외에도 외국인들은 다양한 직종에서 활동하고 있으며, 각 직종에 따라 필요한 비자가 다를 수 있다. 비자 신청 시에는 해당 직무에 맞는 자격 요건을 충족해야 하며, 한국 정부의 규정에 따라 절차를 진행해야 한다. 한국에서 외국인 근로자와 유학생의 체류 기간은 비자 종류에 따라 다르다.

각 직업별로 일반적인 체류 기간은 다음과 같다. 외국인 근로자 경우는 E-9 비자(비전문 취업 비자), 체류 기간 최대 3년(1회 연장 가능,

총 4년까지 체류 가능), E-7 비자(전문직 취업 비자)체류 기간 최대 3년(1회 연장 가능, 총 5년까지 체류 가능), 유학생의 경우는 D-2 비자(유학 비자) 체류 기간 학위 과정에 따라 다르며, 일반적으로 1년 단위로 연장 가능. 학사 과정은 보통 4년, 석사 과정은 2년, 박사 과정은 3년까지 체류할 수 있다. D-4 비자(어학연수 비자) 체류기간 최대 1년(1회 연장가능, 총 2년까지 체류가능), 기타 비자는 E-2 비자(외국어강사 비자) 체류 기간 최대 1년(1회 연장 가능, 총 2년까지 체류 가능), D-1 비자(예술가 비자) 체류 기간 최대 1년(1회 연장 가능), 각 비자의 체류 기간은 개인의 상황에 따라 다를 수 있으며, 연장 신청 시에는 관련 서류와 요건을 충족해야 한다. 비자 연장이나 변경에 대한 구체적인 사항은 한국 출입국관리사무소나 관련 기관에 문의하는 것이 좋다.

최근 한국에서 외국인 근로자와 유학생의 수가 크게 증가하고 있다. 대한민국의 경제 성장과 인력 수요 측면으로 보면, 한국의 경제가 성장함에 따라 다양한 산업에서 인력 수요가 증가하고 있다. 특히 제조업, 서비스업, IT 분야에서 외국인 근로자에 대한 수요가 높아지고 있다. 외국인 유치를 위한 다양한 비자 프로그램을 통해 한국 정부는 외국인 근로자와 유학생을 유치하기 위해 다양한 비자 프로그램을 운영하고 있다. E-9 비자, E-7 비자, D-2 비자(유학생 비자) 등 다양한 옵션이 제공되어 외국인들이 한국에서 일하거나 공부할 수있는 기회를 확대하고 있다. 교육의 질과 국제화에 맞는 한국의 교육 시스템은 국제적으로 인정받고 있으며, 많은 외국인 학생들이 한국의 대학에서 학위를 취득하기 위해 유학을 선택하고 있다.

특히, 한국어와 관련된 프로그램이나 특정 전공 분야에서의 교육이 인기를 끌고 있다. 문화적 매력 측면으로 외국인들에게 한국의 문화, K-팝, 드라마 등은 전 세계적으로 인기를 끌고 있으며, 이러한 문화적 요소가 외국인들이 한국에 방문하고 싶어하는 이유 중 하나이다. 사회적 통합 노력 측면에서는 한국 사회는 외국인 근로자와 유학생들이 보다 쉽게 적응할 수 있도록 다양한 지원 프로그램과 커뮤니티를 운영하고 있다. 이러한 노력은 외국인들이 한국에서 정착하여 생활하는 데 긍정적인 영향을 미치고 있다. 이런 요인들이 결합되어 외국인 근로자와 유학생의 수가 증가하고 있다. 이는 한국 사회와 경제에 긍정적인 영향을 미치고 있다.

일반 비자란? 외국 국적자가 한국에 일시적 또는 특정한 목적으로 체류 할수 있도록 발급되는 비자를 말한다. 다음과 같이 일반비자를 분류하면 다음과 같다.

A계열: 외교, 공무, 협정, B계열: 사증명제, 관광통과, C계열: 일시취재, 단기방, 단기취업: C-3-8(동포방문), D계열: 문화, 유학, 기술연수, 일반연수, 일시취재, 종교, 주재원, 투자, 무역경영, 구직, E계열: 교수, 회화, 연구, 기술지도, 전문취업, 예술흥행, 특정활동 *계절근로, 비전문취업, 선원, F계열: 방문, 거주, 동반, 동포(F-4) 영주, 결혼, G계열: 워홀, 방문취업(H-2), 기타 등이다. 일반 비자는 주로 체류 목적에 따라 위와 같이 발급되며 영주권 신청 시 체류 기간, 소득, 범죄기록 등을 체크하면서 심사를 하고 있다. 빨간색 여권은 재외동포만 받을 수 있는 비자이다.

vi.

이주민 기독교 사역 단체. 교회-13개

1. 온누리 M센터(서울 서초구)

https://onnurimcenter.org/m-mission/about-us/?utm_source=chatgpt.com

• 국내 이주민(외국인 노동자, 유학생), 다문화 가정 대상으로 예배 제공,한국어 교실 운영, 의료지원, 쉼터제공, 등 복합적인 이주민 사역을 수행 20여 개 국적 대상 공동체 운영.

• 온누리M센터는 한국내 여러 국적의 이주민을 대상으로 가장 체계적이고 종합적인 돌봄 및 예배. 교육 서비스를 제공하고 있어, '한국 정착 + 신앙공동체 참여'를 원하는 이주민에게 매우 접근성이 좋다.

2. IM Korea(다민족 사역)

https://www.sim.org/locations/korea/?utm_source=chatgpt.com

• 국제선교 단체로, 한국 내 'Ministry(이주민 사역)'를 공식 활동 분야로 삼아 이주민, 외국인 커뮤니티를 새상으로 복음 전파 및 지원 사역을 함.

• SIM Korea와 같은 국제 선교 단체는 단지 '한국에 머무는 외국인→한국 선교'의 관점이 아니라 글로벌한 시야에서 다양한 민족/국가 출신 이주민들과 교류하고자 하는 사역자나 단체가 의미가 있다.

3. Diaspora Ministry in South Korea

https://mtw.org/projects/details/diaspora-ministry-in-south-korea?utm_

source=chatgpt.com

• 유학생과 이주노동자 대상 사역을 목적으로 2022년 시작된 프로젝트, 영어/한국어 수업, 문화 활동, 교류 프로그램 등을 통해 복음을 전파하는 사역을 진행하고 있다.

• Diaspora Ministry 처럼 비교적 최근 시작된 사역은 특히, "유학생, 젊은 노동자, 새로 온 외국인"을 대상으로 하므로 신속한 적응과 네트워크 형성 측면에서 유용하다.

Seongnam Migrant Cenrer(혹은 "Seongnam Migrant Workers House")

https://www.globalministries.org/project/sk/?utm_source=chatgpt.com

• 국내 체류 외국인/이주민(합법 체류자 + 미등록 포함)과 다문화 가정 등을 위한 상담, 쉼터, 직업 지원, 생활 보호 등의 사회 복지 및 목회 사역을 제공.

• Seongnam Migrant Center와 같은 복지 + 목회 통합 기관은 생활문제(주거, 노동, 언어, 상담 등)와 신앙을 함께 돌보기를 원하는 경우에 현실적인 도움을 줄 수 있다.

4. 서울 이주민 지원센터(서울 구로구)

https://www.seoulmigrant.or.kr

서울 이주민을 위한 종합적인 복지 및 지원을 제공하는 기관으로, 다양한 국적을 가진 이주민을 위한 상담, 법률지원, 의료지원 등 다양한 프로그램을 운영하고 있다.

5. 성남시 외국인 노동자 복지센터(서울, 성북구)

외국인 노동자와 이주민을 위한 복지, 상담, 교육 및 예배 등의 다양한 프로그램을 제공한다. 주로 인권보호와 한국 사회 적응을 위한 실질적인 지원을 한다.

6. 서울 외국인교회(서울 강남구)

외국인 근로자 및 유학생들을 위한 예배와 지원활동을 진행한다. 다양한 언어로 예배가 진행되며, 문화적 이해와 교류를 위한 다양한 활동도 있다. 외국인 근로자와 외국 유학생의 거주국가를 방문하면서 선교 사역을 통한 문화교류를 겸하고 있다.

7. 안산 이주민 선교회(경기도 안산시 상록구)

http://www.ansanmigrant.org

안산은 이주민 비율이 높은 지역으로 다양한 외국인 근로자 및 다문화 가정을 위한 복지 서비스, 예배, 교육 프로그램을 제공한다. 주로 외국인 근로자들의 생활 안전과 신앙을 위한 사역을 한다.

8. 안산 다문화센터(경기도 안산시 단원구)

http://www.ansanmigrant.or.kr

다문화 가정 및 외국인 이주민을 위한 상담, 교육, 예배, 문화 교류 프로그램을 운영하며, 안산 지역내 이주민의 적응을 돕고 있다. 다양한 프로그램이 한국어/외국어로 제공된다.

9. 안산 예수 사랑교회(경기도 안산시 상록구)

외국인 근로자, 다문화 가정, 유학생 등 다양한 이주민을 위한 예배와 교육사역을 진행한다. 특히 외국어 예배와 복음전파에 주력하는 교회이면서 외국인 근로자에 대한 보호를 중점적으로 하고 있다.

10. 경기도 외국인 노동자 쉼터(경기도 평택시)

외국인 노동자들을 위한 쉼터 및 복지 지원을 제공하는 기관으로 노동법 상담, 긴급지원, 예배 등 다양한 프로그램을 제공한다. 특히 평택은 외국인 노동자가 많은 지역으로 이주민의 사회적 지원을 위한 중요한 역할을 한다.

11. 경기 이주민 지원센터(경기도 부천시)

http://www.goyangmigrant.or.kr

경기도 지역 내 이주민을 위한 종합적인 지원 프로그램을 운영한다. 예배, 상담, 직업교육, 한국어 등 다양한 사역을 통해 이주민들이 안정적으로 정착할 수 있도록 돕고 있다.

12. 화성 미주민선교회(경기도 화성시)

화성 지역의 이주민들을 위한 예배와 지원을 제공한다. 이주민을 위한 정착 프로그램과 신앙 교육 등을 중심으로 활동하고 있다.

13. 수원 이주민 센터(경기도 수원시)

수원에서 다양한 이주민을 대상으로 복지, 상담, 한국어 교육, 사회적 적응 지원을 진행하는 기관이다. 이주민들이 한국 사회에 잘 정착할 수 있도록 돕는 역할을 한다.

부 록

일터 신학의 관점에서
일터교회

사역 유형별 영성 성숙도 연구 / 1~5[149)]

149) 본 글은, 김동연 지음, [일터교회 성숙도 연구-한국교회 혁신과 세계선교의 새로운 대안], (서울: 러빙터치, 2020, 전체 346면)에서 이지희 기자 (jsowuen@gmail.com)가 2020.09.17.-2020.10.23까지 연재 1회-5회까지 요약하여 게재한 것을, 본서는 더 압축, 부록에 달았다. (선교신문 https://missionews.co.kr/news/582330.

연구 1

일터 사역, 일터 교회, 일터 신학의 관점에서 일터 교회 사역 유형별 영성 성숙도 연구

한국교회 주말 사역을 주중 사역으로 확대하는 대안

한국교회에 '일터 사역'이나 '일터 교회'를 요구하는 상황이 해일처럼 밀려오는 현실을 맞고 있다. 현재 한국교회는 정통적인 근간에서의 교회와 복음의 수단에 근거한 그 어떤 해결책을 모색하고 있다. 바로 그러한 상황을 염두에 두고 한국교회가 일터 신학적인 관점에서 일터 교회의 사역 유형을 알고 그에 맞은 대안을 찾아갈 수 있도록 필자는 [일터 교회 사역 유형별 영성 성숙도 연구] (부주제: '일터 신학의 관점에서') 신학박사, Th.M. 논문을 작성했으며, 일부 내용을 발췌해 5회에 걸쳐 소개하고자 한다.

유대-기독교적 전통은 성경의 창조기사에 따라 노동의 기원을 신성하게 본다.

비록 통전적(統全的; holistic)인 이해의 바탕에서 '일-노동'관은 비

관적이었음이 사실이었다. 그것은 인간의 타락으로 땅이 저주를 받았고, 노동이 힘겨워졌다는 관점은 창세기 3장 17절 이하로 드러난 기록이라서 그렇다. 성경적인 '일-노동'관은 창세기 1장 28절 기록에서 증거하듯, 그리고 고대 사상에 비해서 긍정적이다. 또 그 말씀에는 창조주께서 피조물 인간에게 세상을 운영해 갈 '문화명령'(The Cultural Mandate)을 주셨기 때문이다.[150)]

❖ 전통적인 교회 사역과 일터 사역

우리는 복음을 수용하면서 성경의 매개체를 통해 전통적인 교회와 기독교와 교회, 신학과 믿음에 대한 전반적인 것을 스스럼 없이 이어왔다. 그 안에서 신학과 신앙, 영적 구원의 공동체를 이루고 성령의 강한 역사로 세계 기독교 현장에서 '한국교회의 급성장'이라는 금자탑을 쌓았다. 그러나 성장한 지 반세기도 채 넘기기 전에 성장의 후유증을 앓고 있으면서 현상 유지에 급급한 현실 앞에서 비전과 꿈이 막막하기만 하다고 실토하게 된다. 그 와중에서 한국교회가 성장할 수 있는 길은 직장 안에서 '일터 사역', '일터 교회'라는 이슈이다. 이것은 미국이나 서구교회로부터 시작되어 이천 년 대 전후로 한국교회와 그리스도인들에게 회자(膾炙)되었다. 이에 관한 관심과 필요가 증폭되면서 한국교회에도 '일터 사역'이나 '일터 교회'를 요구하는 상황이 급하게 밀려오는 상황에서 어쩔 수 없이 일터 교회라는 주제를 수용할 수밖에 없는 현실 앞에 서 있다.

종교개혁 후에 기독교는 믿음의 영역을 이해하기 위한 다양한 연구를 시도하였다. 그중 성경적인 노동관과 다양한 견해를 밝히기 위한 노력은 어제오늘의 일이 아니다. 종교개혁 후부터 본격적으로 전개된 일-노동관은 성경적 진리를 그리스도인의 삶의 현장에서 규명하기 시작했음을 말한다. 현대 역사적 개혁주의 신학을 대변할 수 있는 헤르만 바빙크, 아브라함 카이퍼처럼, 칼빈주의 개혁교회의 전통에서는 '하나님의 부르심'(God's Calling)이라는 '일-노동'을 연구해 왔다. 즉 개혁적인 시각에서 노동의 목적은 하나님을 높이고 인류를 번성케 하는 문화를 창출(創出)하는 것을 성경에서 명하는 교훈으로 받아들인다.[151] 철학적 지식과 정서는 인류에게 보편적 진리로 인식되어온 논리로서 일-노동관이 하류인생의 몫으로 일에 대하여 '천박하다'(?)는 개념까지 깨닫게 해준 것이다. 철학적 노동의 가치는 고대 그리스 철학이나 동양 철학에서는 사상의 가치에 비해서 하류(下流)에 속하는 것으로 평가절하했다. 이에 반해, 유대 기독교적 전통은 성경의 창조 기사에 따라 노동의 기원을 신성하게 보았다. 비록 인간의 타락으로 땅이 저주를 받았지만 그 이전에 일-노동관은 하나님이 인간에게 직설적으로 권고한 문화명령에 근거를 두면서 본질적으로 일은 힘들고 힘겹지만 기독교적 일-노동의 관점은 긍정적이라 보는 것이다. 필자는 '일-노동'이라는 영역이 우리의 삶과 일터 속에 어떻게 융합될 수 있는가를 성경적, 신학적, 그리고 실천적 관점에서 연구하게 되었다. 특히 기독교적 일의 개념에 대한 인식 변화를 신학에 비추어 볼 때, 현재 일어나고 있는 일터 교회와 일터 사역의 틀에서 공동체가 영

150) 본문 중, ⓒunsplash.
151) (Jean Calvin, Institution de la religion chrestienne, 박건택 역, 칼뱅 총서 1. 기독교 강요 1541(2판 프랑스어), (서울: 부흥과개혁사, 2018), 79.)

성 성숙을 얼마나 경험하는지를 분석했다.[152)]

크리스천 노동의 개념에 대한 인식 변화

❖ 근래 일터 신학에 대한 관심도거 매우 높아졌다

지금까지 일관된 교회사역은 사변적 신학의 논리에 매여 현장의 사역을 위한 영성이 실제적인 역할을 충분히 담당하지 못하고 있었다. 여기서 멈추지 않고 진정한 '일-노동'의 신학적 문제를 성경적이고 교리적이며 역사적인 논리로 연구하여 학문적 논리를 갖추면서 오늘의 상황에서 일터 그리스도인들을 위한 영성 성숙을 진단하고 인도하는데 도움이 되는 일터 신학적 논리와 현장 사역적 실제적 연구가 절실하다. 특히 한국교회는 세계 어느 국가보다 정통성과 보수성을 강하게 지니고 있다. 이러한 현장에 젖어있던 우리에게 일터 교회라는 정서가

152) 크리스천 노동의 개념에 대한 인식 변화 ⓒ자료=김동연 목사, 한국의 '일터 신학, 일터 교회, 일터 선교, 일터 사역' 현황.

선뜻 와 닿지 못하는 감(感)이 있다. 그러나 세계교회, 특히 미국교회 현장에서는 일터 교회 문제를 80년대 초반부터 이슈화시켰으며, 이제 한국교회도 논리적으로나 정서적으로 충분히 받아들이는 환경이 조성되었다. 또한 '일-노동'의 특성상 쉽사리 환경적으로 정착하기가 어려운 조건이 있지만, 워낙 거센 요구가 한국교회 현장과 일터 현장에서 자리를 잡아가고 있다. 그래서 일터 신학과 일터 교회의 조화를 추구하고자 한다.

한편, 현대 세계선교현장은 전통적으로 선교사를 보내고 받던 새로운 패러다임의 전환을 요구하고 있다. 1980년대 이전까지는 국가마다 전통적으로 사역하던 선교사의 비자를 자유롭게 보장해 주었다. 하지만 점차적으로 그 비자를 제한하고 선교사를 거부하는 추세이다. 그래서 다른 대안으로, 일터 선교사로서 직업을 가시고 입국하여 그 나라에서 거주의 자유를 최대한 보장받으면서 사역할 수 있는 이점(利點)을 살리고 있다. 그러므로 일터(직업전문) 선교사를 파송하는 교회와 선교단체가 늘고 있다.

마지막으로, 대부분 한국교회의 주된 목회 방법은 주말을 중심으로 하는 하루, 이틀 정도의 사역이었다. 실제적으로 주중 5일(월-금) 사역은 생각도 못했다. 혹시 그런 계획이 있더라도 현재 처한 목회 현장이 정서적으로 받아들이지 않는 이질적인 목회 환경이다. 또 여러 가지 현대사회의 복잡한 환경이 일터 사역을 원하지 않고 있다고 볼 수 있다. 한편, 그리스도인들의 주중 생활을 위한 일터 사역이 어쩌면 한국교회가 비상한 관심의 대안적 사역이 될 수 있다. 사실, 주말의 하루나 이틀(토-일) 정도의 사역보다는, 주중 5일 정도의 사역이 효과적일 수 있다는 논리가 목회(사역)자에게 설득력을 지니고 있다. 그렇다고 주일 사역을 외면하고 아예 주중으로 돌리자는 말은 아니다. '주말 사역'에서 '주중 사역'으로 확대(Expanding from 'weekend ministry' to 'weekday ministry')하자는 말이다. 이 글은 이러한 문제들을 연구하고 대안을 제시하여 새로운 패러다임의 '목회 패턴'(The pastoral pattern)을 소개하려 한다.

연구 2

일터 사역, 일터 교회, 일터 신학의 관점에서 일터 교회 사역 유형별 영성 성숙도 연구

그리스도인의 삶의 현장
일터 교회와 지역교회 협력 비전 필요

성경의 개념 적용을 위한 일터 교회, 일터 사역은 일터 교회와 일터 사역의 현장은 비교적 성경의 개념을 적용해야 한나는 과제를 가져야 한다고 생각한다. 한국교회에서는 사무실이나 직장 안에서의 믿음의 활동을 일터의 모임이며, 그에 따른 공동체의 활동으로 보면서 시작되는 경우가 많다. 그러나 기독교 신앙과 일터 사이를 분리하지 않고 현실적으로 그 상황을 받아들이며 신앙의 목적을 위하여 모임을 갖는 것이 '일터 교회' '일터 사역'의 개념으로 인정하는 경향이 있다. 이런 연유로 예전의 직업관이나 노동-일에 대한 관념을 재도입하여 본래의 성경이 말하는 개념을 확인하면서, 일-노동에 있어서 종종 간과되었던 일터 영성 성숙의 사역적 중요성을 분명하게 밝히는 것이 중요하다고 생각한다.

새로운 일터 교회의 주체는 지역교회와 이미 그 공동체의 일원이 된 그리스도인이 중심이 되는 것이다.

삶의 현장 경험을 통해서 얻는 일의 신학으로 일터에서의 영성 성숙을 연구해야 하는 또 다른 중요한 배경은 일터 신학은 상아탑에서의 학문적인 노력만이 아니라, 삶의 현장에서부터 우러나와야 한다는 점을 고려하기 때문이다. 캐나다 리젠트칼리지에서 '장터 신학'(Theology of Marketplace)과 '리더십'(Leadership) 분야의 교수를 역임한 폴 스티븐스(R. Paul Stevens)는 자신의 일의 현장에서의 경험에 신학을 응용하여 일의 신학을 발전시켰다. '일의 신학'은 근대적 신학 개념으로서 서방으로부터 소개되었다.[153] 스티븐스 박사는 워싱턴주 시애틀의 바켄대학교와 싱가포르의 비블리컬신학대학원의 교수이기도 하다. 철강회사 CEO이던 부친 밑에서 잡역부부터 건설 분야, 회계, 사무직 등을 경험했다. 이런 경험으로 예배당 안에 갇힌 신학이 아닌 삶의 현장을 신학의 무대로 '생활 신학'을 터득하게 된 것 같다. 저서로는 '21세기를 위한 평신도 신학', '일 삶 구원' 등 30여 권이 있다. 스티븐스 교수가 '삼위일체 신학', '창조 신학', '성령 신학', '하나님 나라 신학' 등에서 공통적으로 언급하고 있는 논리는 일에 대하여 삶의 현장에서 실제적인 체험을 통하여 신학적 주제로 풀어가야 함을 말한다. (Stevens, Work Matters, 16-17.) 앞으로 한국교회에서 필요한 일의 신학은 일터에서 형성된 믿음의 공동체와 성도들의 일터 경험들을 주된 관찰 대상으로 삼아 이러한 현장을 위한 성경신학과 조직신학, 그리고 실천신학이 함께 해야 할 것 같다.

❖ 제도적 노동은 일터 사역을 일으키는 수단

빌 하이벨스는 '노동–일'은 그 어떤 만족을 제공하는 통로라고 한다. 많은 사람은 죄가 이 세상에 들어온 이후로 만족감이나 성취감을 거의 느낄 수 없거나 느끼기 힘들게 됐다고 생각한다. 그러나 제도적 그룹인 직장은 업무를 마치면 그 대가로 짧지만 만족감을 갖게 해주는 것에 대한 표현을 이렇게 말한다. "일하는 사람들은 복잡한 서류에 사인을 하고 상당한 액수의 거래를 마친 영업사원, 논문의 마지막 페이지를 끝낸 학생, 막내 아이를 잠자리에 재운 엄마, 새로운 치료법을 발견한 의사, 추수를 끝마친 농부, 앙코르 연주까지 마친 음악가, 마지막 벽돌을 쌓은 벽돌공 등 이 모든 사람은 일생 노동–일을 통해 성취감을 맛보는 행복한 순간을 수없이 맞이하고 있다". Bill Hybels, A Christian at work, 독고엔 역, '식상 속의 그리스도', (시울: 도서출판 한세, 1994), 21–22.).[154] 하이벨스 목사는 미국 일리노이 주의 남 베링턴에 소재한 윌로우크릭교회의 담임목사로 시무하며 유명한 설교가이자 작가이며, 상담가이다. 여러 저서와 늘 수많은 성도, 직장 그리스도인을 상담, 치유하고 있다. 하이벨스의 이런 진단은 본 논문의 관심사인 일터에서 영성 성숙을 통한 만족감과 연결이 된다. '노동–일'을 통한 그 성취감 그대로 행복을 쟁취하는 것(시 128:2, 살전 4:11~12)이라고 성경은 증거한다. 성취감을 쟁취한 그리스도인은 자신에게 부여된 일을 하여 그 대가로 외부 사회에서 궁핍이 없다는 것

---

153) R. Paul Stevens, '일의 신학', 주성현 역, (서울: 도서출판 CUP, 2014), 13–15.).
154) Bill Hybels, A Christian at work, 독고엔 역, '직장 속의 그리스도', (서울: 도서출판 한세, 1994), 21–22.).

을 보여준다. 그러나 현실적으로 한국교회와 그리스도인들이 일터(직장)에서 성취감과 행복을 얻고 있는가? 그리스도인 그룹은 집단적 공동 목적으로 노동-일을 어떤 형식으로 추구하고 있는가? 한 인간으로서 이런 일-노동의 수단을 통해 그들이 사회적인 요구에 응하면서 일터 교회와 사역을 위한 공동체를 꿈꿀 가능성은 얼마나 되는가? 필자는 이러한 질문들을 염두에 두고, 실제 현장에서의 경험들을 수집하며 이에 대한 성경적이고 신학적인 평가를 나눠본다.

일터 사역 공동체 교회의 필연적 수용으로 "일터에서 일하는 하나님의 백성들이 적법한 형태의 교회라는 새로운 개념은 많은 사람에게 새로운 혁명적 발상이다"라고 와그너가 피력한 것을 보면,[155] 일터 교회에 대한 발상과 도입은 전통교회 위에서 이천 년 동안 굳어온 상황에서 매우 힘들 것이란 예측을 한다. 그러나 와그너는 어차피 변화의 소용돌이 속에서 오늘의 상황이 일터 교회라는 새로운 이슈를 받아들일 수밖에 없다는 상황이었음을 직시했다. 새로운 일터 교회의 주체는 지역교회와 이미 그 공동체의 일원이 된 그리스도인이 중심이 되어야 한다. 그들에게 궁극적으로 사회변혁을 이루어가야 하는 '대위임령'(The Great Commission)이 주어졌다. 그러나 직장 안에서 일터의 신앙공동체에 대한 지역교회의 부담감은 그 필요만큼 비례하고 있다. 왜냐면 세속적 삶의 현장에서 거룩한 '일터 교회'라는 적응이 그리 만만치 않기 때문이다. 어차피 국내 기독교계나 그리스도인들에게 직장에서의 일터 교회 공동체가 설립되어 각자의 일을 통하여, 아모스 5장

155) Peter Wagner, The Church in the Workplace, 이건호 역, '일터 교회가 오고 있다', (과천: WLI KOREA, 2014), 18.)

24절의 “오직 공법을 물 같이, 정의를 하수 같이 흘릴찌로다”는 말씀처럼, 그리스도인의 영향력을 흘려보내며 사회변혁의 주축이 되기 바란다. 또 기존 지역교회와의 대립이나 분리가 아니라, 일터 교회와 지역교회가 협력하는 비전을 가질 필요가 있다.

연구 3

일터 사역, 일터 교회, 일터 신학의 관점에서 일터 교회 사역 유형별 영성 성숙도 연구

직장인 일터 선교의 7가지 원리

현재 한국교회는 교회와 복음의 사역 방향에 새로운 대안을 필요로 한다. 필자는 일터 교회가 제2의 대한민국의 기독교 부흥을 가져다줄 다른 하나의 대안이라고 전망하면서, '일터 사역'이나 '일터 교회'를 요구하는 시대가 이미 우리 앞에 다가왔다고 생각한다. 그리스도인에게 모든 일터가 선교지요, 목회지다. 직장 그리스도인은 일터에 파견된 선교사이자 하나님의 부름받은 왕 같은 제사장이다. 일터사역은 한국교회 미래 구원사역의 새로운 패러다임을 제시할 것이다.

❖ 일터 선교 일터 교회

21세기 현대사회의 첨단과학, 정보기술 문명의 시대에 기독교 정신으로 무장된 그리스도인 직장인과 기업가는 사회에서도 큰 모범적 성공을 거둘 수 있다.[156)]

156) (본문 중) ⓒpxhere

1) 일터 공동체의 비즈니스선교(BAM-Business as Mission)

기업 내에서 모인 일터 교회 공동체는 모든 직장인과 근무하는 사무실(작업장)을 '교회화'하는 것으로 선교의 토대를 세워갈 수 있다. 기업의 CEO는 자신이 제사장이 되고, 직장인들은 그 직업현장에 파견된 목회자라는 개념으로, '신앙생활 현장화', 일터 교회화(化)를 이루어 낼 수 있다. 이와 같은 문화명령에 순종한 일터 교회 공동체는 '비즈니스 선교' 개념으로 한국교회 사역의 장으로 정착되어야 한다. BIM-'비즈니스는 선교다'(Business is Mission)로 사용되는 용어를 적극적으로 선교적인 기능이 더해지도록 발전시켜 표현한다면, BAM-'선교와 같은 비즈니스'(Business as Mission)라 할 수 있다. 이 단어의 핵심적인 가치는 '헌신적인 선교'(Devotion to missionary work)를 강조하고 있다.

2) 하나님의 통치가 임하는 삶의 일터

한국의 그리스도인들은 그동안 이원론적인 믿음 생활이 최선인줄 알았다고 자성(自省)한다. '교회 따로, 일터 따로'(Church separately, Workplace sepa rately)의 삶을 살아왔다. 그러나 이제는 일터 역시 하나님의 통치가 임하는 곳으로 조성하기 위해 "소중한 일터를 하나님께 돌려 드리자"는 운동이 기업을 경영하는 그리스도인 CEO를 중심으로 조용하게 진행되고 있다. 과거의 기업문화는 기독교 신앙이 비즈니스를 오픈하면 마이너스 요인으로 작용했지만, 최근에는 오히려 기업 성장에 플러스 요인으로 작용되고 있다. 교회의 믿음의 훈련을 통해서 감성이 풍부하고 잘 섬기는 영성이 형성되고, 또 영적 인격을 소유하기 때문이다. 이런 삶의 행동은 일반기업의 비즈니스와 기업 성장에 큰 장점이 된다. 그리스도인 직장인으로 인해 앞으로 비즈니스와 기업 경영은 더욱 신뢰할 만하고, 더욱 투명하고 정의롭게 진행될 것이라고 내다보는 현장 CEO의 증언도 있다.[157)]

3) 하나님의 말씀은 기업 경영, 영적 전투 지침서

일터 교회 공동체에서도 선교를 감당할 때, 당연하게 '정직성' 뿐만 아니라 '창조성'이 강조되고 있다. 3500여 년 전부터 성령의 감동으로 기록되기 시작한 세계적이며 불멸의 베스트셀러인 성경 말씀은 놀라운 창조적 경영기법이 다 들어있다. 경제문제 한 가지뿐만 아니라 정치, 사회, 교육, 예술, 과학, 우주, 역사, 이치, 상식, 인류의 문제, 삶의 문제, 생명의 문제 등 이루 헤아릴 수 없는 이슈들을 담고 있다. 결국, 성경은 가장 큰 일터의 매뉴얼이며, 기업 경영지침서(나침판)라고 할 수 있다. 인간의 영혼을 살리는 선교사역에서도 본질적인 영적 전투의 무기일 수밖에 없다.

4) 그리스도인 CEO는 선교적 리더십으로

21세기 현대사회의 첨단과학, 정보기술 문명의 시대에 기독교 정신으로 무장된 그리스도인 직장인과 기업가들은 사회에서도 큰 모범적인 성공을 거둘 수 있다. 이를 위해 그리스도인 CEO들이 일터사역과 선교에 대해 확고한 인식을 해야 한다. '한 명의 헌신된 그리스도인'이 CEO의 선교적인 리더십으로 일터의 구성원에게 삶의 변화와 성장을 주도할 수 있으며 하나님께 영광을 돌려 드리게 된다. 직원

157) R. Paul Stevens, Doing God's Business, 홍병룡 역, '하나님의 사업을 꿈꾸는 CEO', (서울: IVP), 2009.

100명인 회사 CEO는 100명을 목양하는 목회자라고 본다. 일터 교회 공동체의 선교적인 사역을 통해 한 명의 비기독교인이 하나님을 영접하고, 삶이 변화되고, 영혼구원을 받아 일터 속 그리스도인으로 거듭나면 회사도 함께 발전하게 된다. 한 명의 헌신 된 그리스도인 직원이 믿음의 일터를 가꿀 수 있다.

5) 지역 전통교회 선교적 마인드의 인식 전환 필요

일반적으로 선교원리는 확장에 있다. 신약의 공동체를 받쳐주는 원리가 사도행전 1장 8절 "너희에게 성령이 임하시면 너희가 권능을 받고 유대와 사마리아와 땅끝까지 복음의 증인이 되라"이다. 이뿐 아니라 일터 교회 선교원리에도 이 말씀은 동일하게 적용된다. 그러므로 일터 교회 공동체의 확장을 위해 우선적으로 지역교회의 인식 변화가 필요하다. 한국교회라는 커뮤니티 안에서도, 일선 지역교회 목회자들이 일터 교회를 함께 지체된 커다란 공동체로 인정하고 동참해야 한다. 지역교회 목회자는 일터에서 사역하라고 직장(일터)의 현장에 성도들을 사역자로 파송한다는 선교적 개념을 갖는 것이 중요하다. 그러므로 선교적인 마인드로의 대(大) 인식 전환이 있어야 할 것이다. 특히, 목회자에게 하나님의 부르심은 너무나 중요하다. 그러나 목회자는 자신의 열심과 결단만으로 그 역할을 다할 수 없고, 성도를 돌아보는 것이 환경적 제한을 받을 수 있으므로, 모두에게 영적인 손길을 닿게 할 수 없다는 한계성을 인정해야 한다.

6) 일터 선교 전략적 사역의 성공

지금 한국교회의 현실적인 상황으로 보건대 목회자(목사) 과잉공급의 문제점이 심각하다. 또 지역교회가 1세대 목회자를 은퇴시키고, 2세대 목회자를 받아들이는 현실에 놓여 있다. 현재의 담임목회자 청빙 시스템의 문제로, 지역교회에서는 대부분 예상치 못한 일들이 돌발하여 몸살을 앓고 있다. 한편, 건강한 목회를 꿈꾸며 미래 사역에 도전하는 젊은 예비 목회자(전도사 강도사 등) 대부분은 편안하고 안정적인 지역교회에서의 사역보다는 결국, 교회 설립이나 특수 목회, 아니면 기관 목회사역 쪽으로 기울게 된다. 이런 설립 목회 및 새로운 목회 패러다임은 선교사들에게 '일터 교회의 사역 공동체'를 말하고 있다. 일터 교회를 세우거나 이끌어가는 등 일터 교회 사역에 대한 다양한 설립에 대한 성공과 부흥을 만들어가는 '일터 선교전략'이 요구되고 있다.

7) 경영 훈련과 선교 영성 훈련을 함께하는 변화

일터 사역자는 기업의 대표자인 CEO, 전문직 종사자, 목회자, 선교사, 신학교졸업자(예정), 기타 비즈니스 전문인 사역자들을 통틀어 말할 수 있다. 그들을 주역으로 선교하도록 세워서 마음 놓고 일터 교회 성장을 이룰 수 있게 하는 것이다. 그러므로 경영과 선교 영성 훈련을 일터 교회 공동체에 알맞도록 재훈련하는 교육이 절대적으로 필요로 한 것이다. 기독교 현장에서 활동하는 국내외의 훌륭한 강사 및 목회자들이 있다. 이들을 통해 훌륭한 아카데미와 전략시스템을 갖추어 세계 171개 국가 선교지에 신규 및 재파송할 선교사, 그리고 일터 사역자들에게 제공해야 한다. 이런 뉴 패러다임의 지역교회들이 새로운 시대를 맞아 복음을 전파하면서 지역교회의 사명을 온전히 감당해 갈 때, 하나님의 전능하신 통치가 우리 인류의 전 삶의 영역에 임하실 줄 믿는다. 그리고 이러한 사역은 예수 그리스도께서 이 땅에 다시 오시는 그날까지 더 확장하고 발전하여 남은 한 영혼이라도 주 앞에 인도하는 성령의 역사가 강하게 일어나는 일터 교회 설립과 확산에 기여할 수 있길 간절히 소원해 본다.

연구 4

일터 사역, 일터 교회, 일터 신학의 관점에서 일터 교회 사역 유형별 영성 성숙도 연구

40~50대가 일터 사역에 **관심이 가장 높게 나타났다**

일터 선교(공동체)와 일터 선교 사역을 위한 부르심은 '대 위임령'에 근거한 것이다. 그러므로 그에 따른 주제로서 일터 교회는 세속성 가운데 어떤 존재와 무슨 사명으로 일할지 연구해야 한다. 그리고 일터 선교 공동체로서 선교론을 어떻게 정립할 것인지 고민하면서 실제적인 일터 현장 가운데서 부여받은 선교 사역을 어떻게 수행해 가야 할지 고찰할 필요가 있다.

필자는 총 8개 기관 681명을 대상으로 자료를 수집, 일터 신학적 관점에서 일터 교회의 사역 유형별 영성 성숙도 현황을 연구하여 한국 교회에 희망적인 비전을 제시하게 될 기초자료를 제공하고자 했다. 설문에 참여한 곳은 일터 사역과 훈련프로그램을 운영하는 4개 교회(서초 사랑의교회, 한남 충신교회, 잠실 오륜교회, 일산 성광침례교회)와 일터 교회를 운영하는 4개 기업(인천 남동공단 한국교세라정공, 반월

공단 우성염직, 양주 한만두식품, 서울 잡뉴스솔로몬서치)이다.

〈표 1〉 설문 참여 응답한 현황

구분	내용	남성	여성	빈도(명)	
성별	남성	188	83	271	681
	여성	107	168	275	
	기타	59	76	135	
연령	20대 이상	23	12	35	681
	30대 이상	59	10	69	
	40대 이상	101	58	159	
	50대 이상	61	87	148	
	60대 이상	13	58	71	
	70대 이상	0	3	3	
	기타	98	98	196	
신앙 생활 기간	10년 미만	68	28	96	681
	10년 이상~20년 미만	42	21	63	
	20년 이상~30년 미만	38	31	69	
	30년 이상~40년 미만	37	54	91	
	40년 이상~50년 미만	21	45	66	
	50년 이상	9	39	48	
	기타	139	109	248	
현재 교회 출석 기간	10년 미만	90	55	145	681
	10년 이상~20년 미만	43	81	124	
	20년 이상~30년 미만	25	41	66	
	30년 이상~40년 미만	18	21	39	
	40년 이상~50년 미만	6	9	15	
	50년 이상	4	4	8	
	기타	168	116	284	
직분	미등록교인	66	17	83	681
	세례교인	103	39	142	
	집사	64	103	167	
	권사	7	33	40	
	장로	23	0	23	
	전도사	0	0	0	
	목사	3	0	3	
	신학생	0	0	0	
	기타	114	109	223	
전체		354	327	681	

〈표 2〉 설문에 응답한 일터교회와 일터기관 통계코드와 설명

구분		일터사역의 교회				일터교회의 기관				백분율 (%)
		사랑의 교회	충신 교회	오륜 교회	성광 교회	한국 교세라	우성 염직	한만두 식품	잡뉴스솔 로몬서치	100
설문 응답자	빈도 (명)	139	27	8	27	240	114	94	32	
	백분율 (%)	20.5	3.9	1.2	3.9	35.2	16.7	13.9	4.7	
전체		201(29.5)				480(70.5)				
		681(100)								

◎ 설문 참여 응답현황 [참고 표1]

성별, 연령별, 신앙생활 기간, 현재 교회출석 기간, 그리고 응답자의 직분(교회)에 대한 자세한 통계를 담고 있다.

◎ 설문에 응답한 일터 교회와 일터기관 통계코드와 설명 [참고 표2]

설문에 응답해준 현황은 도표와 같이 전체 8개 일터사역 교회와 기관이다. 그들은 모두 일터에 관련한 사역을 하는 교회이거나 일터에 교회를 세우고 예배와 훈련 등으로 공동체를 섬기는 기관이다. 설문에 응답한 사람은 총 681명이다. 각 교회나 기관별로 통계코드를 작성하여 소개했다. 각 기관의 설문 참가자에 대한 수치와 그에 대해 백분율(%)로 나타냈다.

◎ 설문에 응답한 일터 교회와 일터기관 컬러그래프와 분석 [참고 표3]

일터 사역을 하는 4개 교회 중에서는 총응답자의 20.5%가 사랑의 교회, 3.9%가 충신교회, 1.2%가 오륜교회, 3.9%가 성광교회에서 응

〈표 3〉 설문에 응답한 일터교회와 일터기관

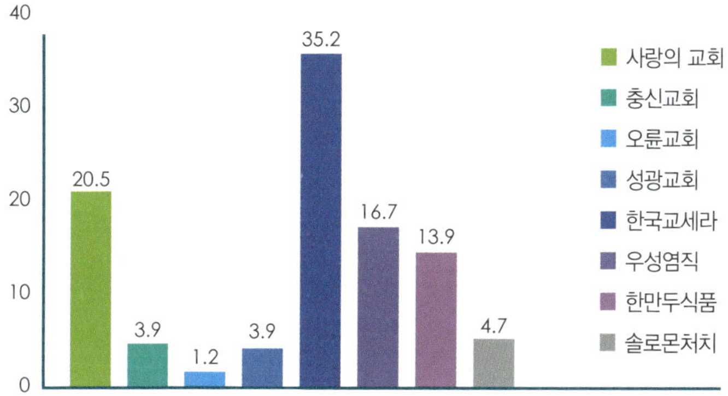

〈표 4〉 연령대별-설문응답자 특성 통계코드와 설명

구분	내용	빈도(명)				백분율(%)		
		남성	여성	계		남성	여성	계
연령 구분	20대 이상	23	12	35	104	3.3	1.7	5.0
	30대 이상	59	10	69		8.6	1.4	10.0
	40대 이상	101	58	159	307	14.8	8.6	23.4
	50대 이상	61	87	148		8.9	13.0	21.9
	60대 이상	13	58	71	74	1.9	8.6	10.5
	70대 이상	0	3	3		0	0.4	0.4
	기타	98	98	196	196	14.4	14.4	28.8
전 체				681		100		

답해 왔다. 일터 교회 처소를 정하여 정기적인 직장예배로 모이는 기업은 총응답자의 35.2%가 한국교세라, 16.7%가 우성염직, 13.9%가 한만두식품, 4.7%가 잡뉴스솔로몬서치에서 응답해 왔다. 일터 사역을 하는 4개 교회의 응답자는 전체 681명 중 139명으로, 29.5%다. 사랑의교회는 일터 사역자를 위한 전문적 훈련프로그램을 운영하여 설문 조사 당시 매주 약 1,000명 이상을 이곳에서 훈련하면서 미래 목회에 대하여 준비하고 있었다. 회사 내에 일터 교회를 세운 한국교세라

〈표 5〉 연령대별-설문응답자 특성 컬러그래프와 분석

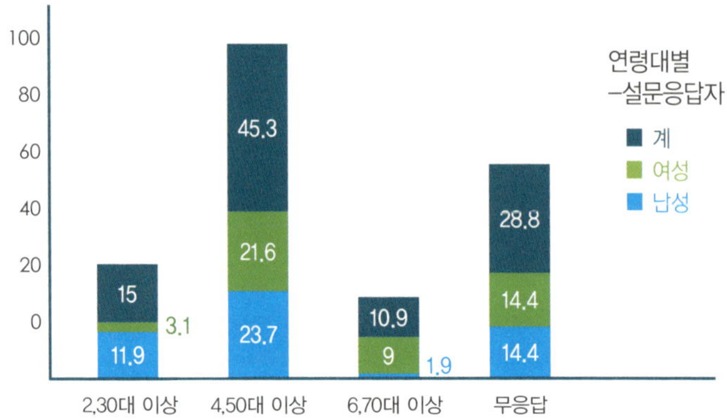

는 681명 중 240명이 참가해 참가율이 35.2%나 되었다. 이는 매주 월요일에 한 번씩 정기적으로 사원들을 모아서 일터예배를 드리고 있기 때문이다. 대부분 직장 내 일터예배를 드리는 일터 교회가 이번 설문에 관심을 가지고 응답해준 비율이 높게 나타나고 있는 것도 이유 중 하나라고 할 수 있다.

◎ 연령대별-설문응답자 특성 통계코드와 설명 [참고 표4]

연령대별 설문응답자는 20대에서 70대까지, 그리고 무응답으로 나타났다. 연령별 수치는 20대 이상 35명, 30대 이상 69명, 40대 이상 159명, 50대 이상 148명, 60대 이상 71명, 70대 이상 3명, 기타(무응답) 196명이다. 남성 355명, 여성 326명이 참여했다.

◎ 연령대별-설문응답자 특성 칼라그래프와 분석 [참고 표5]

그래프에 나타난 연령별 설문응답자 수치는 백분율(%)로 나타냈다.

세대(단계)별로 두 단계로 묶으니 20~30대 이상 15%, 40~50대이상 45.3%, 60~70대 이상 10.9%, 그리고 무응답(기타) 28.8%로 나타났다. 수직 막대 형태의 그래프에서 드러나듯이 40~50대 이상(45.3%)이 20~30대 이상(15.0%)과 60~70대 이상(10.9%)에 비하면 약 3배에서 4배 반으로 높은 응답자가 나타났다. 이것은 일터 교회와 사역을 구성하는 그리스도인으로서 앞으로의 일터 교회가 미래 구원 사역의 왕성한 비전을 제시하고 있는 증거이기도 하다. 그러나 연령(세대)별로 보면, 대체로 빠짐없이 참여하므로 일터 사역이 지역교회별로, 기관 혹은 회사별로도 대체 목회 방법으로 제시되고 있다.

"일터 영성 리더십은 이 시대 리더의 필수 조건"

서치펌 회사 CEO이자 솔로몬일터교회 목회자로 일터 영성 연구, 일터 안 삶이 일터 밖 삶에 영향을 미치면서 일터 영성 더 중요해져, 개혁적 시각에서 노동은 하나님과 인류 위한 '성경이 명하는 교훈'으로 앞으로 조직은 구성원들이 일터 영성 형성하도록 적극 이끌어야 개인 차원의 일과 영성, 조직 차원의 관리적 요소와 영성 통합해야 조직 리더의 일터 영성 중요…신념, 이타적 사랑, 비전 제시 갖춰야한다. "지금은 조직이라는 큰 틀 안에서 팀워크보다는 개인이 중요시되고, 경쟁에서 도태되면 나락으로 빠져드는 악순환에 노출되어 있다. 이런 시대일수록 건강한 조직이라면 구성원들이 일터 영성(Workplace Spirituality)을 형성할 수 있도록 이끌어야 한다." ㈜잡뉴스솔로몬서치 대표이사이자 솔로몬일터교회 담임목회자인 김동연 목사가 10여 년간 기업과 일터 사역 일선에서 일하며 연구해 온 '일터 영성'에 관한 논문 내용을 최근 발표했다. 논문 주제는 '일터 교회 사역 유형별 영성 성숙도 연구', 부주제는 '일터 신학의 관점에서'로, 김 목사는 이번 논문으로 지난 8월 13일 웨스트민스터신학대학원대학교(총장 정인찬) 실천신학 박사학위를 취득했다. 논문은 KCI 논문 문헌 유사도 검사 결과에서 전체문장 외 유사율이 2%로 나왔다.

잡뉴스솔로몬서치

김동연 목사, 8월 웨스트민스터신학대학원대학교 실천신학 박사학위 받아.

김동연 목사는 산업 전문 분야별 경력 인재를 추천하는 헤드헌팅 회사(서치펌) '잡뉴스솔로몬서치'를 1998년 설립하여 23년째 운영해온 CEO다. 또 11년 전부터는 일터사역에 부름받은 목회자로서 솔로몬 일터교회를 설립하고, 일터 현장에서 직접 부딪히면서 '일터와 교회', '일터와 선교'를 접목한 새로운 선교 패러다임을 열어왔다. 코로나 19 이전부터 '대면예배'와 '실시간 온라인 라이브 예배'로 동시에 드려온 일터예배는 현 상황에서 일터사역의 앞선 모델을 제시하고 있다. 삶의 현장에서의 일터 영성이다. 보통 기독교 기업이 크리스천 CEO와 사목의 투 톱(Two Top) 체제로 이뤄진다면, 김동연 목사는 경영과 일터 교회 현장을 모두 아우르며 삶 속에서의 일터 신학, 일터 선교, 일터에서의 영적 성숙에 대한 고민을 오랫동안 깊이 있게 해왔다. 최근 들어 삶의 현장에서 일터 영성에 대한 관심이 증가하는 추세를 보이는 이유에 대해 김 목사는 "산업사회가 되면서 일터에서 보내는 시간이 증가했고, 임시직 · 계약직 등이 증가하고 평생직장 개념이 사라지면서 일터에서의 불안감이 증가했기 때문"이라고 분석했다. 또 "사람들이 일에서 본인의 사회 정체성을 찾는 면이 있기 때문"이라며 "결국 일터 안에서의 삶이 일터 밖에서의 삶에도 큰 영향을 미치게 되면서 일터의 삶과 영성이 중요해졌다"고 말했다. 김 목사는 '기독교 신앙'(Christian Faith)과 '노동의 관계'(Labor Relations) 규명은 종교개혁 후부터 본격적으로 시작됐다고 말했다. "개혁주의 신학자들, 그리고 칼빈주의자와 개혁교회 전통에서는 '하나님의 부르심'(God's Calling)이라는 일과 노동의 또 다른 측면을 연구해 왔다"며 "개혁적 시각에서 노동의 목적은 하나님을 높이고 인류를 번성케 하는 문화 창출을 '성경이 명하는 교훈'으로 받아들인다"고 말했다.

잡뉴스솔로몬서치

잡뉴스솔로몬서치에서는 매주 한 차례 일터예배를 '대면예배'와 '실시간 온라인 라이브 예배'로 동시에 드려왔다. 지금까지 460여 명의 지역교회 목회자, 비즈니스 선교사, 크리스천 CEO 등을 강사로 초청했다.

김동연 목사는 이번 논문에서 성경적인 일과 노동의 영역이 우리의 삶과 일터에 어떻게 융합될 수 있는지 실천 방안과 방향을 제시하고자 했다. 김 목사가 말하는 '일터 영성'은 '나는 누구인지' '나는 무엇을 가치 있게 보는지' 등 자신의 내면을 살펴보면서 근원적 의미를 찾고자 노력하는 삶을 통해서 자신이 하는 일을 의미 있게 만들고, 또 그 일을 물질적 보상을 뛰어넘어 자율성이 보장되는 일로 삼아 자신의 삶을 풍요롭게 만드는 것을 의미한다. 물론 이때 나 혼자 잘 사는 것이 아닌, 더불어 잘 사는 것을 염두에 두고 공동체의 일원이 되며, 어떤 커뮤니티와도 함께 의미 있는 일을 할 수 있는 모습도 포함된다. 이처럼 일터 영성은 일터에서의 의미와 공동체 형성, 자신의 내면을 살펴보고 자신에게 맞는 삶을 갈망하게 만든다. 종교적 영성과 달리 일터 영성은 교리와 방향은 없으며, 조직성과에 도움이 되는지가 매우 중요한 이슈다. 김 목사는 "삶의 현장에서의 일터 영성은 ①조직의 몰입도 ②내재적으로 일에 대한 만족도 ③일에 참여하는 정도 ④조직에 기반을 둔 자기 존중감 등에 영향을 미친다"며 "희망과 믿음을 갖고 일하는 것에서 일터 영성이 효과를 발휘하고, 특별한 의미의 삶을 만들어 가고자 하는 소명을 가지면 구성원으로서의 공동체의 멤버십이 생겨난다"고 설명했다.

일터 영성을 키우는 실천 방안

그렇다면 삶의 현장에서 일터 영성을 어떻게 키울 수 있을까? 김동연 목사는 "미션과 가치에 초점을 맞추며, 주주 이익 가치를 극대화하지 않는 것"이라고 답했다. 또 △의사결정과 자율성 높이기 △내가 무언가를 할 수 있을 때 더 잘하고자 하는 마음이 들도록 하기 △일터에서 자기가 맡은 포지션 영역에서 팀원과 협력 잘하기 △도덕적 해이 방지하기 등의 방안을 제시했다. 그에 따른 보상과 인정은 소속 부서에 주는 형태로 제공할 수 있으며, 이는 각 일터 구성원과 가족이 다른 사회적 의무를 수행하는 것으로 흘러갈 수 있다. 김 목사는 "각 구성원의 재능과 스킬을 향상시키고 격려함으로 직장 안에서 두려움과 불신, 도덕적 해이의 남용을 몰아낼 수 있다"고 덧붙였다. 지금과 같은 코로나 19 팬데믹 상황에서는 인류의 보편적 가치인 문화와 조직이 급격하게 바뀌면서 일터 영성에도 변화가 요구되고 있다. 김 목사는

"제4차 산업 핵심 산업분야인 인공지능(AI), 바이오, 에너지, 미래 차, 반도체의 발전을 중심으로 산업과 직업이 매우 빠르게 늘어나면서, 직원들은 디지털 시대의 변화에 맞춰 다양하고 새로운 일들을 소화해야 한다"며 "팀워크보다 개인이 더 중요시되고 도태되면 나락으로 빠지는 악순환이 있다"고 우려했다.

이런 시대일수록 건강한 조직은 구성원들을 조직의 목표 달성을 위한 경제적 수단으로서 희생을 강조하는 것이 아니라, 조직 내외의 업무 및 인간관계에서 소외감을 느끼지 않도록 주의를 기울인다는 것이 김 목사의 주장이다. 또 조직은 경제적 보상과 함께 구성원 개개인의 내면적인 세계에 관심을 가져 구성원들이 끊임없이 학습하고 성장하여 자기완성을 실현할 수 있도록 도와야 한다고 말한다. 곧, 조직은 구성원들이 일터 영성을 형성할 수 있도록 적극적으로 이끌어야 한다는 것이다. 김 목사는 "함께 일하는 동료에 대한 공감의식과 조직 구성원으로서 공동체 의식을 가지고 일터에서 몰입을 경험한 개인은 행복지수 또한 훨씬 높다"며 "그러므로 조직은 개인의 일의 의미감과 공동체 의식을 높이고, 직무 열의를 높이며, 이직 의도를 줄이기 위해 그들의 일터 영성을 촉진하는 것이 필요하다"고 강조했다. 기업 경영을 위해 탑 경영자인 CEO가 중요하듯 구성원의 일터 영성을 높이기 위해서는 리더의 일터 영성 또한 중요하다. "기업에는 규모와 관계없이 CEO나 회장이 최고경영자"라며 "그리스도인 CEO라면 반드시 그 일터 내에서 하나님과 전 직원에게 '하나님 나라를 선포'하는 일을 가장 먼저 해야 한다"고 김 목사는 말했다. 이어 "경영자는 주님께서 우리를 사랑하듯 소속 구성원들을 사랑하는지 여부를 스스로 살펴보아야 하며, 구성원들이 갈등의 요인으로 갖고 있는 부부, 부모, 자녀, 금전 문제, 기타 소송분쟁 등 수많은 갈등을 해결하고 회복해 가도록 도와야 한다"고 했다. "일터 내에서 드리는 주중 1회 채플(예배)에서 성경 말씀, 복음을 전하는 일을 최우선으로 실천해야 한다"고 말했다.

일터 영성 리더십에게 필요한 요소

일터 영성이 높아진 구성원의 특징은 혁신적이고 윤리성이 높고, 지속적인 학습을 통해 성숙해 가려는 동기와 내재적인 보상에 더 큰 가치를 느낀다. 김동연 목사는 "긍정심리학 연구에서도 '이타적 사랑'은 두려움, 걱정, 노여움, 죄책감, 증오, 자만심, 부러움, 억울함 등과 같은 부정적인 감정을 극복하게 한다고 말한다"며 "또한 조직에 대한 몰입이 높은 풍조와 동기부여가 잘 된 조직 구성원들이 조직 성과를 향상시킬 수 있다"고 말했다. 이러한 이유로 김 목사는 "현대 기업들도 조직 구성원들의 영성을 만족시키기 위한 책임을 공유함으로써 이들의 영적 성장을 촉진시킬 수 있도록 개인 차원에서 '일과 영성', 조직 차원에서 '관리적 요소와 영성'을 통합하는 것이 필요하다"고 주장했다. "일터 영성 리더십은 이제 단순히 마음을 관리하는 리더십이 아니며, 광속처럼 빨리 변하는 이 시대에 어울리는 리더가 가져야 할 필수적인 조건이 되었다"며 "일터 영성 리더십이라면 ①신념(Faith) ②이타적 사랑(altruistic love) ③비전(Vision)을 갖춰야 할 것"이라고 제안했다. 여기서 '신념'은 요구하고 기대하는 것이 이루어질 것이라는 절대적인 확신과 신뢰를 증명하는 가치, 태도, 행동의 근간이 되며, '이타적 사랑'은 전체성, 조화성과 나 자신과 다른 사람들을 위한 영성, 인격, 소명, 지적능력, 공동체를 세우는 스킬, 역량, 의사소통,

덕목과 책임감, 감사 등을 총망라한 웰빙을 뜻한다. '비전'은 급변하는 전략들과 짧아진 기술 개발 사이클, 경쟁의 증가 등 미래의 방향이 모호해지는 환경에서 구성원들에게 변화의 방향을 이해시키거나 의사결정의 방식 등에 더욱 중요한 역할을 하는 것을 의미한다.

4개 교회, 4개 회사 총 681명 대상 일터 영성 관련 설문조사 포함

일터 영성을 연구한 김동연 목사의 이번 논문이 주목받는 또 하나의 중요한 이유는 지역교회 4곳과 일터법인 4개 기관 등 총 8개 기관 성도와 직원 681명을 대상으로 74개 항목에 대한 설문조사 결과를 발표했기 때문이다. 설문에 참여한 교회는 서초동 사랑의교회, 한남동 충신교회, 고양 일산 성광침례교회, 잠실 오륜교회이며, 일터법인은 일사모(일터를 사랑하는 모임), 인천 남동공단 한국교세라정공, 반월공단 우성염직, 양주 한만두식품, 방배동 잡뉴스솔로몬서치다. 김 목사는 "비대면 시대가 일상화되면서 한국교회에 일터 사역이나 일터교회를 요구하는 상황이 노도처럼 밀려오는 현실을 맞이하고 있다"며 "이 논문이 새로운 교회 사역과 복음 사역의 대안을 찾고 있는 한국교회에 '부흥의 새로운 대안' '세계선교의 이정표'를 제시할 수 있기를 바란다"고 말했다.

연구 5

일터 사역, 일터 교회, 일터 신학의 관점에서 일터 교회 사역 유형별 영성 성숙도 연구

교회 출석 10년 미만 구성원 많을수록 건강한 일터

◎ 신앙생활(신생)기간, 교회출석(교출)기간 특성 통계 코드와 설명 [참고 표6]

이 통계코드는 신앙생활기간(신생기간)'과 '교회출석기간(교출기간)'으로 구분하여 통계를 작성했다. 내용은 '10년 이상 20년 미만'에서 각 세대(연령)별로 시작해 50년 이상, 그리고 기타(무응답)로 수치를 나타냈다. 빈도수(명)는 세대별로 잘 보여주고 있다. 남성과 여성의 비율은 본 통계코드에서 드러나지만, 다음의 칼라그래프에서 백분율(%)로 나타내 주고 있다. 신앙생활기간과 교회출석기간과의 차이를 확연하게 보여주고 있는 특징도 무시할 수 없다.

◎ 신앙생활(신생)기간, 교회출석(교출)기간 특성 분석 컬러그래프 [참고 표7]

그래프의 수치는 백분율로 나타내고 있다. 10년 미만(십대)의 교회

〈표 6〉 신앙생활(신생)기간, 교회출석(교출)기간 특성 통계 코드와 설명

구분	내 용	빈도(명)			백분율(%)		
		남성	여성	계	남성	여성	계
신앙생활 기간 (신,생기간)	10년 미만	68	28	96	9.8	4.2	14.0
	10년 이상~20년 미만	42	21	63	6.2	3.0	9.2
	20년 이상~30년 미만	38	31	69	5.6	4.5	10.1
	30년 이상~40년 미만	37	54	91	5.4	8.0	13.4
	40년 이상~50년 미만	21	45	66	3.0	6.7	9.7
	50년 이상	9	39	48	1.3	5.7	7.0
	기타	139	109	248	20.5	16.1	36.6
전 체		681			51.8	48.2	100
교회출석 기간 (교,출기간)	10년 미만	90	55	145	13.3	8.2	21.5
	10년 이상~20년 미만	43	81	124	6.3	11.9	18.2
	20년 이상~30년 미만	25	41	66	3.6	6.1	9.7
	30년 이상~40년 미만	18	21	39	2.6	3.0	5.6
	40년 이상~50년 미만	6	9	15	0.8	1.3	2.1
	50년 이상	4	4	8	0.6	0.6	1.2
	기타	168	116	284	24.6	17.1	41.7
전 체		681			51.8	48.2	100

출석기간이 21%로, 다른 연령대보다 높은 수치를 드러낸 것은 신앙의 초기로 볼 수 있으며 신앙 초기의 뜨거운 열정이 어떤 환경 속에서도 그 열기를 누그러뜨리지 못한다는 단면을 보여준다. 따라서 일터 교회는 십대들 구성원이 많을수록 젊고 건강한 공동체로 성장해 갈 수 있음을 여실히 증거하고 있다. 연령대로서 중심이 되는 세대가 '21세 이상 30세 미만'이다. 이들의 수치가 교회출석기간 9%와 신앙생활기간 11%로 별 차이 없이 드러난 것은 신앙의 훈련이나 일터 사역을 하는 교회나 일터 예배로 모이는 세대들의 중심축으로서 신앙이나 훈련이 새로운 공동체의 그리스도인의 삶으로 결실맺어지는 것을 기대하게 하는 대목이라 여긴다.

〈표 7〉 신앙생활(신생)기간, 교회출석(교출)기간 특성 분석 컬러그래프 분석

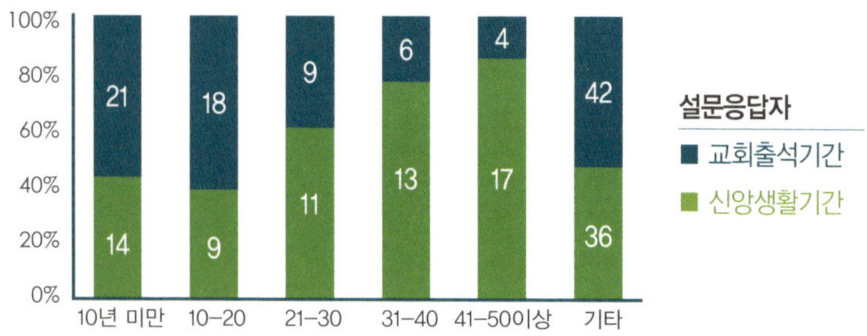

설문에 의한 상위권 조사응답 도표 및 분석

설문 항목의 주제 6개 중 5개는 첫째 일터 영성 성숙(Workplace Spiritual Maturity), 둘째 일터 신앙(신학) 성숙(Workplace Faith Maturity), 셋째 일터 신앙훈련 회심(Conversion of Faith Training), 넷째 일터 예배사역(Workplace Church Worship Ministry), 다섯째 일터 영성 성숙 문제점(Spiritual Maturity Problem)이다.

(1) 조사응답 및 분석-설문응답 항목 상위권

◎'일터 영성 성숙' 설문응답 상위권 통계코드 및 분석 [참고 표8]

'일터 영성성숙'통계코드가 가르치는 이니셜은 'WSM'이며, 본 통계코드의 주제 이니셜 코드는 'W'로 사용하여, 6개 설문지 항목에 대하여 심플하게 주제요약으로 달아 놓았다(예: W-1 일터현장의무). 응답한 자료를 근거로 '보통', '긍정', '매우 긍정' 3개 항목의 상위권을 모아서 통계코드로 작성해 놓았다. 설문 응답자의 6개 주제별 상태를 확인할 수 있다. 통계코드에서 높은 수치의 설문지 응답항목은 주제를 요

〈표 8〉 '일터 영성 성숙' 설문 응답 상위권 통계코드 및 분석

일터 영성 성숙 Workplace Spiritual Maturity-WSM						
주제 이니셜 코드	설문지 항목 주제 요약	설문지 평가 상위권 선택			백분율 (%)	전체빈도 (명)
		③보통	④긍정	⑤매우긍정		
W-1	일터 현장 의무	250(36.7)	212(31.1)	131(19.2)	87.0/100	681
W-6	공동체 의식 인식	171(25.1)	300(45.3)	129(18.9)	89.3/100	
W-5	일, 하나님소명	214(31.4)	195(28.6	123(18.0)	78.0/100	
W-2	예수까지 성장	223(32.7)	229(33.6)	121(17.7)	84.0/100	
W-14	일터교회 참여	201(29.5)	286[41.9)	97(14.2)	85.6/100	
W-7	일터환경 극복	193(28.3)	283(41.5)	94(13.8)	83.6/100	

약한 'W-1 일터 현장 의무'(87.0%)로 나타났다. ⑤낮은 수치이지만 '매우 긍정' 항목의 수치는 통계코드 중 긍정적 반응으로서 일터 현장에서 그리스도인으로서 의무에 대한 관심을 가져야 할 사항으로 나타났다. 그래서 주 5일 동안 일터 현장에서 신앙생활의 의무를 확신하게 이행할 것을 노력한다는 증거이며, 이를 바탕으로 '영성 성숙의 문제'를 풀어가도록 가능성을 엿볼 수 있다. 'W-6 공동체의식 인식'에서 ④'긍정' 부분의 수치는 세속적인 직장생활 속에서도 거룩한 그리스도인의 공동체에 대한 의식이 뚜렷하다는 것이다. 어디서든지 거룩한 믿음의 공동체를 원하고 있으며 모임에서 영성 성숙 문제를 해결된다는 것을 의식적으로 찾을 수 있다. 'W-14 일터 교회 참여'(85.6%), 'W-2 예수까지 성장'(84.0%), 'W-7 일터환경 극복'(83.6%)은 일터 교회의 이슈들을 직장 내에서 긍정적으로 극복해 갈 수 있는 기반(基盤)을 가지고 있으며, 특히 '일터 교회 참여' 문제는 구체적으로 제시할 수 있는 이슈다. '일터 환경 극복' 역시 그 관심을 더하게 만드는 부분이다.

◎ '일터 신앙(신학) 성숙' 설문응답 상위권 통계코드 및 분석
[참고 표9]

두 번째로 제시한 통계코드의 주제는 '일터신앙(신학) 성숙'이며, 이니셜은 'WFM', 주제 이니셜코드는 'F'로 사용하여 6개 설문지 항목에 대하여 심플하게 주제요약으로 달아 놓았다(예: F-1). 위의 통계코드 중에서 가장 높은 수치의 설문지 응답항목은 'F-12 일터 예배 믿음'(81.5/100%)으로 나타났다. 이 항목에서 ④'긍정'의 수치가 228(33.4%)로 보인 것은, 일터 현장에서 예배 훈련을 통해 믿음을 든든하게 형성한다는 것을 나타내고 있다. 다음 높은 수치로는 'F-1 예수 구주 직업관'이다. 직장 안에서도 '예수 그리스도가 구원하시는 주님이시다'라는 직업관의 투철함을 보여준다. 그리고 3가지 항목(보통 긍정, 매우 긍정)에서도 보이지만 '예수 구주 직업관'이 골고루 그 수치를 드러내고 있다. 한번 예수를 믿고 구원을 얻은 건강한 그리스도인의 직업관을 가진 직장인이 많아질수록 신앙 영성이 높고, 한국의 기업 분위기는 따라서 건강해질 수 있다는 것을 비춰주고 있다. 뒤따

〈표 9〉 '일터 신앙(신학) 성숙' 설문 응답 상위권 통계코드 및 분석

일터 신앙(신학) 성숙 Workplace Faith Maturity-WFM						
주제 이니셜 코드	설문지 항목 주제 요약	설문지 평가 상위권 선택			백분율 (%)	전체빈도 (명)
		③보통	④긍정	⑤매우긍정		
F-4	부활 내세 신앙	163(23.9)	210(30.8)	166(24.3)	79.0/100	681
F-12	일터예배 믿음	172(25.2)	228(33.4)	156(22.9)	81.5/100	
F-5	예수재림 신앙	193(28.3)	194(28.4)	145(21.2)	77.9/100	
F-1	예수 구주 직업관	201(29.5)	204(29.9)	142(20.8)	80.2/100	
F-3	신적 섭리 인정	178(26.1)	228(33.4)	128(18.7)	78.2/100	
F-11	복음증거 비전	211(30.9)	215(31.5)	118(17.3)	79.7/100	

라서 'F-11 복음 증거 비전'(79.7%), 'F-4 부활 내세 신앙'(79.0%), 'F-3 신적 섭리 신앙'(78.2%) 순으로 고르게 나타난 수치는 그동안 한국교회가 그리스도인의 교육을 성경적, 교리적, 신학적으로 바르게 지도해 왔다는 증거를 나타낸다. 지금 한국사회를 심히 혼잡하게 하는 이단 등 출현으로 얼마나 몸살을 앓고 있는지, 건강하고 올바른 그리스도인의 양육은 이제, 일터사역 기관과 사역을 운영하는 교회에서도 이어가야 한다.

◎ '일터 신앙훈련 회심' 설문응답 상위권 통계코드 및 분석

[참고 표10]

세 번째로 제시한 통계코드는 주제는 '일터 신앙 훈련 회심'이며, 이니셜은 'CFT', 주제 이니셜 코드는 'C'로 사용하여, 6개 설문지 항목에 대하여 심플하게 주제요약으로 달아 놓았다(예: C-1). 통계코드 중 가장 높은 수치의 설문지 응답항목은 'C-7 신앙수정 노력'(81.1/100%)으로 나타났다. 이 항목에 대한 자세한 설명은, "일터 교회의 한 그리스도인으로서 성숙하기 위해 해결해야 할 문제를 고쳐가려고 노력한다"고 했다. 더욱이 이 항목에서 ④'긍정'의 수치는 "그렇게 하겠다"는 신호로, 약 절반 정도의 동의적인 면을 살필 수 있다. 이는 일터 교회가 모이고 그 공동체 안에서 자신의 온전치 못한 신앙적인 문제를 자구적(自救的)으로 고쳐가겠다는 의지로서, 앞으로 일터 교회의 영성 수준이 높게 형성될 수 있다는 가능성을 엿볼 수 있는 대목이다. 다음 'C-2 일터 신앙 상태'의 항목에서, ③'보통'의 수치는 통계코드 중에 가장 높게 나타났다. 이는 현재 일터 교회 현장이 보통수준을 나타내고 있으며, 앞으로 직장 그리스도인들과 비기독교인들을 복음화시

〈표 10〉 '일터 신앙훈련 회심' 설문응답 상위권 통계코드 및 분석

일터 신앙훈련 회심 Conversion of Faith Training-CFT						
주제 이니셜 코드	설문지 항목 주제 요약	설문지 평가 상위권 선택			백분율 (%)	전체빈도 (명)
		③보통	④긍정	⑤매우긍정		
C-7	신앙수정 노력	206(30.2)	276(39.6)	77(11.3)	81.1/100	681
C-6	일터신앙 도움	210(20.8)	237(34.8)	70(10.2)	75.8/100	
C-5	영적 회심 성숙	212(31.1)	233(34.2)	69(10.1)	75.4/100	
C-2	일터 신앙 상태	335(49.1)	154(22.6)	58(8.5)	80.2/100	
C-4	영적 회심 경험	228(33.4)	173(25.4)	58(8.5)	67.3/100	
C-8	말씀 적응 노력	233(34.2)	240(35.2)	54(7.9)	77.3/100	

켜 영성(신앙)훈련을 통해 더욱 향상된 거룩한 공동체로 거듭날 수 있는 가능성을 보이고 있다. 그 뒤를 이어 'C-8 말씀 적응 노력'과 'C-6 일터 신앙 도움', 그리고 'C-5 일터 회심 성숙'의 항목들은, '일터 교회 영성 성숙도'와 궤를 같이하므로 영성 성숙의 문제를 해결할 수 있는 근간이 조성되어 있는 긍정의 신호로 여겨진다.

◎'일터 예배사역' 설문응답 상위권 통계코드 및 분석

[참고 표11]

네 번째로 제시한 통계코드 주제는 '일터 예배 사역'이며, 이니셜은 'WC', 주제 이니셜에 대한 코드는 'WC'로 사용하여, 6개 설문지 항목에 대하여 심플하게 주제요약으로 달아 놓았다(예: WC-1). 'WC-5 정기 일터 예배'(73.9/100%) 안에서 ④'긍정'에 대한 설문응답은 절반 정도의 긍정적인 동의가 도출되었다. 이 항목의 설명은 "직장에서 일터 예배는 주 1회 드리며, 경영 상황 소통과 교육 훈련 시간으로 활용하면 좋다"는 의견이다. 한주 단위로 직장 속에서 예배로 모이면서 해

〈표 11〉 '일터 예배사역' 설문응답 상위권 통계코드 및 분석

일터 예배사역 Workplace Church Worship Ministry-WCWM						
주제 이니셜 코드	설문지 항목 주제 요약	설문지 평가 상위권 선택			백분율 (%)	전체빈도 (명)
		③보통	④긍정	⑤매우긍정		
WC-2	예배 공간 확보	185(27.1)	195(28.6)	93(13.6)	69.3/100	681
WC-5	정기 일터 예배	181(26.5)	235(34.5)	88(12.9)	73.9/100	
WC-6	일터 주일 성수	188(27.6)	139(20.4)	84(12.3)	60.3/100	
WC-9	일터예배 산제사	207(30.3)	169(24.8)	82(12)	67.1/100	
WC-4	CEO 말씀전파	178(26.1)	246(36.1)	78(11.4)	73.6/100	
WC-7	일터 예배 헌금	210(30.8)	141(20.7)	78(11.4)	62.9/100	

당 회사의 경영에 관계한 이슈를 대표와 직원들이 함께 나누고 공감하는 시간으로서 매우 유익한 시간을 바라고 있다. 또한 그 예배 시간에 성경교육이나 인성교육 등 기독교교육을 시행한다면 일석이조의 효과를 거두면서 영성 성숙의 문제들이 크게 향상을 보일 수 있음을 보여 주었다. 다음은 좀 민감한 이슈로 'WC-4 CEO 말씀전파'라는 주제이다. 전임 목사의 부재 시 일터 예배에서 CEO가 대신 말씀 전파하는 것에 대한 동의를 물었다. 이에 대한 응답(73.6/100%)에서 8개 기관 및 교회가 긍정적으로 답변했다. 직원을 잘 아는 CEO가 직원들과 함께 영적으로 소통할 수 있는 아주 좋은 시간으로, 영성 성숙이 바람직하게 성장할 수 있다는 것이다.

◎ '일터 영성 성숙 문제점' 설문응답 상위권 통계코드 및 분석

[참고 표12]

다섯 번째로 제시한 통계코드 주제는 '일터 영성 성숙 문제점'이며, 이니셜은 PMP, 주제 이니셜 코드는 'P'로 사용하여, 6개 설문지 항목

〈표 12〉 '일터 영성 성숙 문제점' 설문응답 상위권 통계코드 및 분석

일터 예배 사역 Workplace Church Worship Ministry-WCWM						
주제 이니셜 코드	설문지 항목 주제 요약	설문지 평가 상위권 선택			백분율 (%)	전체빈도 (명)
		③보통	④긍정	⑤매우긍정		
P-10	성령 영성 성장	238(34.9)	213(31.2)	86(12.6)	78.7/100	681
P-8	복음, 부정 수용	237(34.8)	236(34.6)	70(10.2)	79.6/100	
P-7	리더십 문제	222(32.5)	258(37.8)	66(9.6)	79.9/100	
P-9	상생 관계 문제	246(36.1)	229(33.6)	55(8.0)	77.7/100	
P-4	이해 참여 문제	248(36.4)	126(18.5)	30(4.4)	59.3/100	
P-2	사회 활동 우선	276(40.5)	115(16.8)	29(4.2)	61.5/100	

에 대하여 심플하게 주제요약으로 달아 놓았다(예: P-1). 이 통계코드에서 두드러진 부분은, 4개 설문 항목에서70~80% 가까운 백분율의 수치를 나타낸다.

'P-7리더십문제' 79.9/100%)는 80%라는 수치를 나타내는데, 일터 교회의 그리스도인들은 신앙생활을 유지할 수 있는 근원적인 덕목으로 강한 리더십을 요구하고 있다. 이것은 영성 성숙의 문제로 해결할 수 있는 것이어서 꼭 필요하고, 영성 성숙의 이슈를 원하고 있는 증거이다. 'P-8 복음, 부정 수용'의 설문항목 백분율(79.6/100%)의 수치에 대한 내용은 "일터 교회는 복음에 대해 수용 가능성이 없거나 부정적인 대상을 과감하게 수용해야 한다"는 것이다. 일터교회나 공동체는 비복음적인 대상을 향해 복음을 증거하고 그들을 구원으로 이끄는 역할을 강조하고 있다. 이 가능성은 일터 교회에 소속된 그리스도인들이 영성 성숙을 이루는 데 'P-10 성령 영성 성장'(78.7/100%)의 요구와 같이 성령 하나님의 감동과 능력으로 무장하여 복음을 증거하고 전파하여 '그의 나라와 의를 이루는 것'이다(마 6:33).

참고문헌

일터 교회 영역 주권

아브라함 카이퍼의 하나님 영역 주권

Vos, Geerhardus. The Teaching of Jesus Concerning The Kingdom of God and the Church, 정정숙 역, 하나님의 나라(서울: 개혁주의 신행협회, 1971). 24.

이승구, 기독교 세계관이란 무엇인가? (서울: SFC, 2003), 57–58.

Berkhof, Louis. Manual of Christian Doctrine, 신복윤 역, 기독교 신학개론(서울: 성광문화사, 1974), 207–209.

유해무, "한치라도 주의 것:아브라함 카이퍼의 일반 은혜론과 한국교회에서의 수용에 대한 평가", (서울: 개혁주의 학술원, 1996). 1.

Kuyper, Abraham. Lectures on Calvinism, 김기찬 역, 칼빈주의 강연, (서울: 크리스챤 다이제스트, 2011), 8.

정성구, 아브라함 카이퍼의 사상과 삶 (서울: 킹덤북스, 2010), 261–263.

이광호, "칼빈주의와 한국교회". Kent A. Van Til, "Subsidiary and Sphere-Sovereignty: A Match Made in…?", (Theological Studies, 69/3 September 1, 2008), 623–624.

변종길, "아브라함 카이퍼의 문화관", (서울: 개혁주의 학술원, 2011).

Dean Sherman, Spiritual Warfare, 이상신 역, 영적 전쟁(서울: 예수 전도단, 1993), 108.

Kuyper Abraham. Lectures on Calvinism, 김기찬 역, 칼빈주의 강연, (서울: 크리스챤 다이제스트, 2011), 91.

간하배, "〈서평〉 아브라함 카이퍼 by Frank Vanden Berg Eerdmans 31(2)", (신학지남, 1964). 274–277.

김철, "칼뱅주의와 법에 대한 사상사: 윌리암스의 정교분리원칙", (서울: 현상과 인식, 2009). 78–100.

김헌수, "일반 은혜론 소고: 카이퍼, 스킬더, 반틸, 그리고 기독교학문연구회에서의 논의들-9(1)", (서울: 신앙과학문 2004). 199-240.

월터스토프, 니콜라스, 정의와 평화가 입맞출 때까지, 홍병룡 역,(IVP: 2007).

류대영, "1980년대 이후 보수교회 사회참여의 신학적 기반-18", (서울: 한국 기독교와 역사, 2003). 37-72.

류대영, "2천 년대 한국 개신교 보수주의자들의 친미반공주의 이해-62", (경제와사회, 2004), 54-79.

류대영, "한국 기독교 뉴라이트의 이념과 세계관-15". (종교문화비평, 2009), 43-71.

마이클 왈쩌, 정의와 다원적 평등-정의의 영역들, 정원섭외 역. (서울: 철학과현실사, 1998).

미이클 왈쩌, 마이클 왈저-정치철학 에세이, 최흥주 역, (서울: 모티브북, 2008).

민종기, 한국 정치신학과 정치윤리, (대전: KIATS. 2012).

서성록, "A. 카이퍼의 칼빈주의 예술론-14" (서울: 미학 예술학 연구, 2001), 1-22.

손봉호, "아브라함 카이퍼 속에 나타난 기독교 정치-2", (서울: 신앙과정치, 2009). 22-38.

아브라함 카이퍼, 칼빈주의, 박영남 역. (서울: 세종문화사. 1971).

아브라함 카이퍼, 삶의 체계로서의 기독교-기독교의 세계관과 인간 이해, 서문강 역, (서울: 새순출판사, 1984).

아브라함 카이퍼, 칼빈주의 강연, 김기찬 역, (경기: 크리스챤다이제스트, 1996).

안용준, 개혁주의 미학의 청지기 역할: 아브라함 카이퍼의 미학론을 중심으로-15(2)", (서울: 신앙과학문 2010). 96-122.

안인섭, "기독교인의 정치 참여에 대한 연구-존 칼빈(John Calvin: 1509-1564)과 아브라함 카이퍼(Abraham Kuyper: 1837-1920)의 비교 연구를 중심으로30.", (서울: 한국교회사학회지, 2011). 183-229.

양성만, "도여베르트의 기독교철학에 대한 비판적 성찰-164", (신앙과학문, 2011). 133-164.
엘 깔스베이끄, 기독교인의 세계관-기독교 철학개론, 황영철 역. (서울: 성광문화사, 1981).
원종홍, "국가와 교회의 영역주권에 관한 연구-19", (서울: 성경과신학, 1996), 275-304.
이국운, 프로테스탄티즘과 입헌주의-11(2), (신앙과학문, 2008), 135-168.
이명헌, "아브라함 카이퍼의 노동문제관: '우리의 강령'과 '수공노동'을 중심으로-16(3)", (신앙과학문, 2011), 211-241.
이상원, "네덜란드 개혁주의 사회사상에 있어서의 경제정의론 I -262", (서울: 신학지남, 2000). 218-256.
이상원, "네덜란드 개혁주의 사회사상에 있어서의 경제정의론 II -263", 아브라함 카이퍼 정치사상의 한국적 수용-153, (서울: 신학지남, 2000b). 127-173.
이상원, "네덜란드 개혁교회와 정치윤리." 이상원 편저. (서울: 한국교회와 정치 윤리, 2002). 45-74.
정성구, 아브라함 카이퍼의 사상과 삶, (경기: 킹덤북스, 2010).
주경철, 네덜란드-튤립의 땅, 모든 자유가 당당한 나라, (서울: 산처럼, 2003).
차영배, "아브라함 카이퍼의 중생 전제설 비평-45(3)", (서울: 신학지남, 1978). 72-102.
차영배, "카이퍼의 생애와 신학의 문제점(I)-52(2)", 서울: 신학지남, 1985). 34-47.
최용준, "아브라함 카이퍼의 교회관-17(2)", 서울: 신앙과 학문, 2012). 229-254.
하웃즈바르트, 자본주의와 진보사상, 김병연 · 정세열 역, (서울: IVP, 1989).
해롤드 라스키, 국가란 무엇인가, 김영국 역. (서울: 도서출판 두레, 1983).
헤르만 도예베르트, 서양 사상의 황혼에서, 신국원,김기찬 역. (경기: 크리스챤다이제스트, 1994).

헤르만 도예베르트, 이론적 사유의 신비판 서론, 김기찬 역, (경기: 크리스찬다이제스트, 1995).

헨리 미터, 칼빈주의, 박윤선 편저, 김진홍 역. (서울: 개혁주의신행협회, 1978)

A. 멜빈 데이비스, 칼빈주의 사상과 자유사상, 한국칼빈주의연구원 편역, (서울: 기독교문화협회, 1986).

J. M. 스피어, 기독교 철학개론, 문석호 역, (경기: 크리스찬다이제스트, 1994).

Bolt, John A Free Church, A Holy Nation–Abraham Kuyper's American Public Theology, (Eerdmans, 2001).

Bratt, James D. (ed.) Abraham Kuyper–A Centennial Reader, (Eerdmans, 1998).

Abraham Kuyper: Puritan, Victorian, Modern, in Luis E. Lugo (ed.), Religion, Pluralism, and Public Life: Abraham Kuyper's Legacy for the Twenty–First Century, (Eerdmans, 2000). 32–34.

Kuyper Abraham, Modern Calvinist, Christian Democrat, (Eerdmans, 2013).

Elazar, Daniel J. Extending the Covenant: Federalism and Constitutionalism in a Global Era, in Luis E. Lugo (ed.), Religion, Pluralism, and Public Life: Abraham Kuyper's Legacy for the Twenty–First Century 306–324, (Eerdmans, 2000).

Goudzwaard, Bob Globalization, Regionalization, and Sphere Sovereignty, in Luis E. Lugo (ed.), Religion, Pluralism, and Public Life: Abraham Kuyper's Legacy for the Twenty–First Century (Eerdmans, 2000), 325–341.

Heslam, Peter S. Creating A Christian Worldview–Abraham Kuyper's Lectures on Calvinism, (Eerdmans, 1998).

Kuyper, Abraham Uniformity: The Curse of Modern Life–first piece of systematic cultural criticism, in James D. Bratt (ed.), Abraham Kuyper–A Centennial Reader, (Eerdmans, 1869), 19–44.

Kuyper, Abraham Modernism: A Fata Morgana in the Christian Domain–seminal critique of theological liberalism, in James D. Bratt (ed.), Abraham Kuyper–A Centennial Reader87–12, (Eerdmans, 1871).

Confidentially–narrative of Kuyper's conversion18(3) in 154,

James D. Bratt (ed.), Abraham Kuyper–A Centennial Reader. Eerdmans, (신앙과학문, 1873). 45–61,

Calvinism: Source and Stronghold of Our Constitutional Liberties–history and principles of Calvinist political conviction, in James D. Bratt (ed.), Abraham Kuyper–A Centennial Reader, (Eerdmans, 1874). 279–322,

Sphere Sovereignty–inaugural address at the Free University: the summa of Kuyper's thought, in James D. Bratt (ed.), Abraham Kuyper–A Centennial Reader, (Eerdmans, 1880). 461–490,

Logo, Luis E. ed.Religion, Pluralism, and Public Life: Abraham Kuyper's Legacy for the Twenty–First Century, (Eerdmans, 2000).

Schutte, Gerrit J. Groen van Prinsterer–His Life and Work, Harry Van Dyke trans., (Publisher's Imprint, 2005).

Sigmund, Paul E.Subsidiarity, Solidarity, and Liberation, in Luis E. Lugo (ed.), Religion, Pluralism, and Public Life: Abraham Kuyper's Legacy for the Twenty–First Century205–220, (Eerdmans, 2000).

Skillen, James W. Why Kuyper Now?, in Luis E. Lugo (ed.), Religion, Pluralism, and Public Life: Abraham Kuyper's Legacy for the Twenty–First Century, (Eerdmans, 2000). 365–372,

Smith, Gary Scott, (ed.), God and Politics–Four Views on the Reformation of Civil Government: Theonomy, Principled Pluralism, Christian America, National Confessionalism, (Presbyterian and Reformed Publishing Company, 1989).

Vandenberg, Frank Abraham Kuyper–A Biography. (Eerdmans, 1960/1978).

VanDrunen, David Natural Law and the Two Kingdoms–A Study in the Development of Reformed Social Thought, (Eerdmans, 2010).

Walzer, Michael The Revolution of the Saints–A Study in the Origins of Radical Politics. (Harvard University Press, 1968).

Witte Jr., John The Reformation of Rights–Law, Religion, and Human Rights in Early Modern Calvinism. (Cambridge University Press, 2007).

Woldring, Henk E. S. Multiform Responsibility and the Revitalization of Civil Society, in Luis E. Lugo (ed.), Religion, Pluralism, and Public Life: Abraham Kuyper's Legacy for the Twenty-First Century. (Eerdmans, 2000).

Young, Iris MarionJustice and the Politics of Difference. (Princeton University Press, 1990).

Zuckert, Michael P. Natural Rights and the New Republicanism. (Princeton University Press, 1994).

거듭되는 변절

Changing Over and Over

러시아의 대(大) 문호 톨스토이(Leo Tolstoy)가 18세 때 겪었던 일이다. 그는 신앙을 한갓 의무감으로만 가졌다가 그 의무의 늪으로부터 탈출하라는 유혹을 뿌리치지 못한 채 톨스토이는 완전히 예수의 영역에서 빠져나가 버렸다. 그런 계기로 35년간이나 배교(背教)의 무리 속에서 세속적 속삭임에 한없이 춤추고 그 발광에 복종했던 변절자가 되었다. 그러다 55세 때, 돌아온 신앙간증을 그의 [신앙론]의 한부분에서 찾아보면 다음 같은 독백을 들을 수 있다.

인간은 누구든지 세속의 유혹에 곧잘 넘어지는 변절자인가? 현대인을 한번 세심하게 눈여겨보라, 종교의 자유가 어느 때보다 보장된 환경에 익숙해 있으면서도 이상하리만치 까닭 없는 변절을 거듭하고 있다. 아침에 가졌던 경건의 사건은 그토록 치열했는데도 늦은 밤 귀가하여 맞은편 거울 속에서 추한 변절자 얼굴로 변모(變貌)되어 있는 톨스토이, 그는 자신을 보게 된다.

“비로소 자신이 하나님의 영역 주권에 머물고 있다는 것을 깨닫는다. 동시에 하나님께 주도 당하는(be led by) 인간으로서 마땅한 고백을 털어놓고 있다.”

Leo Tolstoy

한 주간을 시작하기 전, ‘주일’(Sunday)에 체험했던 믿음의 사건은 자신에게 강한 감동으로 다가와 주님께 헌신을 다짐했건만, 매우 분주한 ‘주중’(Weekday) 기간을 거쳐 주말에 이르는 순간 십자가 앞에 설 때, 자신의 얼굴을 보니 싸늘한 냉혈 인간(Cold-blooded man으로 변해 있는 모습, 그 이외의 마음 속엔 혼란한 정서감(Confused emotions)만 도사리고 있는 꺼림칙한 자신을 보게 된다. 이같이 변절한 자신을 보며 실망을 금치 못하는 것이 무능한 인간의 모습이다. 찰스 스펄전(Charles Spurgeon)은 그의 설교에서 “우리는 십자가를 지고 가는 것이 아니라 그 십자가를 타고 갈 만큼 참혹하게 변절해 가고 있다”고 말한다.

신학적 영역 주권은 신앙과 믿음의 영역이다. 거기서 겪었던 일들을 겪으며 오판(誤判)한 톨스토이는 “인간이 지체할 수 없는 늪으로 여기고 거기서 탈출하고 말았다”고 했다. 오랜 방황의 늪에서 간신히 극복한 톨스토이에게서 신앙 간증을 우리는 망각(妄覺)해서는 안 되겠다. 또 톨스토이는 이전 경험을 근거로 흔들릴 수 없는 믿음의 금자탑을 쌓았다. 그런 긍정적인 일들에서 추구했던 자신이 거룩성(holiness)으로 무장할 수 있었다고 한다. 그리고 세상 사람들에게 추했던 모습을 전하며 믿음의 길을 함께 가면 어떻겠냐고 권하고 있다. 비로소 톨스토이는 자신이 하나님의 영역 주권에 머물고 있다는 것을 깨달는다. 동시에 하나님께 주도 당하는(be led by) 인간으로서 마땅한 고백을 털어놓고 있다.

그러나 우리가 아무리 달콤한 유혹의 바람과 매몰찬 환난의 먹구름이 몰려오는 세속사회에 거주한다 해도 그 공간이 하나님의 영역 주권이라고 믿음의 고백을 하는 순간부터 인간에게 방황하는 그 한쪽에 반드시 거룩성에 궁극적으로 정착하는 본능(本能)이 작용하도록 하나님께서 허락한다. 우리는 어떤 형태와 부류의 인간이라도 '구원을 갈망하는 속성'(시 70:4)은 한결같다. 죤 위더스폰이 말했다. "인간의 갈등(The complication of man)에서 우리를 건질 수 있는 비결은 어떤 어려움에서도 하나님을 경외할 수 있는 거룩한 곳, 그의 영역 주권에 매이는 것 뿐이다"(Only bound to God's Sphere Sovereignty)라고 했다. 여기 본서는 [일터 교회 영역 주권-Workplace Church Sphere Sovereignty]으로서 사람을 살리되 영원히 존재하고 영화롭게 되는 것을 추구할 사명을 다할 것이다.